高职高专
旅游大类专业
新形态教材

旅游资源赏析与开发

胡建英　戴冬香　主编
周小红　曾琼萱　谌玲　副主编

清华大学出版社
北京

内 容 简 介

本书对接职业标准和岗位能力要求,以职业岗位能力为核心,以"教学做一体化"的理念设置教学项目和任务,采用项目化、任务式的体例编排。全书共分为 6 个项目、19 个任务,包括旅游资源认知,自然旅游资源赏析,人文旅游资源赏析,旅游资源审美,旅游资源调查、评价与开发,综合能力训练。

本书知识体系由易到难,技能训练由简到繁,体例新颖、图文并茂、内容实用、可操作性强,既可作为高等职业院校旅游大类专业的教材,也可作为其他专业旅游文化素养选修课的教材,还可作为旅游从业者及管理人员的岗位培训教材或工具书。此外,对于广大社会读者也是一本有益的读物。

图书在版编目(CIP)数据

旅游资源赏析与开发 / 胡建英,戴冬香主编.
北京:清华大学出版社,2024.11. -- (高职高专旅游
大类专业新形态教材). -- ISBN 978-7-302-67685-0

Ⅰ. F590.31

中国国家版本馆 CIP 数据核字第 2024R80R93 号

责任编辑:强 溦
封面设计:傅瑞学
责任校对:袁 芳
责任印制:杨 艳

出版发行:清华大学出版社
      网   址:https://www.tup.com.cn,https://www.wqxuetang.com
      地   址:北京清华大学学研大厦 A 座   邮   编:100084
      社 总 机:010-83470000   邮   购:010-62786544
      投稿与读者服务:010-62776969,c-service@tup.tsinghua.edu.cn
      质量反馈:010-62772015,zhiliang@tup.tsinghua.edu.cn
      课件下载:https://www.tup.com.cn,010-83470410
印 装 者:三河市龙大印装有限公司
经   销:全国新华书店
开   本:185mm×260mm   印   张:13   字   数:314 千字
版   次:2024 年 12 月第 1 版   印   次:2024 年 12 月第 1 次印刷
定   价:49.00 元

产品编号:107494-01

前 言

习近平总书记指出:"让人们在领略自然之美中感悟文化之美、陶冶心灵之美。""让旅游成为人们感悟中华文化、增强文化自信的过程。""旅游资源赏析与开发"是职业院校旅游大类专业的一门重要的专业基础课,主要涉及旅游资源认知,自然旅游资源赏析,人文旅游资源赏析,旅游资源审美,旅游资源调查、评价与开发等方面的内容。"十四五"时期,我国全面进入大众旅游时代,旅游作为一种生活方式、学习方式、成长方式,成为具有显著时代特征的幸福产业,旅游业已经进入观光与度假迭代转型、文化与旅游融合发展、全域推进和目的地提升的新发展阶段。旅游业高质量发展成为人民的新要求、产业的新标志。《中国旅游人才研究报告(2024 年)》指出,旅游业高质量发展对旅游人才需求提出了新要求,旅游职业教育要以跨界培养复合型人才、越界培养创新型人才为目标。在新形势下,为提升旅游管理专业服务文旅产业的能力,本书根据旅游新产品、新业态的特点对内容进行了更新和充实,并具有以下特色。

1. 以立德树人为核心目标,多维度融合

党的二十大报告指出,全面贯彻党的教育方针,落实立德树人根本任务。本书的内容注重宣传弘扬我国美丽的河山、悠久的历史、深厚的中华文化等,以社会主义核心价值观为引领,培养学生的爱国情怀、文化自信和职业素养,深度挖掘旅游资源蕴含的德育元素,并有机融入教学的能力目标和知识目标,形成三维融合的培养特色。

2. 以职业岗位能力为核心构建教材体例,更具操作性

本书以能力递进课程观为指导,对接职业标准和岗位(群)能力要求,遵循职业教育教学规律和技术技能人才成长规律,采用项目化、任务式的体例编排。各项目明确了三维学习目标,绘制了思维导图,并以"抛砖引玉"的方式引出项目学习;各任务设计了"任务导入""任务探究""任务训练"等环节,将理论知识、实践应用、拓展训练等相互融合,具有很强的操作性和实践性。

3. 内容翔实丰富,具有时代性和学习性

随着我国文旅产业迅猛发展,文化和旅游进一步深度融合,旅游创新能力不断提升,旅游新产品、新模式、新业态、新场景等不断涌现。本书内容根据文旅产业的发展进一步充实了教学内容,更具时代性和学习性。

4. 呈现形式多样化,更具实用性

本书以新型数字化融媒体的方式呈现,线下与线上相结合,可以通过识别二维码使用拓展资源和即测即评,同时建设有任务单式学银慕课资源。扫描下方二维码可获取在超星学银在线平台上建立的立体式的信息化教学资源,主要包含训练任务单、课前训练任务、微课视频、教学课件、课中训练任务、课后训练任务、拓展训练任务等丰富的信息化课程资料,并建立了相应的资料库和试题库,以保证学习者得到全方位的能力训练,实现本课程的教学目标。

本书由郴州职业技术学院胡建英老师、戴冬香老师任主编,郴州职业技术学院周小红老师、曾琼萱老师和怀化职业技术学院谌玲老师任副主编。其中胡建英老师负责整体体例设计、内容选定、编写内容分配、样章编写等工作,同时负责编写项目一、项目六;胡建英老师和谌玲老师共同负责编写项目四的任务一;戴冬香老师负责编写项目三的任务六和任务七、项目四的任务二和任务三;周小红老师负责编写项目三的任务一、任务二、任务三;曾琼萱老师负责编写项目二。参加本书编写的还有郴州职业技术学院刘宇老师(参与编写项目三的任务四和任务五)、陈莺莺老师(参与编写项目五)。本书得到了长沙市导游协会会长黄武,郴州市导游协会会长、湖南海外旅游快乐行国际旅行社副总经理罗茜,湖南东江湖旅游发展集团有限公司党总支书记、董事长廖草洋等行业、企业专家的指导。同时,本书在编写过程中浏览并收集了大量的参考资料,在此对各位专家及信息提供者表示衷心的感谢!

由于编者的社会实践和知识水平有限,书中难免有疏漏之处,诚请读者提出宝贵意见,以便今后修改和补充。

编　者

2024 年 4 月

教学资源

CONTENTS

目 录

项目一

旅游资源认知

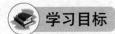 **学习目标**

素质目标

1. 具有热爱祖国大好河山的情怀；
2. 具有文化自信心和文化传承意识；
3. 具备旅游服务意识和专业自豪感。

知识目标

1. 掌握旅游资源的概念；
2. 理解自然旅游资源和人文旅游资源形成的基本条件；
3. 掌握旅游资源的基本特征和主要类型。

能力目标

1. 能够根据旅游资源的基本内涵和特征分辨旅游资源与其他资源的不同；
2. 能够分析具体旅游景观的基本形成条件；
3. 能够根据不同的旅游资源分类标准对具体的旅游景观进行分类。

思维导图

抛砖引玉

我国是世界上旅游资源最丰富的国家之一，旅游资源种类繁多、类型多样，具备各种功能。从海平面以下154.31米处的吐鲁番盆地的艾丁湖洼地，到海拔8848.86米的世界第一高峰——珠穆朗玛峰，绝对高差达9000多米。中国不仅有纬向地带性的多样气候，还有鲜明的立体气候效应，尤其在横断山脉地区，更是"一山有四季，十里不同天"。无论南北东西，中国都有独特的美景，不仅有类型多样的海滨、山地、高原、高纬度地区的避暑胜地，而且有银装素裹的冰雪世界，还有避寒休闲度假胜地海南岛。多样的风景地貌和多功能的气候资源,为各类生物提供了优越的生存栖息环境,使自然景观更加多姿多彩。

我国拥有悠久的历史文化底蕴,其文化内涵也十分丰富。从古代的长城、故宫到现代的北京奥运会场馆,我国的历史文化建筑丰富多彩。此外,我国的民俗文化源远流长,不同地域有着不同的风俗习惯,京剧、豫剧、秦腔、川剧等,都是中国独特的文化民俗,也是深受游客喜爱的文化瑰宝。我国还拥有众多的传统文化节日如春节、中秋节、端午节等,以及众多传统手工艺品,如中国结、剪纸、陶瓷等,这些文化元素也是中国旅游资源的独特之处。古老的华夏文明是中华民族各族人民共同的精神财富,既有各兄弟民族文化融合的结晶,又吸取了世界各民族文化之长。

任务一 旅游资源的内涵和特征

任务导入

湖南某旅行社导游员小王接待来自广东的中学生研学团。假设你是小王,请向同学们介绍图 1-1-1～图 1-1-6 所示景观。

1. 这些景观中,哪些是旅游资源?哪些不是旅游资源?为什么?

2. 你如何判断一处景观能否成为旅游资源?具体的依据是什么?

图 1-1-1　崇圣寺三塔图

图 1-1-2　家禽和家畜

图 1-1-3　一般农田

图 1-1-4　布达拉宫

图 1-1-5　雾漫小东江

图 1-1-6　大熊猫

任务探究

一、旅游资源的定义

旅游资源是发展旅游业的基础。一个国家或地区旅游资源特色鲜明程度、价值高低、丰富状况、利用程度及开发与保护水平,直接影响该国或该地区旅游市场的吸引力和旅游业的发展水平。

旅游资源是人类社会中广泛存在的一种资源,是旅游目的地吸引旅游者的首要因素,是旅游业赖以存在和发展的前提。国内外学者对旅游资源的界定各不相同。在我国,随着旅游业的发展和人们对资源认识的加深,旅游资源这一名词已被人们认同并广泛地应用。许多学者对其内涵进行了有益的探讨,但由于研究的侧重点和角度不同,对旅游资源的定义各有不同的阐述,具有代表性的有以下观点。

凡能为旅游者提供游览、观赏、知识、乐趣、度假、疗养、娱乐、休息、探险猎奇、考察研究,以及友好往来的客体和劳务,均可称为旅游资源。(郭来喜,1985)

旅游资源应指凡能激发旅游者旅游动机的,能为旅游业所利用的,并由此而产生经济效益和社会效益的自然和社会的实在物。(孙文昌,1989)

自然界和人类社会凡能对旅游者产生吸引力,可以为旅游业开发利用,并可产生经济效益、社会效益和环境效益的各种事物和因素,都可以视为旅游资源。(国家旅游局资源开发司,1992)

旅游资源是指对旅游者具有吸引力的自然存在和历史文化遗产以及直接用于旅游目的地的人工创造物。(保继刚,1993)

上述定义虽各自的出发点和强调的重点有所不同,但大多是围绕现代旅游活动的三个基本要素来阐明旅游资源的定义的,其内涵大体相似,具有以下三个共性。

(1) 旅游资源的核心功能是具有吸引旅游者的吸引力。旅游资源在现代旅游活动中作为客体,与主体(旅游者)的关系密不可分。上述定义都强调了旅游资源对旅游者的吸引功能,而西方干脆将"旅游吸引物"作为旅游资源的代名词。只有旅游资源具有吸引功能,才能激发旅游者的旅游动机,吸引旅游者到异地进行旅游观赏、消遣娱乐、休憩疗养、文化交流等旅游活动。因而,吸引力可以说是旅游资源的核心功能,不具备吸引功能的资源就称不上旅游资源,吸引功能是旅游资源区别于其他资源最重要的特征。

旅游资源吸引功能的强度决定了旅游资源效益功能的强度。因为旅游资源吸引功能的强度决定了旅游资源吸引的旅游者的范围大小、人数多少等,旅游资源的吸引力越大,能吸引的旅游者的范围越广、人数越多,也就是说旅游资源的吸引力越大,旅游资源为旅游业产生的旅游效益就越大。比如世界闻名的旅游资源就比区域性知名的旅游资源吸引力大,世界闻名的旅游资源能吸引世界范围内的旅游者,区域性知名的旅游资源则仅能吸引区域周边的旅游者,两者产生的旅游效益大小显而易见。当然,有吸引力的资源能否最终成为旅游资源,还要看资源开发是否符合当地的法律法规。而且,旅游资源对旅游者的吸引力是相对的,一般而言,旅游资源与旅游者常住地的差异性越大,吸引力就越大。比如对城镇和乡村居民产生吸引力的旅游资源是相反的。

(2) 旅游资源是客观存在的,其范畴是不断发展变化的。旅游资源既有自然形成的,也有人为创造的,可以是有形的物质资源,如湖光山色、阳光海滩、花草树木、飞瀑流泉、历史古迹、园林建筑等;也可以是精神的、非物质的资源,如文学艺术、民间传说、民族风情等。精神文化往往是旅游景点的灵魂所在,如许仙和白娘子的故事是在西湖断桥和镇江金山寺的物质基础上产生的,而这一动人的故事又为景点注入了生动的灵魂,吸引了大量的游客。很多旅游资源都是物质旅游资源和非物质旅游资源的综合形式,如长城与孟姜女哭长城、故宫与两代王朝的故事等,精神文化与物质景观的紧密结合,会使景观产生极大的美感和极强的旅游吸引力。

旅游资源是一个动态的概念,它的范畴在不断扩大。人类对自然界和社会的认识随着生产力的提高和社会的进步而不断提高,对旅游资源的认识也是如此。从前述定义可以发现,旅游资源的范畴随着科学技术的进步和人们认识水平的提高在不断扩大。一些已被开发利用的旅游资源,将随着旅游业的发展、旅游者需求的提高进一步向深度开发。而一些由于科学技术水平所限或市场需求等原因尚未开发的旅游资源,在条件成熟时,也将逐步被开发利用。比如,随着越来越多"观星人"的出现,观星景点、观星酒店,以及房车基地、露营基地等资源应运而生;茶旅游、康养旅游、保健旅游的兴起,使一些地方发展起了游览参观茶叶种植地、茶叶加工场所、茶文化博物馆、中药材博物馆以及访问百岁老人等旅游活动。随着科学技术的进步,旅游资源的范围还将不断扩大,某些现在看来不是旅游资源的客体或因素,以后都可能成为旅游资源。

(3)旅游资源能被旅游业利用,产生经济效益、社会效益和生态(环境)效益。旅游资源是一个国家或地区旅游业发展的基础,由于旅游资源具有吸引功能,它能为旅游业所利用,从而带来经济效益,带动区域经济的发展、就业人口的增加和人民生活水平的提高。同时,旅游业的发展可以促进旅游地的对外开放,促进文化与信息交流,推动社会进步,产生社会效益。另外,为了提高经济效益,旅游地必须吸引和招徕更多的旅游者,而优美的环境是吸引旅游者的重要条件,增加旅游资源的吸引力必须积极采取措施保护和改善生态环境及其社会文化环境,因而旅游资源的开发可以带来良好的生态效益。

中华人民共和国国家标准《旅游资源分类、调查与评价》(GB/T 18972—2003)对旅游资源的定义得到了学术界的广泛认同,具有极高的科学权威和现实意义。旅游资源是自然界和人类社会凡能对旅游者产生吸引力,可以为旅游业开发利用,并可产生经济效益、社会效益和环境效益的各种事物和现象。旅游资源是客观存在的,可以是物质的,也可以是精神的;可以是已被开发利用的,也可以是目前尚未被开发利用的。旅游资源与其他资源的本质区别在于,旅游资源具有激发旅游者旅游动机的吸引功能,具有被旅游业利用后产生经济效益、社会效益和环境效益的功能。旅游资源的概念在不断深化,旅游资源的范畴在不断扩大。

二、旅游资源的基本特征

正确认识旅游资源的特点,对于合理开发和充分利用旅游资源、促进旅游业的发展具有重要作用。

(一)多样性与观赏性

无论从类型上还是存在形式上看,旅游资源都是丰富多样的,自然、人文、社会旅游资源都具有多样性;而旅游资源与一般资源最主要的区别,就是旅游资源具有美学特征以及观赏性。我们知道,旅游资源的核心是吸引功能,即吸引旅游者离开自己的住所到旅游目的地进行旅游活动的功能。而旅游资源的美学特征以及观赏性,如自然风景的形象美、色彩美、动态美、听觉美,古建筑的布局美、结构美、装饰美等,都是吸引旅游者的因素,并能满足旅游者生理、心理需求,陶冶人们的性情、提高人们的审美情趣。

（二）广泛性与地域性

旅游资源的客观存在极为广泛。可以说,地球上的任何地域都存在相对意义上的旅游资源,只是必须把它放在一定时间、空间等条件下来分析。同时,旅游资源不管是单体或是复合体的形式,都依托于一定的地域空间,在其形成过程中受到该区域地理环境各要素的制约,从而表现出地域性的特点。旅游资源的地域性决定了不同地区的旅游资源具有不同的特色。例如,高纬度地区和高山地区的冰天雪地、林海雪原、高山冰川,赤道地区的热带雨林、椰林竹楼景观,我国南方园林、北方园林和岭南园林景观的差异性等,无不与不同地区的地理环境有关。

（三）组合性与整体性

我国幅员辽阔,历史源远流长,文化光辉灿烂,名人英杰层出不穷,名胜古迹珍奇瑰丽,山水风光雄伟秀美,民俗风情古朴淳厚,旅游资源丰富,种类繁多。然而,各类旅游资源在内容上并非单纯的、独立的,而是相互包含、相互渗透、相互烘托、互为补充的,即旅游资源具有组合性。旅游资源的组合性特征是指孤立的景物要素很难形成具有吸引力的旅游资源,在特定的地域中,总是由复杂多样、相互联系、相互依存的各个要素共同形成资源整体。例如,山与水组合形成秀丽的湖光山色、峡谷急流、高山瀑布等景观,假山、池、植物与各种古建筑的巧妙组合形成我国古典园林的特色景观。

（四）地域固定性与不可移植性

其他资源经过开发,或以其自身,或以其产品,可以输往各地以供利用,即多数情况下是资源向消费者移动,如煤炭资源、矿产资源等。而旅游资源总是分布在某一特定的地理空间,在地域上是固定的、不可移动的,多数情况下是旅游者向旅游资源移动。因为旅游资源具有组合性,其存在必须依赖其他资源和环境要素的衬托和协调,如果迁移旅游资源,将会改变它某些固有的特性。比如,人文旅游资源产生于特殊的地域环境和特定的历史条件之下,外在表现为延续着人类社会的丰富历史基因,依托于特殊的环境,人为割裂必将影响其承载信息的完整性和原真性。在大都市表演的民族歌舞会失去浓郁的故乡风情,在华北平原兴建傣家竹楼,也将因缺少傣族特有的民族风情而缺乏灵气。

（五）时代性与季节性

旅游资源具有时代性,旅游产品要根据市场的变化而不断更新。一方面,由于旅游活动向多样化、个性化方向发展,一些原来不是旅游资源的事物和现象变成受旅游者欢迎的旅游资源,一些新的旅游资源也不断被开发出来;另一方面,一些旅游资源随着旅游者旅游需求的变化而失去吸引力,从而退出旅游市场。旅游资源还具有季节性。一方面,旅游资源所处的环境具有季节性,影响旅游者的出游动机,旅游者一般选择最佳的季节出游,使旅游目的地的游客量出现季节性变化,从而形成旅游的"淡季""旺季""平季";另一方面,自然旅游资源本身具有季节变化性,如漂流活动一般在夏季进行,雾凇、雨凇和冰雪景观则多出现在冬季,一些节日庆典活动只在特定的时段举行,如傣族的"泼水节"、蒙古族的"那达慕大会"等。

（六）民族性与文化性

一般说来,某一地区或某一类型的旅游资源,都具有自己的特征或民族特色。如云南的傣族和海南的黎族具有完全不同的民俗风情;我国南方和北方的民居、饮食各有特点。旅游资源具有文化属性,无论是自然旅游资源还是人文旅游资源,都具有丰富的文化内涵,如杭州西湖、山东泰山等。多姿多彩的民俗风情、各具特色的美食佳肴、琳琅满目的旅游商品,以及让人流连忘返的自然山水等,无不反映出其特有的文化。旅游资源不仅可以使人们获得丰富的知识,也可以满足人们休闲疗养、放松身心、猎奇探险等需求。

(七)永续性与不可再生性

在有效保护的前提下,绝大多数旅游资源都具有长期重复使用的价值,因为旅游者在旅游活动中带走的是美好的感受,而不是旅游资源本身。如山水风光、都市风貌等旅游资源,可以长期供旅游者参观游览,甚至可以进行永久的开发利用活动。同时,我们也应看到,旅游资源开发利用的永续性并不是绝对的,必须以保护为前提。旅游资源的过度开发,会使旅游资源质量下降,无法为后续的旅游者提供同样高品质的风景,许多文物古迹、历史文物是在特定的历史条件下形成的,一旦被破坏,即使进行人工修复,也不再是原貌。因而,在旅游资源的开发过程中,要特别重视对旅游资源和旅游环境的保护工作。

任务训练

一、即问即答

1. 简述旅游资源的定义。
2. 简述旅游资源的主要特征。

即测即评 1-1

二、即学即用

1. 列出你所在地的主要旅游资源,并举例说明旅游资源的核心功能及主要特征。
2. 上网收集 10 张各地的景观图片,并完成以下任务(以电子文档或 PPT 的形式呈现)。
(1) 分析哪些能成为旅游资源,哪些不能成为旅游资源。为什么?
(2) 根据能成为旅游资源的图片分析旅游资源的特征,并说出理由。

任务二　旅游资源的形成条件和分类

任务导入

广东某旅行社导游员小李接待来自上海的商务考察团,团员对图 1-2-1～图 1-2-12 所示旅游景观的形成条件和类型很感兴趣。假设你是小李,请向考察团介绍。

图 1-2-1　哈尔滨林海雪原　　　　图 1-2-2　三亚海滩　　　　图 1-2-3　热带雨林

图 1-2-4 亚热带常绿阔叶林

图 1-2-5 温带落叶阔叶林

图 1-2-6 寒带针叶林

图 1-2-7 温带草原

图 1-2-8 温带荒漠

图 1-2-9 长沙世界之窗

图 1-2-10 长城

图 1-2-11 少林寺塔林

图 1-2-12 吊脚楼

1. 这些旅游资源存在差异吗？如果存在，差异是如何形成的？
2. 该怎样对这些旅游资源进行分类？有哪些分类依据？

任务探究

一、旅游资源的基本形成条件

地理环境的地域差异性是旅游资源的基本形成条件。地理环境的千差万别能够使长年居住在单一环境中的人们产生旅游动机，进而产生旅游行为，成为旅游者。地理环境的差异性越大，对旅游动机的激发力就越强。换句话说，如果不存在地理环境的地域差异性，也就不存在对游客产生吸引力的旅游资源。

（一）自然旅游资源的基本形成条件

自然旅游资源是天然赋存的，是在自然界诸要素的长期相互作用、相互影响下形成的。

1. 地球的圈层结构构成了多种类型的自然旅游资源

地球表层是指岩石圈、水圈、大气圈和生物圈相互作用的地带，是自然旅游资源形成的本底。人类作为生物圈中的一员,其活动所涉及的各个圈层均可以形成旅游资源。例如,岩石圈表面形成地质构造、岩石矿物、火山等地质景观和山岳、峡谷、岩溶、丹霞等地貌景观旅游资源;水圈中形成江河、湖泊、瀑布、海滨、泉等各类旅游资源;大气圈内形成云、雨、雾、雪、雨凇、雾凇等气象和气候旅游资源;生物圈内形成由多种动植物组成的生物旅游资源。

2. 自然地理要素的地域组合和分异规律决定了自然旅游资源的分布特点

自然地理要素的地域组合是指地质、地貌、气候、水文、土壤、生物等地理环境各要素相互联系、相互制约和相互渗透,构成了地理环境的整体性,形成了具有内部相对一致性的景点和景区。无论是景点还是景区,都是自然环境各要素在一定地点、一定区域内以不同比例组合而形成的,拥有各自的特色。而各地自然旅游资源的特色,是由自然环境各要素地域分异造成的。地域分异是指地球表层的差异性,表现为大小不等、内部具有一定相似性的一系列地域单元,并由此产生各地域单元自然条件的差异。地域分异表现出一定的有序性和普遍性,呈现出地域分异规律。由于太阳辐射在地表按纬度分布不均,导致各自然景观带向东西延伸,沿着纬度变化的方向作有规律的更替,这叫作纬度地带性分异规律。在海陆分布因素的影响下,由于水分条件的差异,各种自然景观带从滨海往内陆方向大致沿着经度变化的方向逐渐更替,这叫作干湿度地带性分异规律,也叫作经度地带性分异规律。由于海拔的不同,从山麓到山顶的水热状况随着海拔高度的增加而变化,形成了自然景观的垂直地带性分异规律。

3. 地质作用是自然旅游资源形成的动力和基础

地质作用是自然旅游资源形成的原动力。地质作用是指作用于地球的自然力使地球的物质组成、内部结构和地表形态发生变化的作用。地质作用可分为物理作用、化学作用和生物作用。它们既发生于地表,也发生于地球内部。引起地质作用的自然力叫作地质营力。地球的地表现状是地球内营力和外营力共同作用的结果。内营力使美景的轮廓、框架得以形成,对地壳的发展变化起着主导作用;外营力则起着雕琢美景的作用。

地球的内营力是决定海陆分布、岩浆活动、地势起伏等的地球内能。例如,全球被构造活动带分为六大板块,每个大板块又可分为若干小板块,这些板块处于不断运动之中,产生碰撞或张裂,形成地表的基本形态。板块张裂地区形成海洋或裂谷,如大西洋、东非大裂谷等;板块碰撞挤压的地区,常形成火山地貌、山岳地貌、地震遗迹、地热等自然景观。太平洋板块与欧亚大陆板块的俯冲带,由于火山与地震活动较强,存留不少遗迹景观,如我国东北的五大连池、长白山天池等火山遗迹景观;印度板块与欧亚大陆板块的碰撞地区形成了青藏高原。地球的外营力则发生在地壳外部,主要表现形式有风化作用、侵蚀作用、搬运作用、沉积作用和固结作用等,它们塑造了丰富多彩的自然景观形态,如冰川作用下形成的冰蚀景观,搬运、沉积作用下形成的风沙地貌、黄土地貌等。地表多姿多彩的自然景观形态无不是在地球内营力和外营力地质作用提供的本底上形成的。

4. 地球水体的水文特征

水圈是地球外圈最为活跃的圈层,是外动力地质作用的主要介质,也是塑造地球表面最重要的角色。按照水体的存在方式可以将水圈划分为海洋、河流、地下水、冰川、湖泊、瀑布等类型。海洋约占地球表面积的 71%,其中心部分为洋,边缘部分为海。由于水文地理环境的差异,陆地边缘形成海滩旅游资源,海洋内部则形成岛屿、珊瑚礁、海洋生物等旅游资源。地球表面河流纵横交错,由于流经的自然景观带和地貌部位不同,河流的上、中、下游河段形成了景观各异的风景走廊。地下水的露头处形成了不同类型的泉景,如温泉、矿泉等自然旅游资源。冰川的侵蚀和堆积作用使地表形成了独特的地貌景观。陆地表面天然洼地中蓄积的水体即湖泊,由于其成因、所处地理位置等因素的不同,形成了形态各异的湖泊景观。而从河床横断面陡坡悬崖处倾泻下来的水流则形成了瀑布,有形、色、声三态变化形式,具有很强的吸引功能。

5. 气候的区域差异

地球表面气候区域差异的主导因素是太阳辐射。由于太阳辐射随着纬度的增加而减少,地球表面的热量也随纬度的增加而减少,从而形成了从赤道到两极的不同气候带,即热带、亚热带、温带、寒带等,进而形成相应的自然景观带。地球表面的气候区域差异还与海陆分布及海拔因素有关。海陆的差异导致了从大陆滨海往内陆方向水分逐渐减少的现象,从而形成了湿润地区、半湿润地区、半干旱地区、干旱地区等不同的干湿地带及相应的不同自然景观。而高山地区,由于气候要素的垂直差异,形成了自然景物的垂直差异,正所谓"一山有四季,十里不同天"。

6. 地球生物的多样性

生物是地球表面有生命的物体的总称,大体可以分为植物、动物、微生物三类。其中植物种类不少于100万种,动物种类不少于150万种,微生物种类目前尚难统计。不同的地理环境下生存着不同的植物种群,从而形成不同的自然景观,如热带雨林、常绿阔叶林、针阔混交林、针叶林、苔原植被、荒漠植被等。绿色植物是构成风景区的重要因素,具有疗养、休闲、健身等功能。而在地球的不同地质历史时期,生物种群不断演化和进化,有些古老生物的遗体或遗迹存在于地层中,形成生物化石旅游资源,如恐龙化石等;许多生物种群随地质历史环境的变迁而灭绝,有的则在特定的环境和区域中被保存下来,形成古老的孑遗生物,成为珍稀动植物旅游资源。

(二)人文旅游资源的基本形成条件

人文旅游资源是人类创造的,反映各时代、各民族政治、经济、文化和社会风俗民情状况的,具有旅游功能的事物和因素,其形成是社会、历史、文化多方面作用的结果。

1. 类型多样的历史遗存

人类在发展过程中,在不同的历史时期,有与之相适应的生产力水平和社会生活方式,以人类遗址、建筑、园林、陵寝、墓葬、文学艺术、伟大工程、宗教文化等各种形式遗存下来,成为人类发展历史中宝贵的精神财富,也成为如今重要的人文旅游资源。例如,中国共有10余个王朝在古城西安建都,有"长安自古帝王都"之称的西安,其东西南北街、钟楼和城墙是中国古代城市格局的代表性作品,最能反映当时的社会风貌和文化特点。而北京天坛是我国明清两代帝王孟春祈谷、孟夏祈雨、冬至祭天的地方,主要建筑有斋宫、祭坛、回音壁等,这些建筑不仅可以让我们了解当时祭奠的盛况,还可以了解力学、声学和几何学等方面的知识。历史遗存既是历史的见证,又是一部直观而生动的历史教科书,是能引起游人普遍兴趣的人文旅游资源。

2. 社会文化的地域差异

在地球上,自然现象和人文现象的空间分布总是呈现出不均衡性,因而各个地区的文化也呈现出明显的差异性。不同地区、不同时期、不同民族在生产方式、生活习俗、宗教信仰、审美观念等方面各不相同,呈现出各具特色和魅力的地域文化。同一民族、不同地区的人群由于历史发展和所处自然环境的不同,也会形成不同的民俗风情。我国地域辽阔,拥有56个民族,各民族都形成了与当地环境相适应的独特民俗文化,拥有不同的风情风俗、服饰、歌舞、饮食、生活习惯、节庆活动等。如云南的纳西族和内蒙古自治区的蒙古族,他们的生活方式、生活习惯、建筑风格等都不同。正是社会文化在不同地域的差异,造成了一地居住的人群对另一地的未知感,这是旅游者进行旅游活动的重要动因,同时也是形成各类人文旅游资源最重要的成因之一。

3. 独特的、具有较高审美价值的社会文化现象

人类创造的具有较高艺术性及精神性的人类文化现象或实体,以及一些独特的社会文化现象,如雕像、博物馆、节日庆典活动、体育中心、旅游文学等,对旅游者具有普遍的吸引力,它们超越时空限制,成为人类审美对象的重要组成部分,也是人们进行观赏、游乐、学习研究的人文旅游资源。例如,山东省曲阜市每年举行的祭孔大典,吸引了许多国内外旅游者。

4. 适应旅游市场的需求

随着人们旅游需求的变化,旅游资源的范畴在不断地扩大,一些原本不是旅游资源的景点逐渐成为旅游者的游览对象。农场、工矿企业、教育科研单位等,都已成为有吸引力的旅游资源,如北京大学等著名高校、海尔集团等著名企业。另外,在一些客源充足、经济发达、交通便捷的城市,大量人造景观也已成为深受人们喜爱的新型旅游资源,如上海的迪士尼乐园,深圳的锦绣中华、世界之窗、中华民俗村、欢乐谷,昆明的民族村等。

二、旅游资源的分类

旅游资源涉及面广、类型多,为了更好地认识、研究、合理开发利用和保护旅游资源,有必要对丰富多样的旅游资源进行分类。旅游资源的分类是根据一定的原则划分出具有一定从属关系的、不同等级类别的旅游资源。

(一)分类原则

1. 相似性与差异性原则

相似性与差异性原则是指被划分为同一类、同一亚类的旅游资源应具有相同的属性,而不同类型的旅游资源之间应具有一定的差异性。不能把不具有共同属性的旅游资源归为一类,划分为同一级、同一类型的旅游资源必须具有共同的属性。

2. 逐级划分原则

旅游资源是一个极其复杂的系统,进行旅游资源分类时要在相似性与差异性原则下对旅游资源进行划分,逐级划分为具有隶属关系的不同级别、不同层次的亚系统。即先确定高一级的旅游资源类型,然后将其划分为多个次一级的亚类型,再将每一亚类型向下划分出更低一级的类型。例如,旅游资源可以先分为高一级的自然旅游资源与人文旅游资源,然后分别对其进行次一级类型的划分,如果需要,还可再向下划分更低一级的类型。逐级划分时要注意,不同级别的类型划分不能采用相同的依据;但是对每一类型直接划分出次一级类型时,则必须采用相同的依据,否则会出现分类的重叠。同时,分类系统还应简明扼要,具有实用性。

3. 对应性原则

对旅游资源按逐级划分原则划分出的次一级类型的内容,应完全对应于上一级类型的内容。即下一级类型的内容不得超出或者少于上一级类型的内容,上、下级类型的内容要相互对应。比如,自然旅游资源大类下划分出的各类型必须是各种自然旅游资源,但不能是任何一种人文旅游资源。

(二) 分类依据

根据不同的目的,旅游资源可以有不同的分类标准和分类方法。常见的有以下几种分类依据,根据这些依据可以划分出不同类型的旅游资源。

1. 依据旅游资源的属性分类

旅游资源的属性是指旅游资源的性质、特点、存在形式、状态等。依据旅游资源本身的基本属性,人们通常将旅游资源分为自然旅游资源和人文旅游资源两大类。其中,自然旅游资源是自然界天然赋存的,或主要由自然作用形成其自然属性的,或以自然属性为主的旅游资源,指能使人们产生美感的自然环境或物象的地域组合。人文旅游资源是由人为作用形成的,或主要由人为作用形成了人类文化属性的,或以人类文化属性为主的旅游资源,包括对古今人类社会活动、文化成就、艺术结晶和科技创造等的记录和轨迹。

国家旅游局于 2017 年 12 月 29 日颁发《旅游资源分类、调查与评价》(GB/T 18972—2017),其中将旅游资源划分为主类、亚类、基本类型 3 个层次,含 8 个主类、23 个亚类和110 个基本类型,每个层次的旅游资源类型有相应的英文字母作为代号,其中 A~D 属于自然旅游资源,E~F 属于人文旅游资源,具体的分类如表 1-2-1 所示。

表 1-2-1 旅游资源基本类型释义

主类	亚类	基本类型	简要说明
A 地 文 景 观	AA 自然景观综合体	AAA 山丘型景观	山地丘陵内可供观光游览的整体景观或个别景观
		AAB 台地型景观	山地边缘或山间台状可供观光游览的整体景观或个体景观
		AAC 沟谷型景观	沟谷内可供观光游览的整体景观或个别景观
		AAD 滩地型景观	缓平滩地内可供观光游览的整体景观或个别景观
	AB 地质与构造形迹	ABA 断裂景观	地层断裂在地表面形成的景观
		ABB 褶曲景观	地层在各种内力作用下形成的扭曲变形
		ABC 地层剖面	地层中具有科学意义的典型剖面
		ABD 生物化石点	保存在地层中的地质时期的生物遗体、遗骸及活动遗迹的发掘地点
	AC 地表形态	ACA 台丘状地景	台地和丘陵形状的地貌景观
		ACB 峰柱状地景	在山地、丘陵或平地上突起的峰状石体
		ACC 垄岗状地景	构造形迹的控制下长期受溶蚀作用形成的岩溶地貌
		ACD 沟壑与洞穴	由内营力塑造或外营力侵蚀形成的沟谷、劣地,以及位于基岩内和岩石表面的天然洞穴
		ACE 奇特与象形山石	形状奇异、拟人状物的山体或石体
		ACF 岩土圈灾变遗迹	岩石圈自然灾害变动所留下的表面遗迹
	AD 自然标记与自然现象	ADA 奇异自然现象	发生在地表一般还没有合理解释的自然界奇特现象
		ADB 自然标志地	标志特殊地理、自然区域的地点
		ADC 垂直自然带	山地自然景观及其自然要素(主要是地貌、气候、植被、土壤)随海拔呈递变规律的现象

主类	亚　类	基本类型	简　要　说　明
B 水域景观	BA 河系	BAA 游憩河段	可供观光游览的河流段落
		BAB 瀑布	河水在流经断层、凹陷等地区时垂直从高空跌落的跌水
		BAC 古河道段落	已经消失的历史河道现存段落
	BB 湖沼	BBA 游憩湖区	湖泊水体的观光游览区域段落
		BBB 潭池	四周有岸的小片水域
		BBC 湿地	天然或人工形成的沼泽地等带有静止或流动水体的成片浅水区
	BC 地下水	BCA 泉	地下水的天然露头
		BCB 埋藏水体	埋藏于地下的温度适宜、具有矿物元素的地下热水、热汽
	BD 冰雪地	BDA 积雪地	长时间不融化的降雪堆积面
		BDB 现代冰川	现代冰川存留区域
	BE 海面	BEA 游憩海域	可供观光游憩的海上区域
		BEB 涌潮与击浪现象	海水大潮时潮水涌进景象，以及海浪推进时的击岸现象
		BEC 小型岛礁	出现在江海中的小型明礁或暗礁
C 生物景观	CA 植被景观	CAA 林地	生长在一起的大片树木组成的植物群体
		CAB 独树与丛树	单株或生长在一起的小片树林组成的植物群体
		CAC 草地	以多年生草本植物或小半灌木组成的植物群落构成的地区
		CAD 花卉地	一种或多种花卉组成的群体
	CB 野生动物栖息地	CBA 水生动物栖息地	一种或多种水生动物常年或季节性栖息的地方
		CBB 陆地动物栖息地	一种或多种陆地野生哺乳动物、两栖动物、爬行动物等常年或季节性栖息的地方
		CBC 鸟类栖息地	一种或多种鸟类常年或季节性栖息的地方
		CBD 蝶类栖息地	一种或多种蝶类常年或季节性栖息的地方
D 天象与气候景观	DA 天象景观	DAA 太空景象观察地	观察各种日、月、星辰、极光等太空现象的地方
		DAB 地表光现象	发生在地面上的天然或人工光现象
	DB 天气与气候现象	DBA 云雾多发区	云雾及雾凇、雨凇出现频率较高的地方
		DBB 极端与特殊气候显示地	易出现极端与特殊气候的地区或地点，如风区、雨区、热区、寒区、旱区等典型地点
		DBC 物候景象	各种植物的发芽、展叶、开花、结实、叶变色、落叶等季变现象
E 建筑与设施	EA 人文景观综合体	EAA 社会与商贸活动场所	进行社会交往活动、商业贸易活动的场所
		EAB 军事遗迹与古战场	古时用于战事的场所、建筑物和设施遗存
		EAC 教学科研实验场所	各类学校和教育单位、开展科学研究的机构和从事工程技术试验场所的现光、研究、实习的地方
		EAD 建设工程与生产地	经济开发工程和实体单位，如工厂、矿区、农田、牧场、林场、茶园、养殖场、加工企业以及各类生产部门的生产区域和生产线
		EAE 文化活动场所	进行文化活动、展览、科学技术普及的场所
		EAF 康体游乐休闲度假地	具有康乐、健身、休闲、疗养、度假条件的地方

续表

主类	亚类	基本类型	简要说明
E 建筑与设施	EA 人文景观综合体	EAG 宗教与祭祀活动场所	进行宗教、祭祀、礼仪活动场所的地方
		EAH 交通运输场站	用于运输通行的地面场站等
		EAI 纪念地与纪念活动场所	为纪念故人或开展各种宗教祭祀、礼仪活动的馆室或场地
	EB 实用建筑与核心设施	EBA 特色街区	反映某一时段建筑风貌，或经营专门特色商品和商业服务的街道
		EBB 特性屋舍	具有观赏游览功能的房屋
		EBC 独立厅、室、馆	具有观赏游览功能的景观建筑
		EBD 独立场、所	具有观赏游览功能的文化、体育场馆等空间场所
		EBE 桥梁	跨越河流、山谷、障碍物或其他交通线而修建的架空通道
		EBF 渠道、运河段落	正在运行的人工开凿的水道段落
		EBG 堤坝段落	防水，挡水的构筑物段落
		EBH 港口、渡口与码头	位于江、河、湖、海沿岸进行航运、过渡、商贸、渔业活动的地方
		EBI 洞窟	由水的溶蚀、侵蚀和风蚀作用形成的可进入的地下空洞
		EBJ 陵墓	帝王、诸侯陵寝及领袖先烈的坟墓
		EBK 景观农田	具有一定观赏游览功能的农田
		EBL 景观牧场	具有一定观赏游览功能的牧场
		EBM 景观林场	具有一定观赏游览功能的林场
		EBN 景观养殖场	具有一定观赏游览功能的养殖场
		EBO 特色店铺	具有一定观光游览功能的店铺
		EBP 特色市场	具有一定观光游览功能的市场
	EC 景观与小品建筑	ECA 形象标志物	能反映某处旅游形象的标志物
		ECB 观景点	用于景观欣赏的场所
		ECC 亭、台、楼、阁	供游客休息、乘凉或观景用的建筑
		ECD 书画作	具有一定知名度的书画作品
		ECE 雕塑	用于美化或纪念而雕刻塑造、具有一定寓意、象征或象形的观赏物和纪念物
		ECF 碑碣、碑林、径幢	雕刻记录文字、经文的群体刻石或多角形石柱
		ECG 牌坊牌楼、影壁	为表彰功勋、科第、德政以及忠孝节义所立的建筑物，以及中国传统建筑中用于遮挡视线的墙壁
		ECH 门廊、廊道	门头廊形装饰物，不同于两侧基质的狭长地带
		ECI 塔形建筑	具有纪念、镇物、标明风水和某些实用目的的直立建筑物
		ECJ 景观步道、甬路	用于观光游览行走而砌成的小路
		ECK 花草坪	天然或人造的种满花草的地面
		ECL 水井	用于生活、灌溉用的取水设施
		ECM 喷泉	人造的由地下喷射水至地面的喷水设备
		ECN 堆石	由石头堆砌或填筑形成的景观
F 历史遗迹	FA 物质类文化遗存	FAA 建筑遗迹	具有地方风格和历史色彩的历史建筑遗存
		FAB 可移动文物	历史上各时代重要实物、艺术品、文献、手稿、图书资料、代表性实物等，分为珍贵文物和一般文物

续表

主类	亚　　类	基本类型	简　要　说　明
F历史遗迹	FB 非物质类文化遗存	FBA 民间文学艺术	民间对社会生活进行形象的概括而创作的文学艺术作品
		FBB 地方习俗	社会文化中长期形成的风尚、礼节、习惯及禁忌等
		FBC 传统服饰装饰	具有地方和民族特色的衣饰
		FBD 传统演艺	民间各种传统表演方式
		FBE 传统医药	当地传统留存的医药制品和治疗方式
		FBF 传统体育赛事	当地定期举行的体育比赛活动
G放游购品	GA 农业产品	GAA 种植业产品及制品	具有跨地区声望的当地生产的种植业产品及制品
		GAB 林业产品与制品	具有跨地区声望的当地生产的林业产品及制品
		GAC 畜牧产品与制品	具有跨地区声望的当地生产的畜牧产品及制品
		GAD 水产品及制品	具有跨地区声望的当地生产的水产品及制品
		GAE 养殖业产品与制品	具有跨地区声望的养殖产品及制品
	GB 工业产品	GBA 日用工业品	具有跨地区声望的当地生产的日用工业品
		GBB 旅游装备产品	具有跨地区声望的当地生产的户外旅游装备和物品
	GC 手工工艺品	GCA 文房用品	文房书斋的主要文具
		GCB 织品、染织	纺织及用染色印花织物
		GCC 家具	生活、工作或社会实践中供人们坐、卧或支撑与贮存物品的器具
		GCD 陶瓷	由瓷石、高岭土、石英石、莫来石等烧制而成，外表施有玻璃质釉或彩绘的物器
		GCE 金石雕刻、雕塑制品	用金属、石料或木头等材料雕刻的工艺品
		GCF 金石器	用金属、石料制成的具有观赏价值的器物
		GCG 纸艺与灯艺	以纸材料和灯饰材料为主要材料制成的平面或立体的艺术品
		GCH 画作	具有一定观赏价值的手工画成作品
H人文活动	HA 人事活动记录	HAA 地方人物	当地历史和现代名人
		HAB 地方事件	当地发生过的历史和现代事件
	HB 岁时节令	HBA 宗教活动与庙会	宗教信徒举办的礼仪活动，以及节日或规定日子里在寺庙附近或既定地点举行的聚会
		HBB 农时节日	当地与农业生产息息相关的传统节日
		HBC 现代节庆	当地定期或不定期举办的文化、商贸、体育活动等

2. 依据旅游资源的市场特性和利用现状分类

从旅游资源的市场特性以及能否开发利用的角度来看,旅游资源可分为潜在旅游资源和现实旅游资源两大类。

1) 潜在旅游资源

潜在旅游资源可以是自然景观、历史遗存或是独特的吸引物,一般具有较强的吸引力,但由于开发条件尚不成熟,未能被旅游业利用。例如,在我国西部,一些独特的旅游资源受到可进入性不强的限制,尚未被开发,属于潜在旅游资源。

2) 现实旅游资源

现实旅游资源已被旅游业利用,为旅游市场所熟知并接受。其中有开发历史较长的,如桂林山水、北京故宫等;也有新开发的资源,如星空露营地、主题公园等。

3. 依据旅游资源的规模、级别和价值分类

各地旅游资源的规模有大有小,质量和价值也有高有低,据此,可将旅游资源划分为世界级、国家级、省级和市(县)级等四种类型。

1) 世界级旅游资源

世界级旅游资源是指在全球范围内具有很高的知名度和美誉度,对世界人民具有很强的吸引力,为世界人民所向往的旅游胜地。例如,《世界遗产名录》中的世界遗产,被列入联合国"人与生物圈"计划的自然保护区、世界地质公园等,都属于世界级旅游资源。中国自1985年加入世界遗产公约,截至2024年8月,已有59项世界遗产被列入《世界遗产名录》,其中世界文化遗产40项(含世界文化景观遗产6项)、世界自然遗产15项、世界文化与自然双重遗产4项。中国是世界上拥有世界遗产类别最齐全的国家之一,也是世界遗产总数最多的国家之一。中国的世界遗产名单如下。

世界文化遗产(40项)

周口店北京人遗址;长城;明清故宫;北京皇家祭坛-天坛;北京皇家园林-颐和园;明清皇家陵寝;武当山古建筑群;曲阜孔庙、孔林和孔府;承德避暑山庄及其周围寺庙;莫高窟;秦始皇陵及兵马俑;拉萨布达拉宫历史建筑群(含罗布林卡和大昭寺);苏州古典园林;平遥古城;丽江古城;大足石刻;皖南古村落-西递、宏村;龙门石窟;青城山-都江堰;云冈石窟;高句丽王城、王陵及贵族墓葬;澳门历史城区;殷墟;开平碉楼与村落;福建土楼;登封"天地之中"历史建筑群;元上都遗址;大运河;丝绸之路:长安-天山廊道的路网;土司遗址;鼓浪屿:历史国际社区;良渚古城遗址;泉州:宋元中国的世界海洋商贸中心;红河哈尼梯田文化景观;庐山国家公园;五台山;杭州西湖文化景观;左江花山岩画文化景观;普洱景迈山古茶林文化景观;北京中轴线——中国理想都城秩序的杰作。

世界自然遗产(15项)

九寨沟风景名胜区;黄龙风景名胜区;武陵源风景名胜区;云南三江并流保护区;四川大熊猫栖息地;中国南方喀斯特;三清山国家公园;中国丹霞;澄江化石遗址;新疆天山;湖北神农架;青海可可西里;梵净山;黄(渤)海候鸟栖息地(第一期、第二期);巴丹吉林沙漠-沙山湖泊群。

世界文化与自然双重遗产(4项)

泰山;黄山;峨眉山-乐山大佛;武夷山。

2) 国家级旅游资源

国家级旅游资源具有重要的观赏、历史和科学价值,在国内外知名度较高,是国内外游客向往的旅游胜地,如由国务院审定公布的国家重点风景名胜区、国家历史文化名城、国家地质公园、国家重点文物保护单位等,由原林业部批准的国家级自然保护区和国家森林公园等。

3) 省级旅游资源

省级旅游资源具有较重要的观赏、历史和科学价值,具有地方特色,在省内外有较大的影响,能够吸引广大国内游客和部分境外游客,如省级重点风景名胜区、省级历史文化名城、省级文物保护单位、省级自然保护区、省级森林公园等。

4) 市(县)级旅游资源

市(县)级旅游资源具有一定的观赏、历史和科学价值,有显著的地方特色和民族特色,

在省内有较大的影响,主要接待省内游客,也吸引部分外地甚至境外游客,如市(县)级风景名胜区、市(县)级文物保护单位等。

4. 其他分类方法

旅游资源的分类方法还有很多,如从旅游资源功能的角度出发,可以划分为观赏型、运动型、休(疗)养型、文化型、娱乐型、购物型、特殊型等种类;而根据旅游资源可持续利用的潜力,可以分为可再生型和不可再生型两类。总之,出于不同的目的,旅游资源有不同的分类标准和分类方法。

任务训练

一、即问即答

1. 分析自然旅游资源形成的基本条件。
2. 分析人文旅游资源形成的基本条件。
3. 简述旅游资源分类的原则。

即测即评 1-2

二、即学即用

1. 如果你是湖南某旅行社导游,将要接待来自广东的商务考察团,请查找出 3 处湖南的主要景点,附图说明它们的形成条件,并对其进行分类。

2. 上网收集 6 张以上旅游景观的图片,并完成以下任务(以电子文档或 PPT 呈现)。

(1) 简要分析这些旅游景观形成的基本条件。

(2) 用两种以上的方法对这些旅游景观进行分类。

自然旅游资源赏析

 **学习目标**

素质目标

1. 能感受祖国大好河山的美好,具有热爱祖国名山大川的情怀;
2. 具备探索求真精神以及吃苦耐劳的职业素养;
3. 热爱旅游服务工作,具备团队协作意识;
4. 具备审美意识和生态保护意识。

知识目标

1. 了解地文、水体、大气、太空、生物等自然旅游资源的基本含义;
2. 熟悉地文、水体、大气、太空、生物等自然旅游资源的具体类型;
3. 掌握地文、水体、大气、生物等自然旅游资源形成的基本条件;
4. 掌握地文、水体、大气、太空、生物等自然旅游资源的特色及旅游价值。

能力目标

1. 能够根据自然旅游资源的基本特征分辨不同类别的旅游资源;
2. 能够分析、说明自然旅游景观的形成条件;
3. 能介绍不同自然旅游资源的特色及旅游价值。

思维导图

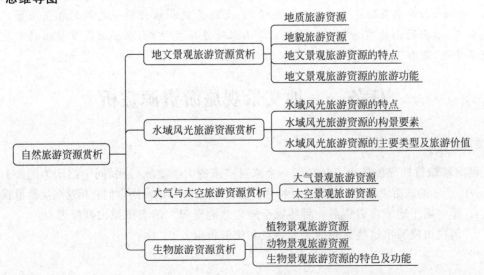

抛砖引玉

　　自然旅游资源又称自然风景旅游资源,凡能使人们产生美感或兴趣的、由各种地理环境或生物构成的自然景观都可称为自然旅游资源。根据《旅游资源分类、调查与评价》(GB/T 18972—2017)国家标准,自然旅游资源可分为地文景观、水域景观、天象与气候景观和生物景观四个大类。

　　地文旅游资源是具有观赏价值和一定吸引功能的地表形态的总称,指内外地质作用在地表所形成的具有旅游价值的典型地貌景观,包括构造地貌、剥蚀地貌、堆积地貌,山岳、丘陵、峡谷、高原、戈壁滩、平原和盆地等地貌,河流、冰川、岩溶、风化、海成作用形成的地貌以及火山和重力作用形成的地貌。

　　水域景观旅游资源以海洋、湖泊、河流、瀑布、涌泉、冰川、云雾、雨、积雪等不同形式存在于大自然之中,构成了不同的美学特征。浩瀚无垠、汹涌澎湃的海洋,形姿绰约、静谧如镜的湖泊,奔腾不息、一泻千里的河流,白练当空的瀑布,喷珠洒玉的涌泉,都具有美的形象。它们在永恒的动态中发出美妙的声响:或哗哗而流,伴人高歌;或轰鸣落响,器乐和弦;或叮咚有致,空谷回音。它们还有迷人的色彩:有的晶莹碧透,倒映风物;有的一片汪洋,深邃莫测。它们美的形象,美的音色,美的色彩,无不形成了巨大的旅游吸引力。

　　天象与气候景观是指大气中的冷、热、干、湿、风、云、雨、雪、霜、雾、雷、电、光等各种物理现象和物理过程所构成的旅游资源。天气景观是最富变化性、最具魔幻特征、最可遇不可求的自然奇观,如黄山的云海日出、蓬莱的海市蜃楼、峨眉山的金顶佛光、吉林的雾凇、青海的"天空之镜"、福建平潭的"蓝眼泪"、四川甘孜的流星雨等。气象资源是直接参与地球生态系统运行的重要组成部分,如气象生态中,四季受光、热、水、风等因素作用,形成了不同地域多彩的物候景观,为各地开展赏花、赏红叶、赏彩林及采摘等不同类型的旅游活动提供了底色支撑,直接拓展了旅游的时间和空间价值;气象奇观更是日益成为旅游摄影、露营、骑行、自驾游、科考等活动的核心吸引物。

　　生物是自然界中具有生命的物体,包括植物、动物和微生物三大类。生物景观是自然旅游资源中最具生命力、最富特色的资源。动物与植物是生物的主体部分,也是自然环境的重要组成部分,可与其他自然景观共同构成旅游资源,也可单独形成重要的旅游景观,生物具有构景、成景、造景三个方面的旅游意义。生命演化至今,丰富多彩的生物使地球生机盎然,动植物作为环境的重要组成部分,既受其他环境因素的制约,也影响其他环境因素的发生、发展。例如,山清水秀的环境说明了地貌景观、生物景观和水文景观之间的相互关系,山清才能水秀,水秀对山清有着强烈的依赖;苍山翠岭是地貌景观,但如果没有植被的衬托,就没有了灵气,没有了生机,没有了对游客的吸引力。

任务一　地文景观旅游资源赏析

任务导入

　　湖南某旅行社导游员小王接待了一个来自广东的大学生旅行团,同学们认为图 2-1-1～图 2-1-15 所示的旅游资源都很美且各具特色。假设你是小王,请向同学们介绍这些旅游景观。

　　1. 哪些属于地质旅游资源? 哪些属于地貌旅游资源? 请尝试说出判断理由。

　　2. 请说出或写出这些景观的主要特点和旅游价值。

图 2-1-1　褶皱

图 2-1-2　节理

图 2-1-3　恐龙化石

图 2-1-4　地层剖面

图 2-1-5　雨花石

图 2-1-6　地震纪念碑

图 2-1-7　科罗拉多大峡谷

图 2-1-8　黄山

图 2-1-9　珠穆朗玛峰

图 2-1-10　北海银滩

图 2-1-11　高椅岭

图 2-1-12　黄土高原

图 2-1-13　雅丹地貌

图 2-1-14　桂林山水

图 2-1-15　雅鲁藏布大峡谷

任务探究

地球经历了46亿年的演变,在漫长的演变历史中,地球的结构、构造、物质成分等都处于不断的运动和变化之中,地球的表面随之发生了沧海桑田的巨大变化。大陆的分离与聚合、海洋的诞生与消亡、山地高原的隆起、盆地的沉降、岩浆活动及岩石的形成与变质等,种种现象均直接受控于地质构造与地质作用。

根据动力来源的不同,地质作用可分为内营力作用和外营力作用两大类别。地球的内营力作用对地壳的发展变化起主导作用,决定着海陆分布、岩浆活动、地势起伏等,对自然旅游资源的类型与形成具有一定的控制作用。大部分情况下,内营力作用表现为地壳岩层变形,地面抬升或沉降以及产生褶皱、节理或断裂,从而形成大陆、海洋、高山、深谷、高原和盆地等各种地表形态,以及火山地貌、山岳地貌、峡谷、断陷湖、地热景观、地震遗迹、地层剖面、古生物化石点等自然景观。若没有构造节理强烈发育的花岗岩地貌,就没有"中国第一奇山"黄山的"奇峰怪石";若没有地壳变动的断裂抬升,雄伟险峻的泰山、华山、庐山等山地旅游景观就无法形成;若没有地壳变动的构造断陷,也就不可能产生青海湖、鄱阳湖等断陷湖旅游景观。而地球外营力作用的主要能源来源是太阳能,表现形式主要有风化作用、侵蚀作用、搬运作用、沉积作用和固结成岩作用等。在这些外力作用下,地貌的总趋势是削高填低,进一步塑造着地表形态,形成喀斯特地貌、雅丹地貌、丹霞地貌、风沙地貌、流水地貌、海岸地貌、冰蚀地貌等自然景观。

地文景观旅游资源是指由地质、地貌因素造成的,对旅游者有吸引力的自然景观,主要可以分为地质旅游资源与地貌旅游资源两大类。

一、地质旅游资源

(一)典型地质构造遗迹旅游资源

地质构造遗迹按照规模大小可以分为三级:第一级为海陆构造,第二级为大地构造,第三级为局部构造运动和变形形成的小规模山岭、褶皱和断裂等。常见地质构造遗迹的主要类型如下。

1. 褶皱构造遗迹

褶皱是岩层受挤压力作用发生波状弯曲而未丧失其完整性的构造,有背斜和向斜两种基本类型。典型的褶皱构造具有形态千变万化、尺度范围大小各异的特点,蕴含丰富的美学形象,是重要的观赏内容。

2. 断裂构造遗迹

组成地壳的岩石受力产生变形,当所受之力超过岩石本身固有强度时,其连续完整性被破坏,从而产生断裂构造。断裂构造一般按照是否发生位移分为节理和断层两种。

节理是指岩石受力发生破坏后,破裂面两侧的岩块未发生显著位移的构造。黄山、雁荡山、云南石林等都是因节理广泛发育而产生极高观赏价值的山石景观。

断层是指岩石受力破坏后,破裂面两侧岩块发生了显著位移的断裂构造,如台湾东海岸的清水大断崖、陕西华山、庐山龙首崖、峨眉山金顶舍身崖等。

3. 构造体系遗迹

构造体系景观一般是由一系列大型的构造体系组成的地质景观,如横断山的帚状构造、大别山的弧形构造、太行山的多字形构造、大连白云山的莲花状构造等。

(二)生物化石与典型地层剖面旅游资源

1. 化石

化石是保存在地层中的地质时期的生物遗体、遗骸及其活动的遗迹、遗物的总称,多出现在沉积岩中。许多植物和动物都能形成化石,如北京延庆和塔里木的硅化木化石,寒武纪的三叶虫化石,泥盆纪的鱼类化石,侏罗纪、白垩纪的恐龙化石,第四纪的哺乳动物和古人类化石。许多博物馆因保存着精美的化石而知名,如自贡恐龙博物馆、中国地质博物馆、柳州白莲洞洞穴科学博物馆和临朐山旺古生物化石博物馆等。

2. 典型地层剖面

沉积岩地层的形成顺序和岩层中所含化石或化石群的年代是确定地质年代的主要依据,因此地层标准剖面是地学旅游资源的重要组成部分。我国第一个国际地层剖面——云南晋宁梅树村震旦系-寒武系界线剖面,对研究 6 亿～5.2 亿年前的生物行为演化、海洋地质变化、海洋化学变化等具有重要价值。与此相似,美国科罗拉多大峡谷从谷底到顶部分布着从寒武纪到新生代各个时期的岩层,并且含有各个地质年代的代表性生物化石,被称为"活的地质史书"。

(三)岩石与矿物旅游资源

1. 岩石

按照成因可分为火成岩、沉积岩和变质岩三大基本类型。

火成岩也叫岩浆岩,是岩浆喷出地表或侵入地壳后冷却凝固而形成的岩石,是组成地壳的主要岩石,分为侵入岩和喷出岩两种。侵入岩在地下深处冷凝,花岗岩是分布最广的侵入岩之一,由花岗岩形成的景观有黄山、华山、衡山、普陀山、崂山、三清山等。喷出岩为岩浆突然喷出地表后,在温度、压力突变下形成的,玄武岩是分布最广的喷出岩。火山喷发的玄武岩,有的形成环形山或火山口湖,有的形成火山熔岩石林、熔岩洞穴隧道,如我国吉林的长白山火山、云南腾冲火山、黑龙江五大连池等。玄武岩的柱状节理发育具有很高的辨识度——在玄武岩熔岩流中,垂直冷凝面常发育成规则的六方柱状节理,广东湛江的硇洲岛拥有我国最大的玄武岩石柱林。流纹岩也是喷出岩的一种,其节理发育构成的景观变幻无穷,以素有"造型地貌博物馆"之称的雁荡山为代表。

沉积岩是在地壳或接近地表的范围内,由各类岩石及某些火山喷发物经风化、剥蚀、搬运、沉积和成岩作用形成的岩石。沉积岩中最具有观赏意义和旅游价值的是石灰岩和红色砂砾岩。太湖石便是由石灰岩经长时间侵蚀后慢慢形成的,具有形状各异、姿态万千、通灵剔透的特点。此外,石灰岩受到水的溶蚀、侵蚀作用,还会形成峰林、孤峰、石林、天生桥、地下暗河、溶洞等喀斯特景观。而以红色砂砾岩为基础形成的赤壁丹崖被称为"丹霞地貌",分布于广东丹霞山、福建武夷山、江西龙虎山、安徽齐云山等,我国著名的麦积山石窟、云冈石窟、大足石刻、乐山大佛等均创作于这类红色砂砾岩之上。张家界的石英砂岩峰林景观则是一种独特的地貌形态,它发育在沉积岩上,是在特定的地质构造部位、特定的新构造运动和外力作用条件下形成的一种举世罕见的独特地貌,个体形态有方山、台地、峰墙、峰丛、峰林、石门、天生桥及峡谷、嶂谷等。

变质岩是由岩浆岩、沉积岩或者先成变质岩在地壳运动、岩浆活动等作用下导致岩石的成分、结构、构造产生一系列改变而形成的。大理岩是最富有观赏性的变质岩,白色大理岩为细粒结构,质地均匀致密,被称为"汉白玉",在全国各地许多著名建筑中都得到了使用。在由变质岩构成的名山中,最著名的是山东泰山和江西庐山。

2. 矿物

一些矿物岩石经人为加工后能成为重要的收藏品和观赏物,如各类宝石。天然宝石中的钻石、红宝石、蓝宝石、金绿宝石、祖母绿为国际公认的五大珍贵天然宝石,此外还有海蓝宝石、玛瑙、水晶等。深受中国人推崇的玉石也是一种矿物宝石,天然玉石中又以翡翠、白玉最为珍贵。南京雨花石也是一种很好的工艺品,其主要成分是玛瑙。

(四)地震遗迹旅游资源

地震遗迹旅游资源是指由具有破坏性的地震作用造就的具有旅游功能的自然遗迹景观,以及人造的具有纪念性的地震标志物,具有丰厚的历史文化价值和特有的风光旅游价值。"5·12"汶川特大地震纪念馆便是其中的代表,纪念馆位于四川省北川羌族自治县曲山镇,是四川省灾后精神家园中的龙头项目,具有纪念、展示、教育、宣传、科研功能。

"5·12"汶川特大地震纪念馆包括室内场馆和室外遗址。室内场馆包括主馆(地震纪念馆)、副馆(地震科普体验馆),室外遗址包括北川老县城地震遗址、沙坝地震断层等,室内场馆和北川老县城地震遗址相邻。纪念馆占地面积14.23万平方米,建筑面积1.428万平方米,主体建筑名为"裂缝",寓意为"将灾难时刻闪电般定格在大地之间,留给后人永恒的记忆"。

(五)火山景观旅游资源

1. 火山的分布情况

世界上的火山主要集中分布于环太平洋火山带、地中海—喜马拉雅火山带、大西洋海底隆起火山带和东非火山带以及太平洋广大地区的一些星罗棋布的火山岛。

2. 火山的主要类型

根据火山活动情况,火山可分为活火山、休眠火山和死火山三类。活火山是处于周期性活动阶段的火山,以正在喷发的火山口、炽热的岩浆、喷气孔、温泉为景观特色,如夏威夷的火山公园、意大利的埃特纳火山等。休眠火山是历史记载中曾经有过活动,但长期以来处于静止状态的火山,如黑龙江五大连池火山、云南腾冲火山、日本富士山等。死火山是史前曾有过喷发活动,但人类历史时期不再活动的火山,如大同火山、海南火山、南京六合灵岩火山等。

3. 火山景观旅游资源

正在喷发的火山是极好的景观旅游资源,火山遗迹景观也是吸引游人的重要旅游资源。意大利的庞贝古城建于公元前6世纪,公元79年毁于维苏威火山大爆发,被火山灰掩埋地下1600多年后,1748年再次被发掘,完整的遗址被重新展示在游人面前。我国黑龙江的五大连池因火山喷发出的熔岩浆堵塞白河(石龙河)故道,形成了五个串珠状的火山堰塞湖,素有"火山地貌博物馆"之称。

二、地貌旅游资源

(一)山岳景观旅游资源

1. 山岳景观旅游资源的主要类型

(1)登山山地。主要是指为体育登山活动而开放的高山和极高山。许多高山山顶终年积雪,适宜于人们进行登山探险和冰雪运动,如我国的珠穆朗玛峰、乔戈里峰、天山、喀喇昆仑山等,还有日本富士山、欧洲阿尔卑斯山、美洲安第斯山等。

(2)观赏山地。又称观光型山岳,以中、低高度的风景名山为主。观赏山地在自然景观方面保留有许多山岳奇景,还有众多的人文景观,给这些山岳增添了多样的魅力,如黄山、泰山、武夷山、普陀山、千山、华山等。

(3)休养山地。以其优越的气候条件和生态环境、优美的自然风光、茂密的森林而成为著名的疗养度假胜地,如我国江西庐山、浙江莫干山、河南鸡公山等。

2. 我国的知名山岳景观旅游资源

(1)历史文化名山。我国的"三山五岳"中,"三山"是指代蓬莱、瀛洲、方丈,泰山、恒山、华山、衡山、嵩山并称"五岳";近代历史名山有"革命摇篮"井冈山和有着"一座岳麓山,半部近代史"之称的岳麓山等。

(2)宗教名山。我国四大佛教名山有山西五台山、浙江普陀山、四川峨眉山、安徽九华山;我国四大道教名山为湖北武当山、山东崂山、四川青城山、江西龙虎山。

(3)风景名山。一般是指以优美的自然景色、优越的山岳生态环境、奇特的地貌景观、神奇的云雾变化、茂密的森林、特有的生物以及与之相协调的丰富的人文景观形成的山岳综合体。安徽黄山以奇松、怪石、云海、温泉、冬雪等"五绝"及历史遗存、书画、文学、传说、名人等"五胜"著称于世,素有"天下第一奇山"之称;张家界、九寨沟、雁荡山等风景名山也凭借其奇特的地貌景观及丰富的人文景观蜚声中外。

(4)疗养名山。这类名山往往因自然环境优美、区位条件优越等优势成为避暑疗养的山岳,如江西庐山、浙江莫干山、河南鸡公山等。

(5)城郊名山。多指位于主要城市郊区的一些中小型山体,尽管其景观的美感价值不太高,但由于靠近客源地,对旅游者有着较大的吸引力,如北京香山、昆明西山等。

3. 山岳景观的旅游价值

(1)满足和培养旅游者的多种审美,山岳富有艺术的构造,是领略美学艺术的集结点。

(2)有助于健身、健心、康复精神,山岳环境利于调节精神、解除疲劳、抗病强身。

(3)可提供多种旅游项目,如观光、运动旅游项目、科学考察、文化旅游等。

(二)峡谷景观旅游资源

峡谷是指谷地深狭、两坡陡峭的河谷地貌景观,最为常见的为"V"形谷。峡谷是地壳上升时,流水或冰川强烈下切形成的。峡谷景观气势磅礴,具有"险、雄、幽、隐"等美学特征。我国著名的峡谷景观众多,云南丽江的金沙江虎跳峡峡谷垂直高差3900多米,是世界上最深的峡谷之一;西藏的雅鲁藏布江大峡谷是世界第一的大峡谷,其长度为504.6千米,平均深度2268米,最深处6009米;由瞿塘峡、巫峡和西陵峡组成的长江三峡,全长193千米,沿途两岸奇峰陡立、峭壁对峙。

（三）岩溶景观旅游资源

岩溶地貌是可溶性岩石在以地下水为主、地表水为辅，以化学过程为主、以物理作用为辅的破坏和改造作用下形成的，也称"喀斯特地貌"。

1. 地表岩溶景观

（1）石芽、石林。石芽是地表水沿着岩石坡面的节理和裂隙，经散流溶蚀和雨水淋溶而形成的，凹者为槽，凸者为芽，石芽的高度、大小、数量不一。石林是热带石芽的一种特殊地貌形态，又称"石林式石芽"。我国的云南石林位居世界石林之首，被誉为"天下第一奇观"。

（2）峰丛、峰林和孤峰。是指石灰岩遭受强烈溶蚀后形成的山峰。峰林、峰丛为分离程度不同的山峰集合体。峰丛是一种连座峰林，基部完全相连，顶部为圆锥状或尖锥状的山峰。当峰丛石山之间的溶蚀洼地再度垂向发展时，基座被蚀去，成为没有基座的密集山峰群，称为峰林。孤峰是耸立于喀斯特平原上的孤立山峰，它是峰林进一步发展的结果，其相对高度一般为10～100米。我国的桂林—阳朔是典型的峰林、峰丛、孤峰发育地区，有"桂林山水甲天下，阳朔山水甲桂林"之誉。

（3）溶斗（漏斗）。地表水流沿垂直裂隙向下渗漏、溶蚀时，先在松散沉积物之下的基岩中形成隐伏的小洞，随后空洞发展扩大，导致上部堆积体和基岩崩落、塌陷，形成溶斗。其平面呈圆形或椭圆形，直径一般为数十米到数百米，深度常为数米或数十米，最深达400多米。纵剖面形态有碟状、锥状和井状等，底部常有洞，引导地表水向下排泄。重庆奉节的小寨"天坑"是世界罕见的特大型溶斗，其深度和直径均在600米以上。

（4）岩溶天生桥。我国大多数天生桥是由岩溶作用形成的，当地下河的顶板崩塌后，残留部分的两端与地面连接而中间悬空的桥状地形，称为喀斯特（岩溶）天生桥景观。我国西南地区岩溶天生桥景观非常发达，广西省百色市乐业县横跨布柳河之上的天生桥桥面厚78米，拱高67米，孔跨177.14米，桥宽19.3米，桥的总高度达145米；重庆武隆在羊水河河谷1.5千米的范围内连续出现3座属于同一地下河（伏流）洞穴系统的天生桥，而且规模特别巨大，十分罕见，已列入《世界自然遗产名录》。

2. 地下岩溶景观

溶洞是地下水沿可溶岩层层面、节理或裂隙进行溶蚀而扩大成的空洞。若地壳多次间歇性地抬升，就会出现多层溶洞。有些溶洞内经常有水，会形成地下河、地下湖和地下瀑布，洞穴内往往有众多洞穴堆积物。

当然，地下水、地表水不仅仅能侵蚀石灰岩，随着温度和压力的变化，也会塑造出岩溶堆积地貌，如石钟乳、石笋、石柱、石幔、石旗、边石坝、钙华板等。

（1）石钟乳、石笋和石柱。石钟乳由洞顶下垂的碳酸钙堆积而成，呈钟乳状、锥状等；石笋是洞底碳酸钙由下往上堆积而成，因形如竹笋而得名；石柱是由向下延伸的石钟乳与向上生长的石笋互相对接形成的。

（2）石幔和石旗。石幔是含碳酸钙的水溶液沿洞壁漫流时产生的碳酸钙层状堆积；如果水溶液沿一条凸棱向下流动，则产生突出在洞壁上薄片状的碳酸钙堆积，称为石旗。

（3）边石坝和钙华板。边石坝是在地势起伏的斜面上形成的弧形弯曲的石埂。边石坝内的积水，形如梯田，又名石池或石田。如果坡度较大，碳酸钙以平缓的层状堆积，则会形成钙华板。四川黄龙的坡地上形成了 2300 多个梯田状钙华五彩水池,这些彩池大小不一,形态各异,排列有序,池水镶嵌在如镜如金、如银的钙华体上,色光闪烁,被誉为"人间瑶池"。

我国的喀斯特地貌主要分布于我国西南地区的云南、广西、贵州等省区,是世界上最大的喀斯特地区。桂林山水、云南石林、九寨沟、肇庆七星岩、贵州织金洞、黄果树瀑布、兴文洞乡、宜兴善卷洞等都是喀斯特旅游风景区的代表。

(四)海岸地貌景观旅游资源

参照陆地地貌,可将海岸地貌分为山地丘陵海岸、平原海岸和生物海岸三类。

1. 山地丘陵海岸

构成海岸的地貌基础为山地或丘陵,海岸线曲折,以海蚀地貌为主,可观赏海蚀崖、海蚀柱、海蚀平台、海蚀洞穴、海蚀拱桥等景观。山东半岛和辽东半岛海岸、杭州湾以南海岸以及台湾东海岸,绝大部分都是山地丘陵海岸。

2. 平原海岸

平原海岸即构成海岸的地貌基础为平原,组成海岸的物质为松散细颗粒碎屑物,海岸线比较平直,海水浅,海积作用较强,可分为三角洲与三角湾海岸、淤泥质平原海岸及砂质或砾质平原海岸三类。三角洲海岸在黄河、长江、珠江等河口较为典型;淤泥质平原海岸主要分布在渤海的辽东湾、渤海湾和莱州湾沿岸及濒临黄海的苏北海岸;砂质平原海岸以中国台湾西岸较为典型。

3. 生物海岸

生物海岸是指主要由生物体构成的海岸,主要在热带、亚热带气候条件下形成,以珊瑚、红树林等生物为主导因素发育而成的海岸是最为典型的。红树林海岸在全球分布广泛,在我国的福建、台湾及海南岛沿海亦有分布。珊瑚礁海岸的分布很广,太平洋中部和西部、澳大利亚的东岸和北岸最为普遍,中国的南海诸岛也有分布,世界上最著名的珊瑚礁海岸是澳大利亚东海岸的大堡礁。

(五)风沙地貌景观旅游资源

风沙地貌是指分布于大陆内部的干旱和半干旱地区,在风对地面物质进行吹蚀、搬运、堆积作用的过程中所形成的地貌。

1. 风蚀地貌景观

风蚀作用包括风的吹扬和磨蚀作用。风蚀地貌以雅丹地貌和风蚀城堡景观为代表。雅丹地貌以新疆罗布泊洼地最为典型,"雅丹"在维吾尔语中的意思是"具有陡壁的小山包",雅丹地貌现指河湖相土状沉积物形成的地面,经风化作用、间歇性流水冲刷和风蚀作用,形成与盛行风向平行、相间排列的风蚀土墩和风蚀凹地(沟槽)地貌组合;"风蚀城堡"以准噶尔盆地的乌尔禾"风城"和将军戈壁滩上的"魔鬼城"最为著名,风蚀城堡多形成于岩性软硬相间的近似水平状的沉积岩,主要在砂岩和页岩相间分布的地区,是在风力侵蚀的基础上发育起来的。由于岩性软硬不一导致风力侵蚀的差异性,结果形成了许多层状墩台,相对高度多为 10~30 米,墩台的顶部都很平坦,形成了状如城堡、亭台楼阁、宫殿等的蚀余方山地形。

2. 风积地貌景观

风积地貌以沙丘为主要类型。我国塔克拉玛干沙漠中的沙丘景观规模宏大,蔚为壮观。

一些沙丘在风吹流沙或游客从沙坡滑下时,就会发生沙鸣现象,以甘肃敦煌的鸣沙山最为著名。

(六)丹霞地貌景观旅游资源

丹霞地貌是由红色砂砾岩在风化剥蚀、流水切割、重力崩塌等外力作用下形成的赤壁丹崖的地貌景观。顶平、身陡、麓缓的方山、石墙、石峰、石柱等奇险的地貌形态,各异的山石形成了一种观赏价值很高的风景地貌,是名副其实的"红石公园",以广东仁化县的丹霞山最为典型。我国丹霞地貌分布很广,由广东丹霞山、浙江江郎山、江西龙虎山、福建泰宁、湖南崀山、贵州赤水六处系列提名地组成的"中国丹霞"是世界自然遗产之一,是中国第40项世界遗产。此外,发育丹霞地貌的红色砂砾岩具有较好的整体性,可塑可雕,是凿窟造龛的理想场所。麦积山石窟、云冈石窟、大足石刻、乐山大佛等均创作于这类红色砂砾岩地区。

(七)其他地貌景观旅游资源

1.冰川地貌景观

在高纬及高山地区,冰川在流动过程中携带的基岩碎块对沿途床底和两侧进行磨锉,形成冰斗、角峰、刃脊、冰川槽谷、羊背石等一系列冰蚀地貌。珠穆朗玛峰就是一座典型的角峰。我国著名的现代冰川有天山一号冰川、四川贡嘎山海螺沟冰川等。不止西部,东部地区的中、高山地也曾有冰川发育的遗迹,如江西的庐山、安徽的黄山、浙江的天目山等,著名地质学家李四光认为庐山是中国第四纪冰川的典型地区。

2.黄土地貌景观

我国拥有世界上最大的黄土高原,黄土地貌就发育在黄土之上,黄土高原的黄土层具有土体疏松、垂直节理发育的特征。在黄土区的边坡部位,经常沿节理面发生崩塌,形成峭壁,有时甚至产生大规模的滑坡,因此黄土高原最典型特征就是沟壑纵深、千沟万壑。黄土地貌景观主要有地势平缓的黄土塬、长条状的黄土梁和支离破碎的黄土峁等地貌。黄土地貌与梯田、窑洞构成了黄土高原特有的中原景观。

3.造型地貌景观

造型地貌是人为命名的,指经过自然力的雕塑形成的酷似某些具体事象的山石景观。它们能给人以直观的、形象化的艺术感受,如黄山的"仙人指路""猴子观海",云南特殊的土林地貌景观等。

三、地文景观旅游资源的特点

(一)空间规模较大

地文景观体现了地球表面的沧桑巨变和巨大的空间尺度。在所有地质地貌旅游资源类型中,除了矿点、矿脉与矿石积聚地、生物化石点等类型的旅游资源空间规模较小外,其余均是大尺度景观。例如,山丘型旅游地、谷地型旅游地、沙砾石地型旅游地、滩地型旅游地、奇异自然现象、自然标志地、垂直自然地带等,均占地面积达到数百平方千米至数千平方千米。泰山总面积达 426 平方千米;黄山面积达 160 平方千米;庐山面积达 282 平方千米;甘肃敦煌雅丹景观,分布面积约 400 平方千米;美国科罗拉多大峡谷全长 446 千米,平均宽度为 16 千米,最深处达 2133 米,平均深度超过 1500 米,总面积达 2724 平方千米;中国五大连池火山景观,分布面积达 1600 平方千米。

(二)形成年代久远

地文景观是在地球演化的漫长地质历史时期,由内、外营力的作用形成、发展并遗留下来的自然景观。地球表面的海陆起伏、复杂多样的自然环境、千差万别的生物群落都是地球长期演变的结果。自从地球开始物质分异,形成圈层构造和原始地壳,已有 46 亿年的漫长历史,包括地球初期发展阶段、太古代、元古代、古生代、中生代、新生代等地质年代。为了深入地揭示各地质年代中地层和生物的特征,地质学家又在"代"之下分出次一级的地质时代,包括古生代六个纪、中生代三个纪和新生代两个纪。目前已知最古老的岩石景观年龄为38 亿年。地球上主要山川、河谷的形成,是经历了早古生代的加里东构造运动、晚古生代的华力西运动、中生代的太平洋构造(也称"旧阿尔卑斯构造""燕山构造")运动和新生代喜马拉雅构造(也称"新阿尔卑斯构造")运动等的结果。地壳中保留下来的各时期的地层和地貌景观,就像一部内容丰富的大自然历史画册,成为地文类旅游资源的主体。如果将地质历史比作一部史书,那么人类历史仅是其最后一页。

(三)不可再生性

地质地貌类旅游资源经历了漫长的地质历史时期,是地球内、外营力亿万年长期作用的结果,远非人力所能为。正因为如此,地文景观一旦遭到破坏,人工修复的可能性也是非常小的。例如,广东丹霞山从中生代后期到新生代初期经过将近数百万年才形成;河南嵩山的地质变动经历了 30 多亿年的演化,经历了从太古时代一直到新生代的四个地质变动时期。因而它们都是弥足珍贵、不可再生的地质自然遗产,一旦遭到破坏,将永远在地球上消失,人工复原的可能性几乎为零。而不合理的开发也会使其改变原貌,失去原有的活力,丧失科学研究价值和观赏价值。

四、地文景观旅游资源的旅游功能

(一)科普教育功能

地质地貌类旅游资源的产生与演变实际是整个地球地质地貌演变的缩影,对很多旅游者来说都相当神秘。通过游览地质地貌类旅游景观,旅游者可以了解其产生与演变的原理,从中获得有关地质地貌乃至整个自然界的更多知识,满足开阔视野、丰富阅历、审美游乐、接受科普教育和环保教育、提高科学素养等多种需求。

(二)美学鉴赏功能

地质地貌类旅游资源呈现千姿百态的形态和突出的美学观赏性。例如,游览国家森林公园张家界,旅游者会被国内外罕见的石英砂岩峰林地貌景观吸引:石柱耸立、奇峰千叠、树木葱茏、沟壑纵横,显示出一派雄奇峥嵘而又俊秀幽微的自然气象,令人陶醉;尤其是索溪峪的十里画廊,"寿星迎客""采药老人""众女拜观音""紫驼过江""山重水复""猛虎啸天"等若人、若神、若仙和似畜、似林、似兽的石英砂岩峰林,在云雾中时隐时现、变化万千,真是十步一景,宛如一幅气势磅礴的长卷画。来到华山,游人总是怀着极大的兴趣去观赏由于长期风化侵蚀而形成的一座座俊秀峭拔的山峰和许许多多奇形怪状的岩石。武夷山的"鹰嘴岩",本是光秃浑圆的巨厚沙砾层,矗立在丛峰之中,光曲如琢的岩石向东南端突出,恰似鹰嘴,整块岩石活像一只雄鹰屹立在山冈展翅欲飞,这真是大自然巧夺天工的造化。

（三）健身与探险功能

人们历来把高和险作为构成地质地貌美景的重要内容。"无限风光在险峰""登高极顶景无穷"成为游览自然景观的传统内容。具有攀爬健身功能的资源主要分布在山地、丘陵地区。健身功能包括疗养和体育锻炼两个方面：疗养功能主要是利用山地和其他自然要素（如气候、水域、森林等）的协调组合，向旅游者提供避暑、消夏、休憩等服务。属于体育领域中极限运动范畴的探险旅游，通常离不开具有不同寻常、奇异、荒野特点的地质地貌类旅游资源的支撑。目前我国已经有专门从事科学考察、探险旅游项目的科学旅行社，游人可以在导游的带领下，去西藏、四川、新疆、青海等地观赏高原、冰川、沙漠、戈壁风光，亲身体验野外作业，参加野外探险活动。

任务训练

一、即问即答

1. 常见的地质旅游资源有哪些？
2. 简单介绍 3 种不同地貌旅游资源及其主要景点。

二、即学即用

1. 如果你是湖南某旅行社导游，将要带团去游览广东的丹霞山，请你详细介绍丹霞山的地貌特点。

2. 上网收集 10 张各地的地文景观图片，并完成以下任务（以电子文档或 PPT 的形式呈现）。

(1) 识别这些地文景观的具体类型。

即测即评 2-1　(2) 对这些景观的主要旅游价值进行描述。

任务二　水域风光旅游资源赏析

任务导入

湖南某旅行社的小王接受了夕阳红旅行团叔叔阿姨们的咨询，他们对图 2-2-1～图 2-2-15 所示的旅游景观非常感兴趣。假设你是小王，请向叔叔阿姨们推荐这些旅游景观。

1. 请先对这些旅游资源进行分类，并描述其主要旅游特色。
2. 这些水域风光是否存在差异？请你介绍这些差异是如何形成的。

图 2-2-1　趵突泉

图 2-2-2　青藏高原上的河流

图 2-2-3　雪山

图 2-2-4　黄果树瀑布

图 2-2-5　死海

图 2-2-6　千岛湖

图 2-2-7　镜泊湖

图 2-2-8　海南岛

图 2-2-9　九寨沟

图 2-2-10　漂流

图 2-2-11　日月潭

图 2-2-12　滇池

图 2-2-13　三叠泉

图 2-2-14　五大连池

图 2-2-15　钱塘江潮

任务探究

　　水域风光旅游资源是指水体及水体所依存的特定地理环境所构成的自然旅游资源类型。地球表面约有 3/4 的面积由水覆盖,因而地球又有"蓝色星球""水的行星"之称。地球上的水以固态、液态、气态等形式分布于海洋、陆地和大气之中,形成了海洋水、陆地水、大气水等各种类型的水体,共同组成了一个不规则的连续水圈。水圈与岩石圈、生物圈、大气圈相互作用,形成海洋、河流、瀑布、湖泊、冰川、涌泉、湿地等各种水体形态,组合成了丰富多彩的水域风光旅游资源。

　　在地球表面,海洋占据了 71% 的广阔面积,在地质构造与海底地形地貌、海洋气候与洋流、海洋生物等因素的作用下,形成了丰富的旅游资源。陆地与海水相接的海滨部分,海岸、沙滩、岛屿、潮汐等地貌与现象为人类提供了良好的观赏大海、运动健身、度假疗养的旅游活动场所,形成了极具魅力的海滨旅游资源;河流是陆地动、植物赖以生存的主要水源,纵横交错的河流不仅孕育了人类文明,同时也是人类在陆地上的重要交通动脉,在旅游资源中则成为重要的构景因素,并在地表形态上承担着重要的造型功能;陆地表面由天然洼地蓄积的水体形成的湖泊,因所处的地形部位、成因、水文特征的不同,形成了形形色色、绚丽多姿的湖泊旅游资源;在特定条件下形成的瀑布、泉,以其自身优美的景色而成为独立的、极有价值的风景名胜区,如我国贵州的黄果树大瀑布、济南的趵突泉等。

水体对其他自然旅游资源的形成有深刻的影响。水体有"大自然雕刻师"之称,大气降水、地表径流对许多地貌特别是岩溶地貌、海岸地貌、冰川地貌等具有普遍的塑形作用;水体在一定程度上可以起到调节局地温度和湿度的作用,因而有"美容师""空调器"之称。总之,水域风光资源为其他自然旅游资源的形成提供了重要的构景环境和素材,加之其本身所具有的诸多旅游功能,使其成为备受游客青睐的重要旅游资源。

一、水域风光旅游资源的特点

(一)水是最宝贵的旅游资源之一

水体是存在形式最广泛的一种旅游资源,以液态、固态和气态等不同形式存在于大自然中,构成了不同的美学特征。水体旅游资源形态丰富,富于动感,可满足不同类型、不同层次的审美需求。其美的形象、美的音色、美的色彩,无不形成巨大的旅游吸引力。人们置身其中,或听,或看,或沐浴,充分享受着水体旅游资源带来的愉悦之情。

(二)水是各类景区的重要构景要素

水体旅游资源在风景组织中的作用明显,水体的形、态、声、色、光、影及其组合变化具有的独特美学魅力,不仅可相对独立地构成富有吸引力的水景旅游资源,而且可成为风景中最重要的构景因素之一。水的构景功能突出表现在水与山、水与生物、水与气候、水与建筑等的相互结合上。人们常说"有水则活",所以水称得上是"风景的血脉"。

(三)水是最富有吸引力的康乐型自然旅游资源

旅游产品的开发、旅游项目的设计都已越来越多地注重游客的心理需求。由于水体的特殊性质,人们往往从孩提时代就喜欢玩水。玩水比观水更富有情趣,海水浴、温泉浴、游泳、潜水、水上赛艇、划船、漂流、滑水、冲浪、舢板、驶帆(包括冰帆)及垂钓等水上活动项目,都可以说是不同形式的玩水活动。就广义而言,滑雪、雪橇、冰橇等冰雪运动也属于利用水体开展的体育娱乐活动。

(四)水具有调节空气温度和湿度的生态功能

水面较大的地区,通常易形成较为舒适的区域性或局部小气候环境,呈现冬暖夏凉的特点,所以滨水地区宜于避暑;水体还可以促进生物旅游资源的产生和聚集,滋润着花木,养育着动物,这强化了其大自然美容师的作用;水体还可以利用水面农业、水产养殖等方式,开展水上农业观光、捕鱼、采摘莲藕等参与性旅游活动。

二、水域风光旅游资源的构景要素

按水体性质及自然界水色的基本形态,水体旅游资源可以分为河流、湖泊、瀑布、泉水、海洋等旅游资源。水是构景的基本要素,其构景具有以下特点。

（一）形态

海洋、江河、泉流、瀑布和外流湖泊都以动态为主；内陆湖或部分淡水湖，则以静态为主；受地形和季节的影响，水体呈现出有动有静、动静结合的特点。

（二）倒影

水是无色透明的液体，万物映入其中皆成景。山、石、树、花、白云、蓝天、飞禽、走兽、建筑乃至人的活动都会在水中形成倒影，构成美不胜收的画面。

（三）声音

水体在内营力、外营力的作用下，或受坡度影响而流动时，可发出各种声音，如泉水的叮铃声、瀑布的轰鸣声、海浪的雷鸣声，给予人不同的声音美。

（四）色彩

透入水中的光线受到悬浮物或水底沉积物以及水分子的选择吸收与散射的作用，导致水体呈现出不同的颜色，如黄河中下游及渤海、东海呈黄色，南海呈深蓝色，黑龙江水呈黑褐色。此外，在光线和岸边植物色彩的综合作用下，水呈现多种色彩，如九寨沟的五彩池、五花海和火花海等。

（五）光像

水体在光线的作用下，能产生美妙无比的光学现象，令人赏心悦目。站在重庆朝天码头上观看夜景时，市区的灯光、天上的星光倒映于长江和嘉陵江之中，共同交织成了光的海洋，使人难辨哪儿是灯光，哪儿是星光，令人陶醉在一片美丽的水光之中。

（六）水味

水本是无色、无臭、无味的液体，但有些未被污染的水体，水质清冽甘甜，特别是含有对人体有益的微量元素时，常成为游客追逐的对象。如青岛崂山矿泉水、杭州虎跑泉水、济南趵突泉水、镇江中泠泉水等。

（七）奇特

有的水体会产生奇特的现象：如贵州省施秉县的"喊泉"，人呼喊的音量大而长时，泉水涌出量多，音量小而短时，泉水涌出量则少；四川广元的"含羞泉"，泉水受声音的影响，会缓慢地降低水位，仿佛一位见了生人就躲起来的姑娘，过一会儿，泉水又会慢慢涌出；五大连池的药泉富含微量元素，可饮、可浴、可医、可赏，能治肥胖、脱发、皮肤病等多种疾病。

三、水域风光旅游资源的主要类型及旅游价值

（一）江河景观旅游资源

河流是地表水沿着线形凹地流动的天然水体，较大的称江、河、川，较小的称溪、涧。河流的主要补给来源是雨水，也有冰雪融水和地下水。河流发源地称为河源，流向海洋、湖泊或另一河流的入口称为河口。大的河流一般可分为河源段、上游段、中游段、下游段及河口段五个河段。不同地区的河流或同一河流的不同河段由于流经地区的地貌、气候、社会经济、文化等条件的差异，从而形成许多独特的形态和景观。即使是同一河段，在不同的季节

也会呈现不同的景观特点。

1. 不同气候带的河流景观

不同温度带的江河景观有着明显的差异。海南岛的万泉河、昌化江等位于热带季风区，这些河流虽短，却拥有热带季雨林景观，海岛椰林风光便是其代表景观。珠江、长江是亚热带季风区江河的代表，为亚热带常绿阔叶林景观，因流量大、汛期长、植物丰、湖泊多、沿岸的农业富城镇多，成为一条"黄金旅游路线"。暖温带的黄河主要地处温带落叶阔叶林地带，虽然流量少、泥沙多、植被稀，但它是中华民族文明主要的发祥地，因此黄河旅游路线成为展示我国古老灿烂文化的最佳旅游线路。寒温带、中温带景观以黑龙江为代表，暖季水漫漫，冬季成冰带，具有典型的林海雪原的北国风光特色。干旱地区的塔里木等河流，大部分河段流经沙漠地区，呈现一派荒漠景观，最后没于沙漠成为内流河。

2. 不同河段的景观

一般而言，大河的河源段往往为冰川雪山或湖泊沼泾或溪涧泉水，水流清缓，人迹罕至，具有原始、神秘、幽静等景观特征。在地质构造抬升和强烈的河流下切侵蚀作用下，上游河段常两侧山石壁立，河床狭窄，异常幽深，因而河水落差巨大，水流湍急，以雄险为主的峡谷景观成为河流中最迷人的风光带。例如，我国长江著名的三峡景观便处于长江上游；漓江上游河段有着"几程漓江水，万点桂山尖"的人间仙境；钱塘江上游的富春江，江水清澈、澄碧，两岸亭峰插云，怪石凌空，景色奇秀。中游河段的河床宽阔，江流滚滚，水量丰富，曲流发育，常形成平原巨川风光。下游河段地势低平，河床宽展，河网密布，水流平缓，常形成"水乡泽国"的景观。大河两岸往往是历史悠久、人口众多、经济文化发达、人文景观丰富的地区，特别是在江河入海口处，河海相连、波澜壮阔、水天一色，构成了奇异的河口三角洲风光，引人入胜。例如，我国长江各河段具有不同的景观特征，使整条长江成为优美的旅游走廊，是世人公认的"黄金旅游线路"。

3. 江河景观的旅游价值

河流与沿岸景观共同构成立体画廊似的河流风景，流经山区的河段，最易构成山川风光。"V"字形或"U"字形峡谷使游人产生有节奏感的视觉效果，峡谷与宽谷相间分布，给游人不同的视觉享受；这些地区交通发达，物产丰富，交通方便；历史文化名城与现代城乡多在中下游地区，沿江河分布，最适于观赏游览；河流最利于游客走廊式游船观光；在适当的河段还可开展漂流、游艇、划船、游泳、垂钓、滑冰、冰橇等水上探险、康体度假等旅游活动。

（二）湖泊景观旅游资源

1. 湖泊的主要种类

湖泊的形成原因多种多样，按照形成原因的不同，大体可分为以下类型。

1）构造湖

构造湖是由地壳断裂、沉陷等地质构造形成的构造盆地和谷地积水而形成的湖泊。构造湖的类型有很多，其中分布最广的是断层陷落湖，这种湖的湖岸平直，湖形狭长，湖水较深，一般位于山地中，自然景色优美。世界上的大湖大多是构造湖，如我国的青海湖、抚仙湖、滇池、洱海，俄罗斯的贝加尔湖，非洲的坦噶尼喀湖等。贝加尔湖南北狭长，形如新月，是世界上最深的湖泊,这里阳光充足、冬暖夏凉,已成为景色优美的疗养中心。

2）火山湖

火山湖分为火山口湖和火山堰塞湖两类。火山口湖是火山喷发停止,火山通道阻塞,火山口成为封闭的洼地后积水而形成的湖。其特点是位于山峰之顶,水源补给以雪水、雨水、泉水为主,湖泊外形接近圆形或马蹄形,深度较大,水质清冽,环境优美,如我国的长白山天池、云南腾冲大龙潭火口湖等。

长白山天池是中朝两国的界湖,海拔为 2189 米,是我国最高的火山口湖,水面面积为 9.82 平方千米,最深处达 373 米,是我国最深的湖泊。天池由峭壁环绕,长白瀑布从天池北口 68 米高的悬崖峭壁上飞流直下,形成白色云雾,十分壮观。长白瀑布是松花江的源头,瀑布附近还有许多温泉群,水温在 60℃ 以上,有很好的医疗价值。

火山堰塞湖是由火山喷发出的熔岩流拦截河谷形成的湖泊,如我国东北的镜泊湖、五大连池和内蒙古的达里诺尔湖等。

3）冰川湖

冰川湖是在高山、高原或高纬度地区,由冰川的刨蚀作用或在冰碛物之间的洼地积水形成的湖泊,北欧和青藏高原的许多湖泊大多是冰川湖。新疆博格达峰北坡的天池也是由冰碛物之间的洼地积水形成的湖泊,海拔为 1910 米,湖水呈蓝色,周围群山环抱,呈现"湖光山色"的美丽景观。北美洲的五大湖是世界上最大的淡水湖群,也是著名的冰川湖。我国西藏地区的诸多湖泊,如帕桑错、布托错等也属于冰川湖。

4）风蚀湖

风蚀湖是在干旱、半干旱地区,由于风蚀作用形成洼地积水围成的湖泊。这类湖泊大小不一,湖水较浅,矿化度高,往往成为咸水湖或盐湖,如我国甘肃敦煌的月牙泉、内蒙古的嘎顺诺尔、苏古诺尔等。

5）岩溶湖

岩溶湖也称喀斯特湖,是在湿热的石灰岩地区由岩溶作用形成溶蚀洼地或岩溶漏斗积水而形成的湖泊。这类湖泊一般湖水较浅、面积不大,形状多呈圆形或椭圆形。岩溶湖在我国西南地区分布较多,既有地上湖,又有地下湖。贵州威宁的草海是我国面积最大的岩溶湖,织金县的八步湖、云南中甸的那帕海、丽江拉石坝海,还有云南石林的剑池等也属于岩溶湖。

6）河成湖

河成湖是由于河流的演化而形成的。有的是因河流改道、裁弯取直或淤积等原因,原来的河道形成了湖泊,如江汉平原上的洪湖,众多的牛轭湖,东北平原上河流沿岸星罗棋布的咸泡子。有的是因河流受阻,被泥沙阻塞的河段水位上升,形成了堰塞湖,如四川岷江上游支流松坪沟流域的 10 余个湖泊。

7）潟湖

潟湖是沿海地区的海湾被沙嘴、沙坝及滨海沙堤等封闭而形成的湖泊,又称海成湖、海迹湖。此类湖泊高潮时与海水相通,为咸水湖,但与外海完全隔绝后又可变成淡水湖。潟湖多分布在沿海三角洲冲积平原上,如太湖、杭州西湖等。

8）堰塞湖

堰塞湖是由火山熔岩、冰碛、山崩、滑坡等物质阻塞河流而形成的湖泊,如我国最大的火山熔岩堰塞湖——镜泊湖,以及由冰碛物堵塞山谷而形成的天山天池。

9）人工湖

大的人工湖称为水库,小的人工湖称为堰塘。水库是指因兴修水利建成的具有特定功能的蓄水区域。我国是世界上人工湖最多的国家,如长江三峡水库、浙江千岛湖、吉林松花湖、福建泰宁金湖、甘肃刘家峡水库等。国外著名的人工湖有埃及的纳赛尔湖、巴西与巴拉圭共同建造的伊泰普水库等。

10）咸水湖和内陆盐湖

盐湖是干旱地区含盐量很高的湖泊,主要分布在内陆地区。不管由何种成因形成的湖泊,在干旱的气候条件下,由于蒸发量较大,湖水容易因积累盐分而带有咸味,咸水湖的沿岸多盐滩、碱地和沙丘。新疆的艾丁湖、乌伦古湖、玛纳斯湖等著名大湖均为典型的咸水湖,其中艾丁湖是我国大陆海拔最低的地方,湖面海拔为−154.31米,湖底最低处达−161米。青海省柴达木盆地多盐湖,其中察尔汗盐湖面积为5856平方千米,是我国最大的盐湖,湖水盐分饱和,结成很厚的盐盖,盐盖上建有公路和铁路。青藏公路中有一段路面建在盐湖上,被称为“万丈盐桥”,没有一根栏杆,一个桥墩,而是由盐湖的盐盖组成的“桥”,盐桥坚固、平整、洁净,万丈盐桥是举世无双的奇观。

2. 湖泊的旅游价值

各种类型的湖泊不仅通过其自身的形、影、声、色、奇等构景要素,给游人以美感,对他们产生强烈的吸引力,而且通过与山、林、花、草以及多种人文景观相结合,能构成优美的风景名胜区。同时,湖泊地区还可以开展垂钓、驶船、游泳、水上竞技、品尝河(湖)鲜等多种旅游活动。

1）湖泊是自然风光的重要景观要素

对绝大多数风景区来说,湖泊是必不可少的景观,人们常用“湖光山色”来形容自然风光的幽美静谧、妩媚诱人。大湖泊给人以畅旷的美感,小湖泊给人以清秀的景色;高山之巅的一泓碧水,常给人以神秘、奥妙、幽静、清澈的美感;平原地区湖中有岛、岛上有湖的景色最为秀丽。特别是青翠的山、清澈的水和清新的环境的组合,非常符合绿色旅游的要求,如天山天池与博格达峰、太湖与洞庭两山、肇庆星湖与七星岩、瑞士的日内瓦湖与勃朗峰、中国台湾日月潭与玉山等。

2）自然景观与人文景观珠联璧合

湖泊与人类的生产生活联系紧密,其周围常形成经济、文化、交通发达和人口的密集的城市和乡村,形成各具特色的人文景观。因此,湖泊景观是以湖泊水体本身为核心的各种自然构景要素和各种人文构景要素(如遗址、建筑、园林、寺庙等)组成的风景名胜区。例如,烟波浩渺的洞庭湖畔有许多令人向往的人文胜迹与之相得益彰,尤其是坐落在湖畔的、中国古代江南三大名楼之一的岳阳楼,不仅建筑别具一格,更因范仲淹撰、苏子美书、邵谏刻的《岳阳楼记》而流芳百世,世人赞美此地景观为“湖光山色共一楼”。

3）具有多种旅游功能

湖泊具有多种旅游功能,可满足游客的多种需求。一是水上游览娱乐,湖泊是人们开展乘游船、坐快艇、自驾摩托艇、手划船、脚蹬船和冲浪风帆等水上游览、娱乐活动的物质载体,如杭州西湖开行的从湖滨公园和花港观鱼到湖心小瀛洲的游船、千岛湖中心湖区的滑翔伞和快艇等。二是游泳,如武汉东湖、宁夏沙湖等都专门划出一定的水域作为游泳场。三是湖畔观光,许多湖泊沿岸都有一些自然或人文景观供游人观赏,如无锡太湖鼋头渚、南京玄武湖、浙江千岛湖、杭州西湖等。四是度假休养,湖泊沿岸环境优美、静谧,是度假休养的好去处,如无锡和苏州的太湖、昆明滇池都辟有国家旅游度假区。

(三)瀑布景观旅游资源

瀑布是流水从悬崖或陡坡上倾泻而下形成的水体景观,或从河床跌水处飞泻而下形成的水流。瀑布景观是水域风光类旅游资源的重要组成部分,具有很高的美学价值。

1.瀑布的主要种类

1)构造型瀑布

构造型瀑布是因地壳运动使地层发生断层而形成的瀑布,如庐山三叠瀑布、石门涧瀑布、香炉峰瀑布。当多级断层以地堑或地垒的形式出现时,则可以形成多级瀑布。

2)堰塞瀑布

由于火山喷发出来的熔岩漫溢,阻塞了河道,造成原来的河流在熔岩陡坎上产生跌水而形成的瀑布,或因山崩、滑坡、泥石流等堆积物阻塞河道形成的瀑布,如黑龙江宁安市镜泊湖的吊水楼瀑布、四川叠溪瀑布。

3)袭夺瀑布

袭夺瀑布是由河流的袭夺造成的。河流袭夺是指,处于分水岭两侧的两条河流中侵蚀力量较强、侵蚀较深的河流进行下切侵蚀、切割分水岭后,将另一侧河流的一部分袭夺过来,使被袭夺的那条河成为袭夺河的支流,被袭夺的河流因高于袭夺河的谷底而跌落形成袭夺瀑布。位于贵州黄果树瀑布西侧、灞陵河西岸的滴水滩瀑布、蜘蛛洞瀑布和绿湄潭瀑布即属此类瀑布。

4)差异侵蚀瀑布

当两种不同抗侵蚀能力的岩层在一起,并同时受到同一条河流的冲蚀时,导致河谷下蚀作用不均匀地进行,硬、软岩石河段之间常形成陡坝、产生瀑布。在没有断层、袭夺或堰塞的情况下,大多数瀑布是由于差异侵蚀造成的,如云南叠水瀑布。

5)喀斯特瀑布

在石灰岩地区,因水流溶蚀作用使石灰岩岩层、落水洞等发生坍塌或钙化层的不断堆积或河道中出现天然的坝坎等因素而形成的瀑布。这种类型的瀑布,亦可在断层或两种软硬岩层的交接地带形成,只是其形成动力不局限于河流的冲蚀作用,还兼有水流对可溶性碳酸盐岩类的溶蚀作用,众所周知的黄果树瀑布就是喀斯特瀑布中的一例。当落水洞没有坍塌时,瀑布发育在洞内,则形成喀斯特暗瀑,如贵州安顺龙宫的龙门飞瀑和浙江金华冰壶洞瀑布。

6)悬谷瀑布

悬谷瀑布是由冰川的刨蚀作用形成的,往往以古冰斗为积水潭,再经由冰斗边缘的陡坎,夺路飞泻跌落而形成。这种古冰斗,现在一般已经没有任何的冰川活动。如广东省佛山市南海区的西樵山瀑布群,江西庐山的王家坡瀑布。

2.瀑布的旅游价值

瀑布的旅游价值主要来自两个部分:瀑布自然景观与瀑布人文景观。

1)瀑布自然景观

瀑布自然景观首先产生于由其自身所具有的形、声、色、动等要素构成的千奇百怪、绚丽多姿的景观特色。此外,瀑布自然景观还源于与其他自然要素的结合。一条瀑布所具有的形、声、色以及动态变化,如若与山石峰洞、林木花草、蓝天白云等自然要素相结合,就更能形成独具一格、美若仙境的迷人胜景。如南国瀑布之乡——花坪瀑布群就位于草木深秀的花坪自然保护区内,这里的瀑布小而成群,并没有多大的气势,但这里绿树参天,古木蔽日,奇花异草争奇斗妍,让人们体会到一种诗情画意的美感。此外,峨眉的幽秀、黄山的奇特、匡庐的云雾、九寨的碧海、莫干的翠竹,均为当地的瀑布增添了无限的风采。

2)瀑布人文景观

瀑布人文景观是指与瀑布有关的文化景观,如观瀑诗文、写瀑画卷、吟瀑对联、名人手迹、摩崖石刻以及有关瀑布的神话传说等,为瀑布增添了丰富的文化内涵。这些历史景观不仅具有艺术价值,而且具有很强的观赏价值,如李白的《望庐山瀑布》使庐山瀑布名垂千古,每一位游览庐山香炉峰的人都会被"飞流直下三千尺"的磅礴气势深深吸引。此外,瀑布人文旅游景观还包括瀑布附近的建筑艺术景观、瀑布旅游区内的居民风俗习惯、民间艺术以及土特产品等。

(四)泉水景观旅游资源

泉是地下水的天然露头,是地下水涌出地表的自然景观。它不仅可以为人们提供理想的水源,还可以造景、育景、美化大地。由于出露形态、流量、温度、化学成分不同,泉水具有不同的功能,如医疗、审美、品茗、酿造、饮用、热能、动力等。我国泉眼总数在 10 万眼以上,是世界上泉水最多的国家之一,其中,水质好、水量大、地质条件优越的泉水举不胜举。泉水是一种独特的水域风光类旅游资源,不少泉水经过开发已成为闻名遐迩的旅游胜地。

1. 温泉和矿泉

在自然界中,泉的形成条件多种多样,因此泉的类型也多种多样。泉水按温度不同可以分为冷泉(水温低于 20℃或低于当地年平均气温)和温泉(水温超过 20℃或超过当地年平均气温),水温高于 37℃的为热泉,43℃以上的则称为高热泉,达到当地沸点的泉称为沸泉。我国的温泉主要集中于东南沿海的粤、闽、台三省和西南滇、藏两省,这些省区的温泉合占全国温泉的一半以上,且泉水温度普遍偏高。台湾是我国温泉分布密度最大的地区;西藏和云南两省区是我国温泉总数最多的两个省区,分别以羊八井和腾冲地区为代表,多热泉、沸泉和气泉;此外,四川盆地及渝、陕、鄂、赣、浙、冀、黑龙江等省区的温泉也相对较多。

世界范围内,温泉集中在环太平洋地带和地中海—喜马拉雅地带。日本是温泉大国,拥有泉点近 2 万处,温泉疗养旅游人数和设备也均为世界之冠。新西兰和冰岛是世界温泉之乡。

矿泉是指含有一定量的矿物质并且具有医疗和饮用价值的矿化泉水(矿化度≥1g/L)。我国丰富的地热资源为开展以温泉、矿泉为中心的旅游度假区提供了得天独厚的条件,较为著名的康体性矿泉有辽宁汤岗子泉,对风湿性关节炎、皮肤病等疾病有显著疗效;黑龙江五大连池是最大的碳酸盐矿泉疗养区,对消化系统疾病和皮癣等皮肤病有奇效。

2. 奇异的泉

奇异的泉种类颇多,在声压诱发虹吸作用下泉涌或阻止地下水毛细现象的喊泉、含羞泉;由于特殊地质现象构成的雌雄泉、双味泉;因水温高溶解大量纯净碳酸钙、涌出后因水温骤降使泉口周围析出沉淀而形成蔚为奇观的乳泉、白泉;在特殊地理环境中,地下冷泉因地表气温低,涌出后立即形成冰的冰泉;受岩浆加热的浅层热储中的地热流体在特定的条件下突然爆发的水热爆炸泉等。

一些泉具有奇特的观赏价值,如安徽寿县的"喊泉",安徽无为的"笑泉",四川广元的"羞泉",河北水县的"鱼谷泉",云南大理的"蝴蝶泉",青藏高原上的间歇喷泉、水热爆炸泉等。

3. 泉水的旅游价值

1) 观赏功能

珍珠泉、含羞泉、乳泉、鱼泉、水火泉等都具有很高的观赏价值。陕西华清池、山西晋祠、甘肃酒泉都是著名的旅游景点;"泉城"济南家喻户晓,福州以"温泉城"著称,四川康定有泉百眼以上,也是名副其实的泉城。

2) 医疗保健功能

我国比较著名的温泉疗养地有广东从化温泉、云南安宁的"天下第一汤"、陕西临潼华清池、广西陆川温泉、黑龙江五大连池药泉、鞍山汤岗子温泉、南京汤山温泉、北京小汤山温泉等。

3) 品茗酿造功能

泉水水质甘甜,用名泉水泡茶是游人追求的品茗美感之一,杭州"龙井茶叶虎跑水"被誉为"西湖双绝"。"地有名泉,必有佳酿",美酒也须选好水酿造。

(五)现代冰川景观旅游资源

1. 冰川的类型

冰川是指极地或高山地区沿地面运动的巨大冰体,是由降落的积雪在重力和巨大的压力之下形成的,具有一定的运动规律、一定的形态和规模,并能长期存在,可分为大陆冰川和山岳冰川两大类。我国现代冰川主要分布于青藏高原及西部高山地区。

冰川是一种独特的地表水赋存状态,又是一种重要的地貌营力来源。在有冰川分布的地区,常出现冰川、冰缘地貌和植被景观,人们可以学习水资源的相关知识,了解冰川的形成与活动情况,欣赏冰川奇观,感受大自然的宏大力量和壮观气势。

2. 我国的冰川旅游资源

辽阔的中国大地上分布着六大冰川:被登山探险者誉为世界最大"高山上的公园"的绒布冰川,以发育了美丽的拱弧构造闻名的米堆冰川,冰川、湖泊、农田、村庄、森林等和谐相融的特拉木坎力冰川,祁连山区最大的山谷冰川——透明梦柯冰川,拥有水温高达90℃的沸泉的海螺沟冰川和中国冰川之最的天山托木尔冰川。相较于其他旅游,冰川旅游目前还处于初始阶段,属于小众旅游,最突出的特点是"险"。冰川探险能带给人们新奇、新鲜的感受,和置身于冰天雪地中的奇幻、奇妙体验,这份新奇险峻正是冰川旅游的独特魅力。

海螺沟冰川位于贡嘎山主峰区东坡长30千米的海螺沟中,冰川长达14.7千米,面积达16平方千米,按地势高低分为三段:海拔4800米以上为巨大的粒雪盆;中段海拔3700~4800米为大冰瀑布;3700米以下为冰川舌。海螺沟大冰瀑布高、宽皆在1100米左右,是中国最高、最大的冰瀑布。冰川舌伸展到海拔2850米的森林中,形成了世界低纬度地区罕见的冰川与森林共存的奇景。冰川舌表面有冰洞、冰桥、冰蘑菇、冰面湖等绚丽多姿的景观,具有很高的观赏和科学考察价值。海螺沟气候温和,原始森林茂密,生态系统完整,动植物种类繁多,被科学家称为"天然动植物博物馆",是亚洲大陆最东、下降海拔最低的山谷冰川之一,历经1600多年却基本完整,现已开辟为中国第一座国家冰川公园,一般游人皆能涉足。

(六) 海洋景观旅游资源

目前,海洋景观中用于旅游的多为近海与海滨景观或热带浅海海底景观。由于海滨所处的地理位置、气候带及海岸类型(泥沙质、基岩海岸、生物海岸)不同,景观总体特征也不尽相同。

概括来说,海滨旅游资源可分为三种类型:一是海滩型,如地中海沿岸、泰国的芭堤雅海滨和中国的亚龙湾;二是生物型,如澳大利亚的大堡礁海洋公园;三是海潮型,如浙江的钱塘江大潮。

1. 海滨旅游资源

我国大陆海岸线北起鸭绿江口,南至北仑河口,全长18000千米,沿海岛屿约7600个,纵跨温带、亚热带、热带三个气候带。海岸类型错综复杂,一般以钱塘江口为界,其北以泥沙质海岸为主,个别地区如山东半岛、辽东半岛等地为基岩海岸;钱塘江口以南以基岩海岸为主,只有珠江口等少数地区为平原海岸。

我国北方海滨地区受海洋调节,气温变化和缓,夏季无酷暑,常被开发为避暑胜地。我国的海滨胜地自北向南依次为大连海滨、北戴河海滨、青岛海滨、普陀山海滨、亚龙湾海滨及天涯海角海滨。

大连海滨-旅顺口风景名胜区是国家级风景名胜区,位于辽宁省大连市南部沿海、辽东半岛南端,东临黄海,西濒渤海,海岸线长达30余千米。这里沙滩绵延,碧海蓝天,岛礁耸立,景区内的蛇岛、鸟岛、老铁山鸟栈和黄渤海分界线堪称世界奇观。

北戴河海滨在河北省秦皇岛市区西南15千米处,西起戴河口,东至鹰角石,东西长约10千米,南北宽约1.5千米,是一处天然海滨浴场。北戴河风光秀丽,苍翠的青山和浩瀚的大海相映,精致的别墅与葱郁的林海交融。海岸漫长曲折,滩面平缓,沙软潮平,海水清澈,是我国规模较大、风景优美、设施比较齐全的海滨避暑胜地。

青岛海滨风景区是国家首批AAAA级景区之一,位于山东省青岛市市区南部沿海一线,西起团岛,东至大麦岛,全长25千米,陆地面积为8.5平方千米,海域面积为5平方千米,环抱团岛湾、青岛湾、汇泉湾、太平湾、浮山湾等5个海湾,是中国唯一享有"世界最美海湾"美誉的景区。

普陀山海滨是普陀山东海岸上的两大沙滩之一,其中千步沙是普陀山最大的沙滩,长约1.75千米,沙色如金,纯净松软。百步沙沙滩南北长600多米,东西宽200余米,沙质纯净、滩形优美。普陀山四面环海,风光旖旎,幽幻独特,素有"海天佛国""南海圣境"之称。

亚龙湾海滨是海南省三亚市东郊的热带海滨风景区,沙滩平缓开阔,沙粒洁白细软,海水清澈澄莹,海底资源丰富,生长着众多原始热带植被,颇具热带海岛风情。亚龙湾为一个月牙湾,拥有7千米长的银白色海滩,海湾以野猪岛为中心,南有东洲岛、西洲岛,西有东排、西排,沙质相当细腻。这里的南海没有受到污染,海水洁净透明,呈现几种不同的蓝色,可清楚观赏水下种类丰富的珊瑚,适合包括潜水在内的多种水下活动。这里冬季平均气温为27℃,水温为20℃,是理想的冬季避寒和休闲度假胜地,号称"东方夏威夷"。

天涯海角海滨位于海南省三亚市西南,在三亚湾和红塘湾之间的岬角上,总面积为

16.4 平方千米,其中陆域面积为 10.4 平方千米,海域面积为 6 平方千米。天涯海角海滨背靠马岭山麓,青山、礁石、碧海、白沙、椰林、渔帆浑然一体,构成了南海边特有的椰风海韵。游览区的"天涯"石、"海角"石、"南天一柱"石柱、海判南天石、日月石等景点闻名遐迩,雄崎海滨,热带滨海自然景观与历史人文遗迹得以完美融合,美不胜收。

2. 岛屿旅游资源

岛屿被水包围,形成特殊的封闭环境。海岛的自然环境、居民生活方式与大陆不同,对居住在陆地的游人有很强的吸引力。岛屿按其成因可分为大陆岛、冲积岛和海洋岛三类,海洋岛又可分为火山岛和珊瑚岛两种,我国著名的岛屿有台湾岛、海南岛、崇明岛、香港诸岛、南海诸岛、蛇岛、马祖列岛等。

3. 海洋景观的旅游价值

(1) 康乐价值,表现为海滨的休养功能和运动功能。我国海南、台湾、广东、广西、福建等热带和南亚热带省区的海滨度假胜地旅游价值更高,美国的夏威夷是世界著名的"3S"旅游胜地。

(2) 观光价值。海域风光是海洋与海岸、海岛及其地貌、植被、天气、天象配合的结果,如海上日出、日落和海市蜃楼等景象;还包括海船、海舟、灯塔、海港、渔村等人文景观的组合,如观钱塘涌潮的胜地盐官镇。

任务训练

一、即问即答

1. 简述水域风光旅游资源的构景要素。
2. 介绍两种不同水域风光旅游资源的特点及其代表景点。

二、即学即用

1. 如果你是湖南某旅行社导游,将要带团去游览郴州的东江湖,请你详细介绍一下湖泊风光的特点。

2. 上网收集 10 张各地(家乡)的水域风光旅游景观图片,并完成以下任务(以电子文档或 PPT 的形式完成)。

(1) 对这些水域风光旅游资源进行分类。

(2) 分析水域风光旅游资源的旅游价值,并描述其主要的旅游特色。

任务三　大气与太空旅游资源赏析

任务导入

湖南某旅行社导游员小王接待了一个来自江苏的中学研学旅行团,同学们觉得图 2-3-1～图 2-3-15 所示的旅游景观非常奇特,很想知道它们是怎么形成的。假设你是小王,请向同学们介绍这些旅游景观。

1. 这些太空和大气旅游资源分别是什么类型？有什么特点？
2. 这些奇特的景观是怎么形成的？

图 2-3-1　雾漫小东江

图 2-3-2　佛光

图 2-3-3　云海

图 2-3-4　吉林雾凇

图 2-3-5　哈尔滨冰雪大世界

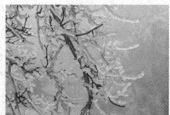

图 2-3-6　雨凇

图 2-3-7　江南烟雨

图 2-3-8　月食

图 2-3-9　极光

图 2-3-10　海市蜃楼

图 2-3-11　西湖三潭印月

图 2-3-12　泰山日出

图 2-3-13　紫金山天文台

图 2-3-14　流星雨

图 2-3-15　陨石

任务探究

地球围绕太阳公转、地球自转、月亮围绕地球旋转,形成了旭日、夕阳及日食和月食等天文现象;受阳光照射及大气、地貌环境等因素影响,地表上空出现了彩虹、佛光、海市蜃楼等光现象;游荡漂移的彗星和流星不断划过灿烂的星空……美丽的天象景观不仅吸引着大批天文爱好者通过天文仪器观测,亦吸引着无数人带着浓厚的兴趣观看奇异天象,而一些具备良好观察天象景观条件的地点便成为天象观察的旅游地。

地球表面受纬度位置、海拔高度、地表形态、海陆分布、大气环流等因素的影响,产生了多种多样的气候现象和区域性差异。各种气候现象不仅可直接形成气候景观(如风、霜、雨、雪、云、雾等),而且对塑造地貌景观、水体景观、生物景观等亦发挥着重要作用,如热带雨林、干旱沙漠、雪原冰川等的形成;气象、气候的地域差异影响着自然景观的季相变化,决定了旅游景观分布的地域差异;气候的区域性差异促成了山地和海滨避暑胜地、热带与亚热带避寒胜地等有益的康乐气候旅游资源;在一定的气候条件下,大气中的冷、热、干、湿和风、雨、雷、电、雪、霜、雾等可以形成林海雪原、云海雾霭、朝阳晚霞、雾凇、雨凇等各种气象旅游资源;由于气候具有随地表垂直高度的变化而变化的特性,从而影响到自然景观,形成"一山有四季,十里不同天"的立体气候旅游景观。

一、大气景观旅游资源

(一)大气景观旅游资源的概念

气象是指地球的大气层中所产生的各种物理现象和物理过程,如阴、晴、冷、暖、干、湿、雨、雪、雾、风、雷等。天气和气候是互相联系的。天气是指一个地区较短时间内的大气状况;而气候则是一个地区多年的平均天气状况及其变化特征。气象气候对人们的旅游活动至关重要,既具有造景的直接功能,又有育景的间接功能。

气候对自然景观和人文景观的形成都有巨大影响。我国地域辽阔,地形复杂,气候类型多样,各地自然景观和人文景观明显不同。旅游资源的地区差异性,正是人们进行旅游活动的主要动机。由于气候的季节变化,人类旅游行为同步发生变化,因而导致一地旅游活动淡、旺季的交替变化。旅游者外出旅游,多数会选择旅游目的地的最佳气候时节,以达到最佳的旅游效果。特殊的气候环境还能提供特殊的旅游项目,如中、高纬地区冬季可以滑冰、滑雪,山地夏季可以避暑、疗养等。

此外,各种气象因素常常与其他自然和人文景观相融合,形成奇妙的气象景观,如云海、雾凇、蜃景、佛光等,对旅游者具有极强的吸引力。

(二)大气景观旅游资源的类型

1. 气象旅游资源

1) 云、雾、雨景观

云、雾、雨景观在我国湿润的南方及东部沿海地区尤其是山区较为普遍。在云雾笼罩下,自然景观变幻莫测、若隐若现、虚虚实实,仿佛虚幻、玄妙、神秘的仙境,增加了大自然的朦胧美,给人留下充分的遐想余地。我国许多风景名山都可以观赏到云海奇观,为自然景观增色不少。如黄山四绝之一的云海,泰山四大奇观中的云海玉盘,峨眉十景中的罗峰晴云,阿里山三奇之一的云海，西湖十景中的双峰插云等。此外，庐山、衡山、九华山、武陵源等都是观赏云海的佳地，"江南烟雨""巴山夜雨"也是世间美景。

2）冰雪、雾凇、雨凇景观

纯洁无瑕的冰雪深受游人喜爱，我国有许多著名的雪景，如川西海螺沟、长白山林海雪原、嵩山少室晴雪、黄山积雪、西湖断桥残雪、燕京八景之一的西山晴雪、台湾玉山积雪等。除了观赏外，冰雪还可以用于开展滑雪、雪橇等冰雪体育运动以及冰灯、冰雕节庆等旅游活动。哈尔滨是我国著名的冰城，每年冬季会吸引大量游客前往。

雾凇又名树挂，是在潮湿低温条件下，雾气遇到寒冷的物体直接凝华形成的气象景观，表现为白色不透明的粒状结构沉积物。吉林雾凇是我国最著名的雾凇奇景，每年隆冬季节，由于松花江上游的小丰满水电站发电，松花江未结冰时，水面蒸发的水汽使整个江面雾气腾腾，附着在沿江的树木上，凝结形成雾凇。有的挂在细长柳条上，犹似白链银丝；有的簇生在松针上，似一朵朵怒放的菊花，千姿百态令人惊叹。每年12月下旬到次年2月底是观赏雾凇的最佳季节，每到这时，吉林市都要举办雾凇节，吸引了大量中外游客前来观赏。吉林雾凇以其诗情画意的美，与桂林山水、云南石林、长江三峡一起，被誉为中国四大自然奇观。

雨凇是因冻雨产生的一种灾害或景观，是超冷却的降水碰到温度等于或低于0℃的物体表面时形成的玻璃状透明或表面粗糙无光泽的冰覆盖层。多见于山地和湖区，我国出现雨凇最多的地区是贵州省，其次是湖南省、江西省、湖北省、河南省、安徽省、江苏省等地，其中山区比平原多，高山最多。贵州是冻雨最多的省份，一般每年12月至次年2月最容易出现冻雨，贵州的威宁被誉为"冻雨之乡"。雨凇大多出现在1月上旬至2月上、中旬，起始日期具有北方早、南方迟、山区早、平原迟的特点，结束日则相反。地势较高的山区，雨凇开始早，结束晚，雨凇期略长，如皖南的黄山光明顶，雨凇一般在11月上旬开始出现，次年4月上旬消失，时间长达5个月。雨凇与云海、日出、夕阳、佛光、蜃景合称为"天象六景"。

3）佛光与蜃景

佛光又称宝光，是出现于中低纬度高山之巅的一种特殊的自然现象。每当午后云静风轻之时，人站岩顶，阳光从观察者背后照射过来至浩荡无际的云海上面，深层云层把阳光反射回来，经浅层云层的云滴或雾粒的衍射分化，形成了一个巨大的彩色光环，且"光环随人动，人影在环中"。佛光其实是一种物理现象，叫作日晕，是在多云天气时，强烈的阳光照射在云层表面时形成的一种衍射现象，受阳光、地形、云海等自然因素的综合影响。佛光的出现有三个必备条件：一是山顶晴朗无风；二是云海顶面平荡；三是太阳光斜射。佛光只发生在白天，早晨太阳从东方升起，佛光在西边出现；中午，太阳垂直照射，没有佛光；下午，太阳移到西边，佛光则出现于东边。只有当太阳、人体与云雾处在一条倾斜的直线上时，才能产生佛光，佛光多出现在夏天和初冬的午后。在我国，峨眉山的金顶因其独特的地理环境，成为观测佛光的最佳地点，峨眉山金顶的舍身岩前，平均每五天左右就有可能出现一次佛光，时间一般为下午三点至四点。此外，黄山、泰山、庐山、五台山等都可见到佛光。

蜃景即海市蜃楼奇景，指平静的海面、湖面、雪原、沙漠等偶尔会在空中出现高大楼台、城郭、树木等幻景。海上常出现这种幻景，古人认为是蛟龙一类的蜃吐气而成，因而得名，也称为海市。蜃景是一种因远处物体被折射而形成的幻象,其产生原因是太阳使地面温度上升后形成的一种气温梯度。由于密度不同,光线会在气温梯度分界处产生折射现象。海上常出现蜃景的原因是,一定范围内的空气湿度较大,厚度也比较大,大面积的水蒸气在运动中阴差阳错地形成了一个巨大的透镜系统,近地面气温的剧烈变化引起大气密度的巨大差异,远方的景物经光线传播发生异常折射和全反射,从而产生蜃景。蜃景的特点是同一地点重复出现和出现的时间一致。我国山东蓬莱的海市蜃楼十分常见,且大多出现于五六月,被誉为"蓬莱仙境"。

4)霞景和月色景观

霞是日出日落时的阳光透过云层,由于大气的散射作用,云层呈现红、黄、橙等颜色的自然现象。霞光与周围其他景致交相辉映,常构成"落霞与孤鹜齐飞,秋水共长天一色"的绚丽壮美画卷。泰山岱顶四大奇观中就包括"旭日东升"和"晚霞夕照"。此外,黄山东海的翠屏楼、华山的东峰、庐山的汉阳峰、衡山的祝融峰和峨眉山的金顶都是观看日出的著名景点。

中国人往往对月亮情有独钟,月光可以使人产生诗意和无限遐想。"明月几时有,把酒问青天",阴晴圆缺的月相变化,加之嫦娥奔月的古老传说,使朦胧的月色平添了神秘与虚幻之感。在我国各地景观中,西湖十景中的平湖秋月、三潭印月,燕京八景中的卢沟晓月,无锡的二泉映月,峨眉山的象池夜月都是以月亮为主题的。

5)极光景观

极光是一种绚丽多彩的等离子体现象,是太阳带电粒子流(太阳风)进入地球磁场,在地球南北两极附近地区的夜间高空出现的光辉。极光被视为自然界中最漂亮的奇观之一,它多种多样,五彩缤纷,自然界中没有哪种现象能与之媲美,任何彩笔都很难绘出那在严寒的两极空气中变幻莫测的炫目之光。极光有时出现的时间极短,犹如焰火在空中闪现一下就消失得无影无踪,有时却可以在苍穹之中辉映几个小时;有时像一条彩带,有时像一团火,有时像五光十色的巨大球幕,给人以美的享受。一般在高纬度地区的晴夜天空可见到极光景观,我国的北极村——漠河能观赏到极光景观。

6)气象旅游资源的特征

(1)多变性。气象景观的形成大都依赖于多种自然条件的特殊组合,并随着这些条件的变化而变化甚至消失,所以气象景观一般只出现在一定地域中特定而较短的时间内,显得瞬息万变。有时,刚才还是晴空万里,转眼间就大雨倾盆,由艳阳蓝天转为阴霾雨景。此外,日出日落、朝晖晚霞、海市蜃楼、彩虹佛光等,都是瞬间出现、即刻消失的景观。

(2)季节性。气象景观在一年内出现的频率具有明显的季节变化,如江南的蒙蒙烟雨以春季为多,雾景则以秋冬季清晨为多,"黄山四绝"之一的云海主要出现在5月至11月。此外,由于气象变化的规律性,大自然具有明显的季相,导致旅游活动出现淡旺季的差异和客流的导向性规律变化。夏季居住于酷暑湿热地区的人们倾向于向高山、高纬度相对凉爽的地区流动,而冬季位于严寒阴湿地区的人们则喜欢向温暖明媚的热带、亚热带地区流动。

(3)地域性。地理纬度、海陆分布和地形起伏对大范围气候的形成起着决定性作用。气候的地带性分布导致各地的气象气候旅游资源具有鲜明的地域性。一些特殊景象在特定场合与地点才会显现,如雾凇多出现在松花江沿岸;地处热带的海南岛,年平均气温为23~25℃,终年长夏无冬,四季常青,是我国冬季避寒的最佳场所。

（4）组合性。气象景观的出现常常要与其他旅游资源配合。细雨景、云景、雾景、冰雪景、升日景、落日景等，常常成为人们观赏其他风景的背景和借景。如观赏奇峰异石时，有云雾缭绕，有彩霞映照；观赏湖景时，有白云蓝天相映；观赏林海时，常与雪原相配合。

2. 气候旅游资源

1）康乐大气旅游资源

（1）休养性康乐气候旅游资源。宜人气候主要分布于中低纬度湿润与半湿润地区，特别是海滨、海岛和一定海拔高度以内的山地、高原，以及部分湖泊、河流、森林公园。以三亚为代表的海南岛和以昆明为中心的云南高原，是我国常年以宜人气候著称的旅游地。消夏避暑旅游以北戴河、大连、青岛等海滨城市及云贵高原和东部名山为热点。海南岛三亚为冬季的避寒胜地。

（2）活动性康乐气候旅游资源。目前世界上滑雪场地规模最大、分布最集中的是欧洲南部的阿尔卑斯山脉和北欧的斯堪的纳维亚山地。东北地区是我国最适宜开展"白色旅游"的地区，哈尔滨和齐齐哈尔的"冰雪节"中外闻名，与加拿大的魁北克、日本的札幌并称为世界三大著名的以冰雪雕刻艺术为主的冬季旅游胜地。

2）气候旅游资源的特征

（1）持续性和有限性。气候旅游资源是一种可再生、可持续利用的资源。一个地区的气候旅游资源，每年都有一定的量，不及时开发利用就会造成资源的浪费。

（2）季节性和地域性。气象学上以 5 天为一候，用候平均气温来划分四季，低于 10℃ 为冬季，高于 22℃ 为夏季，10～22℃ 为春秋季，每个季节呈现的景观不同。故气候旅游资源在时间上有季节性特点，空间分布上具有地域性特点，包括纬度地带性、经度地带性和垂直地带性。

（3）整体性和脆弱性。气候旅游资源与旅游地其他自然景观、人文景观互为补充，形成天、地、人、物四维立体的旅游资源。气候旅游资源的脆弱性表现在两个方面：一方面是季风气候具有不稳定性，气候旅游资源的有效性易降低，风险增大；另一方面是人类的旅游活动破坏了旅游地原有的小气候环境。

二、太空景观旅游资源

（一）太空景观旅游资源概述

目前，太空旅游主要是指非宇航界的普通人乘坐宇宙飞船前往国际空间站观察奇特的太空景观，最新奇和最为刺激的是可以观赏太空旖旎的风光，同时还可以体验失重的环境。这两种体验只有在太空中才能享受到，可以说，此景只有天上有。太空中的各类天体、天外来客以及各种天文景象等都属于太空景观旅游资源。太空旅游既可以体会与地球迥异的衣、食、住、行的乐趣，又能够在太空旅馆进行太空观景，在月球度假，或者到火星甚至更远的星球，还可以在太空漫步，欣赏太空中的日出日落，体验太空棒球、舱内高尔夫、太空蹦极等特殊休闲游戏。

（二）太空景观旅游资源的主要类型

（1）太空遨游旅游资源。旅游者可以从机舱窗口观赏地球和太空的奇景。

（2）星体旅游资源。21 世纪中期，人类将在地球以外的星体上建造旅游基地。

（3）天文观测旅游资源。如英国伦敦格林尼治天文台，我国的北京天文台、北京观象台、北京天文馆、登封观象台和现代的南京紫金山天文台、上海佘山天文台等。常见的天文观测旅游资源有日全食、日环食、月食、火星大冲以及彗星等。

观星是夜晚露营的热门项目。在晴好天气年均约 300 天、光污染等级低至三到四级的宁夏回族自治区，气候优势被发挥到极致。宁夏在全国率先打出"星星的故乡"文旅品牌，推动"星星酒店"等产业快速发展，最佳观星景区的游客数量呈持续增长态势。在观星游爆火的背后，宁夏气象部门开展了观星气象指数研究，包括确定云量、光污染、大气视宁度、能见度、人体舒适度等影响观星的要素，建立个性化、亲民化的适宜度等级服务用语库，编制了国内首个观星气候适宜度评估报告，推出了不同季节、不同时段的最佳观星景区榜单。

（4）陨石旅游资源。降落到地面的未烧尽流星体叫作陨星，根据成分可分为石陨石和铁陨石。我国现建有吉林陨石雨陈列馆和新疆陨石博物馆。吉林 1 号陨石重 1770 千克，是世界上最大的石陨石；新疆大陨铁重 30 吨，在世界陨铁中居第三位。

（三）太空景观旅游资源的旅游功能

（1）太空具有科学考察的旅游功能。对旅游者来说，各种形式的太空旅游既是一种满足好奇心的享受，又是一种太空科学的教育活动。众所周知，太空飞行的载人航天器内与地面环境有天壤之别，最显著的特点是在地面上难以模拟长期的失重环境。在失重环境中，液体中密度不同的成分不会发生沉淀和对流，利用失重环境可以开展许多太空科学研究，对人类社会发展将有重要的促进作用。

（2）太空景观旅游资源是旅游文化和神话传说的客体。世界各国的文化发展中都有许多美好的神话传说，是旅游资源的组成部分。许多神话传说取材于太空天体，如银河中的牛郎星和织女星构成了牛郎织女的传说，我国佛教、道教的诸多神灵都和星体有关。宇宙天体是旅游文化资源的一部分，大大丰富了旅游资源的文化内涵。

任务训练

一、即问即答

1. 气象与气候旅游资源分别有什么特征？
2. 介绍 3 种不同气象旅游资源及其主要观赏景点和游览时间。

二、即学即用

1. 如果你是湖南某旅行社的导游，将要带团去游览四川峨眉山，请你详细介绍一下峨眉山的气象旅游资源及其特点。

2. 上网收集 5 张以上各地（家乡）的大气与太空旅游景观图片，并完成以下任务（以电子文档或 PPT 的形式呈现）。

（1）对这些大气与太空旅游资源进行分类。

（2）分析大气与太空旅游资源的旅游价值，并对其主要的旅游特色进行描述。

即测即评 2-3

任务四 生物旅游资源赏析

任务导入

湖南某旅行社导游员小王接待了一个来自广东的大学生旅行团,同学们对图 2-4-1～图 2-4-15 所示的动植物旅游景观非常感兴趣。假设你是小王,请向同学们介绍这些旅游景观。

1. 这些景观的主要吸引力是什么?它们的构景要素是什么?
2. 这些旅游景观反映了动植物景观的哪些特色?

图 2-4-1 孔雀

图 2-4-2 榕树

图 2-4-3 草原

图 2-4-4 樱花

图 2-4-5 黄山松

图 2-4-6 罗汉柏

图 2-4-7 大熊猫

图 2-4-8 金丝猴

图 2-4-9 扬子鳄

图 2-4-10 鸵鸟

图 2-4-11 考拉

图 2-4-12 高卢鸡

图 2-4-13 玫瑰

图 2-4-14 榴梿

图 2-4-15 人参

任务探究

生物是地球表面有生命物体的总称,大体上可以分为动物、植物、微生物三类,是自然界最具活力的群落。据统计,地球动物种类不少于150万种,植物种类不少于100万种,微生物的种类更是难以统计。在地球的演化进程中,生物物种也在不断演化。由于地质历史环境的变化,大量的古生物遗体或遗迹被保存下来,成为颇具研究价值及观赏价值的古生物化石旅游资源,如古生代底层中的三叶虫、珊瑚、鱼类化石、中生代的恐龙化石等;一些生物种群随地质环境的变迁而灭绝,有些则在特定的条件下存活下来,成为重要的观赏和科考旅游资源,如我国的珍稀动物大熊猫、孑遗植物珙桐、桫椤、银杏等。

不同的地理环境下植物群落和动物群落在景观上存在着明显的地域差异,不仅形成了地表最有特色、最生动的外部特征,也构成了丰富多彩的娱乐环境和观赏游览对象。如为了保护珍稀动植物及特殊的地理环境等建立的自然保护区,现已成为科学研究和旅游开发的重要场所。此外,绿色植物不仅是重要的构景要素,而且能够净化空气和美化环境,有疗养、休闲、健身等功能,是绝大多数旅游区必不可少的组成部分。

生命演化至今,丰富多彩的生物使地球生机盎然。在山、水、天象、生物四大要素组成的自然景观画卷中,山体是自然景观主要的形象骨架,而树木花草则是山的"衣裳"。同样的山体因一年四季二十四节气的变换而不时更换衣裳,给适时出游的观赏者增添了意趣无穷的猎奇内容。在现代旅游活动中,随着人类对重返大自然的向往,生物资源成为最重要的旅游资源之一。

一、植物景观旅游资源

(一) 观赏植物

根据最具美学价值的器官的不同,观赏植物可划分为观花植物、观果植物、观叶植物和观枝冠植物。花是植物中最美、最具观赏价值的器官,花色、花姿、花香和花韵为观赏花卉的四大美学特性。以观花为主的植物,花色艳丽,花朵硕大,花形奇异,并具香气。春天开花的有水仙、迎春、春兰、杜鹃花、牡丹、月季、君子兰等;夏、秋季开花的有米兰、白兰花、扶桑、夹竹桃、昙花、珠兰、大丽花、荷花、菊花、一串红、桂花等;冬季开花的有一品红、蜡梅、银柳等。牡丹、月季、梅花、菊花、杜鹃、兰花、山茶、荷花、桂花、君子兰等是我国的十大传统名花,梅兰竹菊即梅花、兰花、竹、菊花,被人称为"四君子"。

观果植物是指主要以果实供观赏的植物。其中,有的色彩鲜艳,有的形状奇特,有的香气浓郁,有的结果丰硕,有的则兼具多种观赏性能。常见的观果植物有石榴、佛手柑、金橘、金弹子、老鸦柿、火棘、紫珠、富贵仔、枸骨、南天竹、葡萄、四季果(珊瑚豆)、山茱萸、虎刺、枸杞等。观果植物的色彩以红紫为贵,黄色次之。榴梿、西瓜、中华猕猴桃、梨、苹果、葡萄、柑橘、香蕉、荔枝、波罗蜜被誉为世界十大名果。

观叶植物一般指叶形和叶色美丽的植物,不少植物的叶色随季节变化而变化,具有很高的观赏价值,如北京香山红叶。树木的枝冠之美主要由树冠外形和棱序角决定,如棱序角90°的雪松和棱序角90°~180°的垂柳,均具有极高的观赏价值。

(二)奇特植物

奇特植物往往以其鲜有的特征而闻名。如结"面包"的树——面包树;产"大米"的树——西谷椰子树;流"糖浆"的树——糖槭;最高的植物——杏叶桉;最粗的植物——百骑大栗树;最大的花——大王花;树冠最大的树——榕树等。

(三)珍稀濒危植物

珍稀濒危植物是人类保护的主要对象,同时具有极高的景观价值。世界八大珍稀植物是:王莲——世界上最大的莲;古老的活化石——水杉;热带雨林巨树——望天树;蕨类植物之冠——桫椤;奇异的长命叶——百岁兰;中国的鸽子树——珙桐;最重量级椰子——海椰子;稀世山茶之宝——金花茶。我国一类保护植物有金银花、银杉、桫椤、水杉、人参、望天树和秃杉等。

(四)风韵植物

风韵植物因其物种以及生长环境不同,产生了各自特殊的风韵,成为人类社会文化中某一种事物或精神的象征者。"国花"和"市花"便是一个国家和城市的象征。

(五)古树名木

有些树木因树龄长、规模大、形姿美、社会环境特殊,被称为古树名木,象征着一个民族、一个地区的文明历史,如黄山的迎客松、黄帝陵的黄帝手植柏等。

(六)草原景观

我国内蒙古的呼伦贝尔草原、锡林郭勒草原,新疆的天山草原等景观,草原面积大,开阔坦荡,令人心旷神怡。

(七)森林景观

森林景观如长白山的温带针叶林景观,广东上鼎湖山的亚热带季风常绿阔叶林景观,西双版纳的热带原始森林景观。森林可开展多种旅游项目,如科学考察、疗养、生态旅游等。

(八)田园风光

近几年悄然兴起的田园旅游,依托人类的种植和养殖等农业活动,组成与大自然协调的田园风光,充满美学价值,对游客尤其是城市游客具有较强的吸引力。种植的作物可分为乔木、矮树、灌木与草本四类。

较为典型的乔木林为热带种植的橡胶林。橡胶在南亚等热带地区和我国海南及云南热带区域均被大面积种植。橡胶林高大、排列整齐,形成了与天然林一样的茂密景观。

温带的桃、梨、苹果树等多属于矮树。成规模的果园,不仅具有品尝意义,更有观赏价值,成为这几年兴起的旅游对象。

灌木方面,典型的有热带种植的咖啡园和干旱地区的枸杞园。鲜艳似火的枸杞果让丰收之季的枸杞园充满生机和活力。

最引人注目的、面积最大的要数草木种植。金灿灿的油菜花、布满山头的荞麦花等都是极具美学价值的种植风光。种植在辽阔平原上的小麦,一望无际,春季绿油油、夏季金灿灿,随风起伏,麦浪滚滚,好一派田园风光;山区的水稻梯田沿等高线拾级而上,弯弯曲曲的田埂和如镜的田水,使梯田极有韵律,在蓝天白云衬托下似仙境般迷人。亚洲南部的丘陵和山区的梯田风光尤为典型,中国云南元阳的梯田堪称人间一绝,有"元阳梯田甲天下"之美誉。

二、动物景观旅游资源

(一)观赏动物

动物的形体千奇百怪、各具特色,蕴藏着不同的美。观赏动物一般可分为四大类:观形动物的外表形态具有特色,如体形雄伟的虎、长颈鹿、长鼻子大象、"四不像"麋鹿等的外形都具有观赏价值;观态动物的行为能引起美感,产生吸引力,如孔雀开屏、雁过蓝天、鱼游水中;观色动物斑斓的色彩吸引着旅游者,例如北极熊、金丝猴、斑马、金钱豹等;听声动物发出的悦耳之声能激发听觉美,如夜莺之鸣声、黄山八音鸟之叫声。

萤火虫就属于观态动物,成都周边的邛崃天台山是目前亚洲最大的萤火虫基地,同时也是亲水、赏花的避暑胜地。2023年6月,天台山景区针对萤火虫观赏季发布了全新品牌——"萤火森林"。据悉,这是国内第一个以"萤火虫"为主题的生态旅游品牌。作为国家森林公园,天台山目前已发现的萤火虫达20多种,占全国萤火虫种类的15%左右,且有很多珍稀种类和近几年发现的新品种。每年4—11月,从海拔800米左右的山脚肖家湾绿槽子,到等乐安、三道湾及海拔1400米左右的正天台,均有萤火虫分布,观赏期长达8个月,各个品种的萤火虫还会交替出现,一年中有多个波次的观赏高峰期。每年4月,天台山便成为一个荧光飞舞、流光溢彩的童话世界,吸引全国各地的大量游客前来观赏。

(二)珍稀动物

珍稀动物是指野生动物中具有较高社会价值、现存数量又极为稀少的珍贵稀有动物。我国的一类保护动物有大熊猫、东北虎、金丝猴、白鳍豚、白唇鹿、藏羚、朱鹮、野骆驼、长臂猿、丹顶鹤、褐马鸡、亚洲象、扬子鳄、华南虎等。其中,大熊猫、金丝猴、白鳍豚、白唇鹿被称为"中国四大国宝"。澳大利亚的树袋熊、新西兰的几维鸟、巴布亚新几内亚的极乐鸟等都是世界珍稀动物。

(三)表演动物

动物不仅有自身的生态、习性,而且在人工驯养下,某些动物还会有模仿技能,即模仿人的动作或在人们指挥下做出某些技艺表演,如大象、猴、海豚、狗、黑熊等能表演某些动作。

(四)迁徙动物

迁徙动物会进行一定距离移动的行为,群鸟有规律、有节奏、有方向的飞翔活动称为迁飞,如燕子、鸿雁等。

三、生物景观旅游资源的特色及功能

（一）生物景观旅游资源的吸引因素

（1）蓬勃的生机。这是生物景观旅游资源与其他自然旅游资源最大的区别。

（2）艳丽的色彩。给游人以丰富的色彩美。

（3）多姿的形态。如西湖的垂柳、黄山的迎客松、长颈鹿等。

（4）迷人的芳香。给游人以神清气爽之感。

（5）悠久的历史。某些动植物是沧桑历史的见证者，仅存于我国、与恐龙同年代的扬子鳄及原产于我国的银杏、水杉和仅产于美国的北美红杉等，都属于"活化石"。

（6）奇特的现象。如产于我国和北美叶似马褂的鹅掌楸；巴西高原上的纺锤树；陆地上体积最大、长有长鼻子和长门牙的大象；目前世界上最大的不能飞翔的鸟——鸵鸟等。

（7）珍稀的物种。如唯独在我国幸存下来的银杏树；黄山特有的迎客松、黑虎松、卧龙松、团结松等名松；我国的东北虎、澳大利亚的鸭嘴兽、树袋熊和大袋鼠等。

（8）丰富的寓意。许多国家、地区或民族为某些动植物赋予了特殊意义，如以雄鹰、雄狮来象征民族的威武、坚强不屈，莲花是佛教的象征等。

（9）科考的对象。作为构成生态重要组成部分的生物个体及其群落，是科考工作者的考察对象。

（10）医疗健身。许多生物可用作中药材，森林环境可发挥医疗保健作用。

（二）生物景观旅游资源的特征

（1）生命性。生命性是指生物具有生长繁殖、衰老死亡、开花落叶、迁徙捕食等生命特性，是生物旅游资源的本质属性，是旅游资源中最富有生机和活力的类型。

（2）季节性。季节性是指因生物随季节变化发生形态和空间位置变换而形成的季节性旅游景观的特点。如不同季节有不同的植物开花，春季的茶花，夏季的荷花，秋季的菊花，冬季的梅花等，不少植物的叶色也随季节变化而更换，不少动物随季节有规律地南北迁徙，出现了生物空间位置随季节变化等胜景。

（3）丰富性。丰富性是指生物旅游资源在空间分布上的广泛性和多样性特征。地球上任何地方，无论是陆地或海洋，无论是天空或地下，都有生物存在，而且生物种类、自然生态系统丰富多样，都有较高的旅游价值，再加上各地区人工创造的各具特色的生物景观，使地球表面广泛存在着丰富的生物旅游资源。

（4）脆弱性。脆弱性是指生物及自然生态系统抗干扰能力较为脆弱的特点。动植物都是有生命的物质，灾害性环境会使不少生物死亡甚至整个物种绝灭，如地质时期白垩纪的灾变环境，使称霸一时的恐龙绝灭。人类过度地干扰破坏也会导致生态系统的破坏、物种的绝灭，如原始的刀耕火种会使动物失去栖息地、使土地失去植物根系的固着导致水土流失，这种遭破坏的生态系统必然会失去其旅游美学价值。

（5）再生性。再生性是指由生物的繁殖功能、可驯化功能和可移动性决定、由人与自然共同创造形成的生物旅游景观。生物与无机物不同，繁殖能力使其世代相传，这一特点决定了其经济利用上的可持续性。生物的可驯化性和可移动性，决定了人们可以在改变局部环境条件的基础上，将野生动植物驯化、移置、栽培、饲养，形成动、植物园和农村田野风光等人造生物景观,同时还能作为园林造景、美化城市的衬景。

(6)观赏性。观赏性是由生物的色彩、形态、发声、习性、运动等引起人们美感的特性,这一特性正是生物成为旅游景观的根本因素。

(7)冶情性。生物的某些特征中蕴藏着某种备受人们推崇的精神,能够启迪人的心灵,陶冶人的情操,是生物景观的文化价值所在。

(三)生物景观旅游资源的旅游功能

(1)构景功能。生物因其美化环境、装饰山水的功能而成为旅游景观的重要组成部分,失去生物,旅游景观便会失去魅力。有人将植物比作大自然的毛发,"峨眉天下秀"的"秀",是指在起伏流畅的山势上由茂密植被构成的色彩葱绿、线条柔美的景观特色;"青城天下幽"的"幽",是指在深山峡谷中,茂密的植被增加了其景深层次,使人产生幽深、恬静的美感。有人将动物比作大自然的精灵,"两岸猿声啼不住,轻舟已过万重山",描写的就是主要由猿声构成的令人流连忘返的景观。"山清水秀""鸟语花香"形容的都是由生物美化环境的功能构成的美景。人们早已认识到生物的这一特点,充分利用生物装点园林建筑和城市。

(2)成景功能。成景是指自然界中能够以动植物本身的美学价值引起人们的美感,吸引游客探索大自然的奥秘的旅游景观。动植物的成景作用源于其形态和生命过程的美、奇、稀的特征。从生物的形态上看,不少植物的花色之艳、花姿之俏,不少动物色彩艳丽、体形奇特、鸣声悦耳,此为"美";不同环境有不同的生物,来自温带的人对热带动植物充满奇特之感,此为"奇";世界上数量稀少而又极具科学考察和观赏旅游价值的生物,被视为无价之宝,备受人们宠爱,此为"稀",如我国的大熊猫。从生物的生命过程来看,植物随季节变化形成的春季观花、秋季赏叶,动物随季节迁徙形成的蝴蝶谷、天鹅湖等,都能成景。

(3)造景功能。造景是指人们根据生物的特征,将野生生物驯化后进行空间移置,在新的空间创造出新的具有旅游价值的景观。通过人工营造环境,将各地的植物活体汇集一地形成的植物园,这具有较高的科学考察、探奇、观赏和娱乐价值,如北京、中山、华南和西双版纳等植物园都成为旅游胜地。由人类驯化并栽培和养殖的生物形成的人类赖以生存的农业生态景观,能够为大自然添景增色,如极有韵律的梯田、麦浪滚滚的丰收景象、万亩油菜花、硕果累累的果园等景观,都是田园旅游美景。

(4)环保功能。多数动植物对所在地的环境起着装扮美化的作用。动物的奔腾飞跃与鸣叫怒吼、植物的开花结果与摇曳多姿,使景观变得充满生机和活力。植物净化环境的作用十分明显,树木能吸收二氧化碳、氧化氮、含重金属的有毒气体、放射性的物质和烟尘、粉尘等,可以释放杀菌物质,杀灭细菌,每公顷森林每天可吸收 1005 千克二氧化碳,制造 735 千克氧气,被喻为"地球之肺";树木能净化噪声污染,调节气候,减轻地球外围的温室效应,还能防治风沙和保持水土。正因为如此,一般旅游胜地的植被覆盖率都比较高。

任务训练

一、即问即答

1. 简单介绍 3 种不同生物旅游资源及其主要代表景点。
2. 简述生物景观旅游资源的主要特征。

二、即学即用

1. 湖南某旅行社的导游小李将要带团去游览长隆野生动物园,请你帮他查询长隆野生动物园的生物旅游资源,并作简单介绍。

即测即评 2-4

2. 上网收集 6 张以上各地(家乡)的生物旅游景观图片,并完成以下任务(以电子文档或 PPT 的形式完成)。

(1) 对这些生物旅游资源进行分类。

(2) 分析生物旅游资源的旅游价值,并对其主要的旅游特色进行描述。

项目三

人文旅游资源赏析

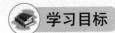 **学习目标**

素质目标

1. 具有深厚的爱国情怀和民族自豪感；

2. 具有文化自信和文化传承意识；

3. 具有一定的人文素养和创新精神；

4. 具备审美能力和环保意识，热爱旅游服务工作；

5. 具备团结协作、顾全大局、吃苦耐劳的职业素养。

知识目标

1. 掌握我国主要文物古迹旅游资源的特点和旅游价值；

2. 掌握中国古建筑旅游资源的特征，了解西方古建筑的主要特征；

3. 掌握中国古典园林的特点、类型及构景要素，了解西方古典园林的特点；

4. 了解文学艺术旅游资源的功能，掌握文学艺术旅游资源的特点和主要类型；

5. 掌握城乡风貌、现代设施、民俗风情、饮食与购物等人文旅游资源的特点和旅游价值。

能力目标

1. 能对具体的文物古迹、古建筑、古典园林、文学艺术、城乡风貌、现代设施、民俗风情、饮食与购物等人文旅游资源景观类型进行识别；

2. 能说出具体的文物古迹、古建筑、古典园林、文学艺术、城乡风貌、现代设施、民俗风情、饮食与购物等人文旅游资源景观的特点；

3. 能描述具体的文物古迹、古建筑、古典园林、文学艺术、城乡风貌、现代设施、民俗风情、饮食与购物等人文旅游资源景观的旅游价值；

4. 能够运用适当的方法对文物古迹、古典园林、文学艺术、城乡风貌、现代设施、民俗风情、饮食与购物等人文旅游资源进行鉴赏。

思维导图

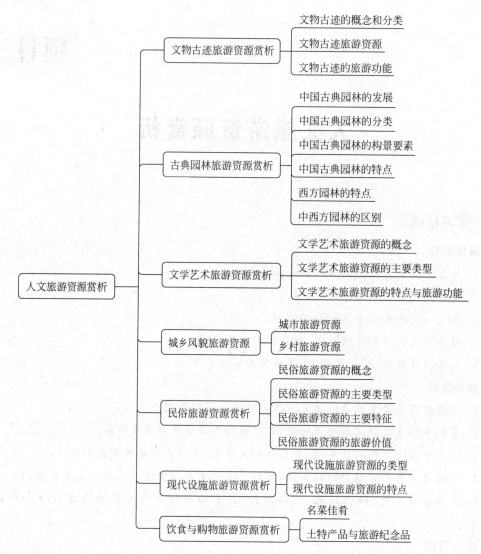

人文旅游资源赏析
- 文物古迹旅游资源赏析
  - 文物古迹的概念和分类
  - 文物古迹旅游资源
  - 文物古迹的旅游功能
- 古典园林旅游资源赏析
  - 中国古典园林的发展
  - 中国古典园林的分类
  - 中国古典园林的构景要素
  - 中国古典园林的特点
  - 西方园林的特点
  - 中西方园林的区别
- 文学艺术旅游资源赏析
  - 文学艺术旅游资源的概念
  - 文学艺术旅游资源的主要类型
  - 文学艺术旅游资源的特点与旅游功能
- 城乡风貌旅游资源
  - 城市旅游资源
  - 乡村旅游资源
- 民俗旅游资源赏析
  - 民俗旅游资源的概念
  - 民俗旅游资源的主要类型
  - 民俗旅游资源的主要特征
  - 民俗旅游资源的旅游价值
- 现代设施旅游资源赏析
  - 现代设施旅游资源的类型
  - 现代设施旅游资源的特点
- 饮食与购物旅游资源赏析
  - 名菜佳肴
  - 土特产品与旅游纪念品

抛砖引玉

人文旅游景观是指人类创造的具有文化价值、艺术欣赏价值,对旅游者有吸引力的各种事物和现象。它们是人类历史文化的结晶,是民族风貌的集中反映,既含有人类历史长河中遗留的精神与物质财富,也包括当今人类社会的各个侧面;既可以是有形的古建筑,也可以是无形的民俗表演。相比于自然旅游景观,人文景观旅游资源可被人们有意识地创造出来,可通过建造博物馆、美术馆、游乐园、文化宫、体育运动中心,以及组织文化节、戏剧节、电影节、音乐节和各种民间喜庆活动等特色文化活动来丰富旅游内容、招徕远方游客,成为充满现代气息的人文旅游资源。

中国是一个历史悠久、文化深厚的国家,拥有众多的人文旅游资源。首先,中国历史文化遗产众多,如故宫、长城、兵马俑、颐和园等,这些历史建筑不仅代表着中国的文化底蕴,也反映了中国古代的社会面貌和生产方式;其次,中国各地拥有不同的民俗和文化,如西南的彝族、纳西族、苗族等，东北的满族、鄂温克族，源远流长的道教、佛教、儒家学说，构成了独特的民俗风情；最后，中国各地的特色小镇和传统村落也展现出不同的地域文化特色，如浙江的乌镇、江苏的周庄、湖南的凤凰古城等都拥有千年的历史和独特的建筑风格，是了解中国传统文化的绝佳去处。人文旅游景观具有丰富的文化内涵，其旅游价值更多表现为主观性、潜藏性。在旅游审美活动中，旅游主体从中获得的信息量要多于自然旅游景观，审美体验和审美享受则是渐进式的。

任务一　文物古迹旅游资源赏析

任务导入

　　湖南某旅行社导游员小王接待了一个来自江西的政务考察团，游客们对图 3-1-1～图 3-1-18 所示的文物古迹旅游资源很感兴趣。假设你是小王，请向游客介绍这些景观。

　　1. 这些景观属于什么类型的旅游资源？分类的依据是什么？

　　2. 这些景观有什么特色？有什么旅游价值？

图 3-1-1　西安古城

图 3-1-2　周口店遗址

图 3-1-3　长城

图 3-1-4　鲁迅故居

图 3-1-5　北京故宫

图 3-1-6　古罗马斗兽场

图 3-1-7　卢浮宫

图 3-1-8　哥特式建筑

图 3-1-9　巴洛克建筑

图 3-1-10　曲阜孔庙

图 3-1-11　布达拉宫

图 3-1-12　许国石坊

图 3-1-13　岳阳楼

图 3-1-14　金字塔

图 3-1-15　秦始皇陵兵马俑

图 3-1-16　赵州桥

图 3-1-17　都江堰

图 3-1-18　坎儿井

任务探究

一、文物古迹的概念和分类

（一）文物古迹的概念

古迹是指古代流传下来的建筑物或具有研究、纪念意义的地方。文物则是指遗存在社会上或埋藏在地下的历史文化遗物。文物和古迹都是人类发展过程中保留下来的东西,反映了各个历史时期的政治、经济、文化、科技、历史、艺术的特点和水平,是当时人类智慧的结晶,两者统称为文物古迹。

（二）文物古迹的分类

1. 断代分类法

文物古迹按断代分类法可分为旧石器时期古人类遗址、新石器时期古文化遗址、商周青铜器时期文化遗址、秦汉、三国、两晋、南北朝时期文化遗址、隋唐时期文化遗址、宋元明清时期文化遗址、近现代史迹等。

2. 专题分类法

文物古迹按专题分类法可分为古人类遗址、古城与城防建筑遗址(含地上地下的古城遗址、古城墙、古长城等)、古建筑遗址(含寺观等宗教建筑和宫殿、民居等非宗教建筑)、古陵墓、古代桥梁及水利工程、古战场及摩崖石刻遗迹等。

二、文物古迹旅游资源

(一)古遗址和近现代重要史迹旅游资源

1. 古人类遗址

古人类遗址是指从人类起源到有文字记载以前的人类历史遗址,包括古人类化石、原始聚落遗址、原始人生产和生活用具、原始艺术及劳动产品等。我国的古人类文化遗址主要分为旧石器时代文化遗址和新石器时代文化遗址,其特点如表 3-1-1 所示。旧石器时代是以使用打制石器为标志的人类物质文化发展阶段,从距今约 300 万年前延续到距今 1 万年前左右。新石器时代在考古学上是石器时代的最后一个阶段,是以使用磨制石器为标志的人类物质文化发展阶段,从距今约 1 万年前开始,到距今 4000 多年前为止。目前,我国已发现旧石器时代遗址逾 2000 处,新石器时代文化遗址 1 万多处,它们具有丰富的历史文化价值,是重要的旅游资源。

表 3-1-1 古人类遗址分类及特点

古人类遗址分类	年 代	特 点	著 名 遗 址
旧石器时代	距今 300 万年至距今 1 万年前	以打制石器为主要生产工具,依靠原始的采集与狩猎生活,生产技术条件极端落后,缺乏修建居住场所的能力,主要是洞穴群居,能用火	云南元谋猿人遗址;陕西蓝田猿人遗址;北京周口店猿人遗址;北京山顶洞人遗址等
新石器时代	距今 1 万年至距今 4000 多年前	广泛使用磨制石器,能制造陶器和纺织;从事畜牧业和农业,有一定的生产技术条件;能建造简单的房屋,开始定居生活	西安半坡遗址;河南仰韶文化遗址;浙江河姆渡遗址等

2. 古城与城防建筑遗址

1)古城

我国的古城起源于新石器时代后期,最开始为较小规模的城堡,到商代发展成为规模较大、有防御设施的都城。中国的古城不仅包括北京、西安、开封、洛阳、南京、杭州等古都,还包括丽江、平遥、大理、蓬莱水城等地方名城。安徽黄山的徽州古城、四川阆中的阆中古城、山西平遥的平遥古城和云南丽江的丽江古城因具有丰富的历史文化、旅游资源及独特的风貌,并称为我国四大古城。

位于云南西北部的丽江古城始建于南宋末年,是融合了纳西民族传统建筑与外来建筑特色的唯一城镇。丽江古城未受中原建城礼制影响,城中道路网不规则,是我国唯一一座没有城墙的古城。城内街道依山傍水而建,以红色角砾岩铺就,有四方街、木府、文昌宫、白沙民居建筑群等众多历史人文景观,还有纳西古乐、白沙壁画、东巴文化等独具特色的民俗旅游资源,且因水流入墙绕户,形成水网,呈现出"家家溪水绕户转,户户垂柳赛江南"的美丽景象。丽江古城现为国家 AAAAA 级旅游景区、第二批被批准的中国历史文化名城之一，也是我国以整座古城成功申报世界文化遗产的两座古城之一。

2）长城

长城是修筑在两国的交界处，用以防御外来侵略的一种城防建筑。长城不仅是中国也是世界上修建时间最长、规模最宏大的一项古代防御工程，自西周时期开始，持续修筑了2000 多年，分布于中国北部和中部的广大土地上，总计长度达 2 万多千米。

早在春秋战国时期，各国就开始修筑长城。秦统一中国后，以秦、赵、燕三国的北方长城为基础，修缮增筑，建起了西起临洮、北傍阴山、东至辽东的"万里长城"。此后直至明代，先后有许多朝代在北方游牧民族的边境地带修筑过长城。其中，汉长城规模最大，东起辽东，西迄蒲昌海（今新疆罗布泊），长 1 万千米，是汉武帝在三次征服匈奴的基础上修筑而成的，不仅抵御了匈奴南下，而且保护了通往西域的路上交通——"丝绸之路"。明代为了防御鞑靼、瓦剌的侵扰，曾多次修筑长城，明长城西起嘉峪关，东至辽宁丹东虎山，全长 7000 千米，至今保存完好。

3. 名人故居和活动遗迹

历史名人是指在人类历史上有贡献、有影响的人物。后人为其建陵、修庙、立碑、塑像、保护和修葺其故居、保存遗物，以供人参观、瞻仰或凭吊。历史名人故居和活动遗迹承载着重要的历史研究价值和文化传播使命，是重要的历史文化遗产和旅游资源，也是一座城市的人文名片。例如，毛泽东同志故居于 1951 年开始对外开放，70 多年间，累计接待国内外参观者逾 1 亿人次。

4. 近现代重要史迹及纪念建筑

近现代重要史迹及纪念建筑包含农民起义革命遗址及纪念建筑、旧民主主义革命时期遗址和纪念建筑、新民主主义革命遗址遗迹和纪念建筑等。

（二）古建筑旅游资源

1. 古建筑的概念

古建筑是指古代人们利用自然界的土、石、木等建筑材料，经过设计、运用一定的建筑技术和艺术手法，建成的供人类生产、生活和其他活动使用的房屋或场所。古建筑不仅反映了悠久的历史、灿烂的文化和发达的科学技术与建筑技术，而且为今天的新建筑和新艺术的创造提供了重要的借鉴作用，具有很高的科学价值和游览观赏价值。

中国现存的古建筑数量巨大、形制独特。雄浑壮美的唐、五代、辽建筑，严谨端丽的宋金建筑，朴实豪放的元代建筑，精致典雅的明清建筑，都是中国古代建筑成就的重要代表。科学的结构、优美的造型、严谨的布局和多彩的装饰，如同用独特的东方建筑语言谱成的土木华章，通过节奏和韵律展示了中国古典建筑的风格和魅力。

2. 中国古建筑的主要特征

1）以木材作为主要建筑材料

中国古代建筑材料以木材为主，创造出了独特的木结构形式、优美的建筑形体及相应的建筑风格。

2）以框架结构为主要建筑形式

中国古代建筑以立柱、横梁、顺檩等主要构件组合成各种形式的梁架，各部件相接处以榫卯接合，构成了富有弹性的框架。由于墙体只起到分隔围护的作用，因而室内空间可以任意划分，空间布局灵活。

周代初期，古人创造性地发明了斗拱结构。斗拱是中国传统木结构建筑中特有的结构构件，主要运用于宫殿、寺庙及其他高级建筑中。斗拱主要由方形斗和弓形拱组成，纵横交错，逐层向外挑出。在立柱顶、额枋和檐檩间或构架间，从枋上加的一层层探出成弓形的承重结构叫作拱，垫在拱与拱之间的方形木块叫作斗，合称斗拱。

斗拱的产生和发展有着非常悠久的历史。周代初期至唐宋时期，斗拱主要用来承托屋檐的重量，使屋面出挑，并把其重量集中到柱子上，兼具防震的作用，因而体积大，高度接近柱子的一半。到了明、清时期，斗拱的结构功能减弱，仅用于装饰，外观日益纤巧。

斗拱

3）单体建筑结构标准化

中国古代的宫殿、寺庙、住宅等往往由若干单体建筑组合配置而成，单体建筑的外观轮廓由台基、屋身、屋顶三部分组成。

（1）台基。台基是一种高出地面的台子，是建筑物的底座，用以承托建筑物，使建筑物显得高大雄伟，并具有防潮、防腐的作用。台基根据材料（汉白玉、普通石头、土）、层数（三层、二层、一层）和结构（须弥座、普通座）的不同来区分等级。材料越好、层数越高的台基级别越高；须弥座台基级别高于普通座台基。因此，台基还有昭示身份和权力的功能。

（2）屋身。中国古代建筑的屋身主要由墙体、木构架和斗拱等部分组成。屋身通常采用木柱、木梁构成框架，屋顶的重量通过梁架传递到立柱上，墙壁一般仅起到隔断的作用，不承担重量。我国古代屋身结构有抬梁式、穿斗式、井干式。

① 抬梁式。抬梁式又称叠梁式，是在立柱上架梁，梁上又抬梁。这种结构可以使建筑物的面阔和进深加大，多用于宫殿、坛庙、寺观等大型建筑物。

② 穿斗式。穿斗式是用穿枋将一排排的柱子穿连起来成为排架，然后用枋、檩斗接而成。它具有便于施工、抗震性能好等优点，但因受木材高度的限制，很难建成大型的殿阁楼台，因此多用于民居和较小的建筑物。

③ 井干式。井干式是用木材交叉堆叠，因其所围成的空间似井而得名。这种结构比较原始、简单，多应用于产木材的山区林地。

（3）屋顶。"大屋顶"和飞腾的挑檐是我国古代建筑最具特色的外观特征。自汉代以来，我国古代工匠设计了庑殿顶、歇山顶、攒尖顶、悬山顶、硬山顶、卷棚顶、盝顶等多种屋顶形式，并利用各种屋顶形式的组合创作出了丰富的形象。

中国古建筑
的屋顶形式

各种单体建筑的标准化、定型化体现了封建社会中森严的等级制度。庑殿顶、歇山顶和攒尖顶有单檐和重檐之分，重檐的等级高于单檐。我国古代建筑屋顶等级由高到低依次为重檐庑殿顶、重檐歇山顶、重檐攒尖顶、单檐庑殿顶、单檐歇山顶、单檐攒尖顶、悬山顶、硬山顶、卷棚顶、盝顶。

① 庑殿顶。庑殿顶为四面斜坡，有一条正脊和四条斜脊，且四面都是曲面，又称四阿顶或五脊顶。官式建筑中重檐庑殿顶规格最高，如故宫太和殿。

② 歇山顶。歇山顶又称九脊顶，由一条正脊、四条垂脊和四条戗脊组成。前后两坡为整坡，左右两坡为半坡，半坡以上的三角形区域为山花。

③ 攒尖顶。攒尖顶的平面为圆形或多边形,共同点是屋面在顶部交会于一点,形成锥形,多在尖端置宝顶装饰。亭、阁、塔常用此式屋顶。

④ 悬山顶。悬山顶有五脊二坡,屋檐悬伸出山墙之外,并由下面的桁(檩)等承托,因其挑出山墙外的特点,故又称挑山顶。

⑤ 硬山顶。硬山顶同样为五脊二坡,左右两面的山墙或与屋面平齐,或高出屋面,高出的部分称封火墙,其主要作用是防止火灾发生时火势顺房蔓延。

⑥ 卷棚顶。屋面双坡,没有明显的正脊,即前后坡相接处不用脊而砌成弧形曲面。屋顶外观卷曲、舒展轻巧,多用于园林建筑。

⑦ 盝顶。盝顶是一种很特殊的屋顶结构,顶部由四个正脊围成平顶,下接庑殿顶。

4)重视建筑组群平面布局

中国古建筑的单体建筑以"间"为单位,四柱之间的空间围合成"间",以"间"为单位构成一个单体建筑,再以单体建筑组成一个庭院,由若干个庭院沿中轴线组合成一个建筑群。庭院式的组群与布局,一般采用均衡对称布局,沿纵轴线与横轴线进行设计。以北京故宫为例,比较重要的建筑都安置在纵轴线上,次要的建筑安排在纵轴线的两侧,建筑的序列向平面展开,以纵轴线为中心,前后呼应,左右对称。

5)建筑装饰丰富多彩

中国古建筑装饰手法有雕刻、彩画、格纹等,有些建筑主体旁还常常建有衬托式建筑。古建筑中的雕刻分为砖雕、木雕、石雕。徽派建筑是中国建筑艺术中的佼佼者,尤其是徽派建筑中的"三雕",更是徽派建筑艺术的精华。在徽州,有"有堂皆设井,无宅不雕花"的说法,随处可见的古民居、古祠堂、古牌坊、古桥梁等建筑上,无不镶嵌着精美的"三雕"珍品。中国古代建筑多在屋脊上饰以动物雕塑,以增加威严和神秘感。脊兽的数量越多,代表建筑物的等级越高。例如,北京故宫太和殿为等级最高的中国古建筑,是唯一拥有十只脊兽的宫殿。

彩画是另一种重要的装饰手法,其种类主要有和玺彩画、旋子彩画和苏式彩画。这三种彩画的级别为:和玺彩画最高,苏式彩画最低,旋子彩画居中。

和玺彩画以龙凤锦纹为主题,用于主要宫殿和庙坛建筑;旋子彩画因藻头绘有涡卷瓣旋花图案而得名,用于次要宫殿或寺庙建筑;苏式彩画以山水、花鸟、人物等为主题,应用于江南园林和民用住宅。

彩画

藻井为中国传统建筑中天花板上的一种装饰物,含有五行以水克火、预防火灾之意,一般位于寺庙佛座上或宫殿的宝座上方。藻井是平顶的凹进部分,有方格形、六角形、八角形和圆形,上有雕刻或彩绘,常见的有"双龙戏珠"。

6)建筑风格的地域性明显

我国南方地区气候温暖湿润,墙体薄,屋面轻,建筑外形轻巧玲珑;北方地区气候寒冷,墙体厚,屋面重,建筑外形浑厚稳重。各民族的建筑结构和外形多种多样,例如苗族的吊脚楼、傣族的竹楼、藏族的碉楼、哈尼族的蘑菇房等,呈现出了千姿百态的地域特色。

7)建筑与周边环境相协调

在"天人合一"思想指导下,中国古建筑在布局、体量、色调、形式等方面都讲究与周围环境相协调。

3. 中国古建筑旅游资源的主要类型及代表

1）宫殿建筑

宫殿建筑又称宫廷建筑，为中国传统建筑之精华。古代皇帝为了巩固自己的统治，突显皇权的威严，满足精神生活和物质生活的享受而建造的规模巨大、气势雄伟的建筑物，大都金玉交辉、巍峨壮观，其中，保存完好的有明清的北京故宫、清初的沈阳故宫和西藏布达拉宫。

（1）北京故宫。北京故宫是明清两代的皇宫，现存宫室 9000 多间，是世界现存最大、最完整的木质结构古建筑群。北京故宫遵循"前朝后寝""五门三朝三宫"和"左祖右社"的形制和严格对称的院落式布局，规模宏大，建筑辉煌，陈设豪华，体现出皇权至高无上的意识形态。外朝是行政区，主要建筑有布置在中轴线上的前三殿（太和殿、中和殿、保和殿）以及东西两侧对称的文华殿、武英殿。其中，太和殿为外朝三大殿的正殿，俗称金銮殿，是明清两代帝王举行国家重大庆典的场所。每年元旦、冬至、万寿（皇帝生日）三大节以及皇帝登基、大婚、公布进士金榜、派将出征等重大庆典活动都在此举行。中和殿是帝王举行大典前的休息场所，也是接受内阁、礼部及侍卫等朝拜的地方。保和殿是清代帝王每年正月初一和十五宴请新疆及蒙古王公大臣的地方，后成为皇帝进行殿试的场所。

北京故宫前方有五道门：大清门（明代称大明门）、天安门、端门、午门、太和门（又称奉天门），与太和殿、中和殿、保和殿构成了"五门三朝"的格局。外朝的后面是内廷，又称后寝，是皇帝日常处理政务和后妃们居住的地方，主要包括后三宫（乾清宫、交泰殿、坤宁宫）、东西六宫、乾东西五所和御花园。皇宫的左前方设祖庙（太庙）祭祀祖先，右前方设社稷坛祭祀土地神和粮食神，即"左祖右社"。

（2）沈阳故宫。沈阳故宫又称盛京皇宫，为清朝初期的皇宫，由清太祖努尔哈赤及其继承人清太宗皇太极建造，后经过康熙、乾隆时期大规模的改建和增建，以中轴线上的崇政殿（金銮殿）为中心，共有宫殿、亭台、楼阁、斋堂等建筑 100 余座、500 余间。沈阳故宫不仅是中国仅存的两大皇家宫殿建筑群之一，也是中国唯一一座关外皇家建筑群，在建筑艺术上承袭了中国古代建筑传统，集汉、满、蒙古族建筑艺术为一体，具有很高的历史和艺术价值。

（3）西藏布达拉宫。布达拉宫坐落于中国西藏自治区的首府拉萨市区西北的玛布日山上，始建于公元 7 世纪吐蕃第 33 代赞普松赞干布时期，是世界上海拔最高、集宫殿、城堡和寺院于一体的宏伟建筑，也是西藏最庞大、最完整的古代宫堡建筑群。布达拉宫依山垒砌，群楼重叠，全部为石木结构，气势宏伟，建筑风格融合了汉藏文化。建筑整体主要由东部的白宫（达赖喇嘛居住的区域，曾是西藏地方政府的办事机构所在地）、中部的红宫（佛殿和历代达赖喇嘛灵塔殿）及西部的白色僧房（为达赖喇嘛服务的亲信喇嘛居住）组成。

2）坛庙、祠堂建筑

中国古代建筑除了以"礼"来制约各类建筑的形制外，还有一系列应"礼"的要求而产生的建筑。坛庙为古人用来祭祀天地鬼神、山岳河川、祖宗英烈、昔哲先贤的建筑物。中国古代帝王登基后都要参加祭祀天、地、日、月、社稷、宗庙的活动，建起了天坛、地坛、日坛、月坛、社稷坛和太庙等礼制建筑。

（1）天坛。天坛是我国现存最完整、规模最大的坛庙建筑，是封建政权和神权相结合的产物，为明、清两代帝王祭祀皇天、祈五谷丰登的场所。天坛的主体建筑由圜丘坛、皇穹宇、祈谷坛（主要建筑为祈年殿）、斋宫等四部分组成。天坛有坛墙两重，形成内外两坛，坛墙北圆南方,象征天圆地方。祈年殿又称祈谷殿,是明清两代皇帝孟春祈谷之所,也是仅存的古代明堂式建筑。祈年殿遵循"敬天礼神"的设计思想,圆形的殿象征"天圆",蓝色的瓦象征蓝天;殿正中 4 根高大的通天柱象征一年有春、夏、秋、冬四季;中层的 12 根金柱象征一年的12 个月;外层的 12 根檐柱象征一天的 12 个时辰;中、外层共 24 根柱,象征一年的 24 个节令;3 层共 28 根柱,象征周天二十八星宿,再加上顶部的 8 根童子柱,36 根柱象征 36 天罡;大殿宝顶中心的雷公柱象征着皇帝的"一统天下"。皇穹宇是供奉皇天上帝和皇帝祖先牌位的地方,圜丘坛是皇帝举行祭天活动的场所。

(2)曲阜孔庙。曲阜孔庙是祭祀中国古代著名思想家和教育家孔子的祠庙,孔庙与孔府、孔林并称为"曲阜三孔"。孔庙依南北中轴线布局,东西对称,前后共九进院落,主要建筑有大成殿、碑亭、杏坛等。

(3)祠堂。在中国古代封建社会,家族观念深刻,各级官员和大家族一般都会建家庙来祭祀祖先,这就是祠堂。祠堂大多建筑规模宏大,装饰豪华。除了崇宗祀祖外,祠堂也是族人商议族内重大事务和举行婚丧嫁娶等重要活动的场所。

3)牌坊

牌坊又名牌楼,是封建社会为表彰功勋、科第、德政以及忠孝节义所立的建筑物,牌坊多建于庙宇、陵墓、祠堂、衙署、园林或街巷路口。牌坊也是祠堂的附属建筑物,昭示家族先人的高尚美德和丰功伟绩,兼有祭祖的功能。有一些宫观寺庙以牌坊作为山门,还有的牌坊用来标示地名。牌坊为门洞式纪念性建筑物,一般用木、石和琉璃瓦等材料制成,形式可分为楼阁式、冲天式等。

牌坊和民居、祠堂合称为"徽州三绝"。许国石坊是徽州石牌坊中最杰出的代表,有"许国天下坊"之称。常见的牌坊大多为四根柱子四只脚,而许国石坊有 8 个立柱,俗称"八脚牌楼",被誉为"东方的凯旋门";牌坊石料选用青色茶园石,每块重达四五吨,雕有精美的花纹,寓意丰富,12 只狮子雄踞于石础之上,栩栩如生。

4)楼阁

楼阁是中国古代建筑中的多层建筑物,楼是指两层以上的房屋,阁是指四周设隔扇或栏杆回廊的楼房。黄鹤楼、岳阳楼、滕王阁并称古代江南三大名楼。

(1)黄鹤楼。黄鹤楼位于湖北省武汉市,因唐代诗人崔颢登楼所题《黄鹤楼》一诗而名扬四海。现在的黄鹤楼高 51.4 米,飞檐五层,攒尖楼顶,顶覆金色琉璃瓦,由 72 根圆柱支撑,形如展翅欲飞的黄鹤。

(2)岳阳楼。岳阳楼位于湖南省岳阳市,西临洞庭湖,三层三檐,为我国现存最大的盔顶建筑。岳阳楼始建于唐代,宋代滕子京重修岳阳楼,著名文学家范仲淹作《岳阳楼记》,由书法家苏舜钦书写,邵竦篆刻,人们称之为"天下四绝",并立"四绝碑"。

(3)滕王阁。滕王阁位于江西省南昌市赣江边,为唐高祖李渊之子滕王李元婴所建,因唐代诗人王勃的《滕王阁序》而名扬天下。滕王阁主体建筑高 57.5 米,其下部为象征古城墙的 12 米高台座,台座以上的主阁取"明三暗七"格式,为三层带回廊仿宋式建筑,内部共有七层,分为三个明层、三个暗层及阁楼。

(4)鹳雀楼。耸立于山西永济市黄河之滨的鹳雀楼,因盛唐大诗人王之涣"白日依山尽,黄河入海流。欲穷千里目,更上一层楼。"的千古绝唱而闻名天下,与黄鹤楼、岳阳楼、滕王阁并称为中国四大历史文化名楼。

此外,承德避暑山庄的烟雨楼、成都望江楼、贵阳甲秀楼、北京颐和园佛香阁、山东蓬莱阁也是中国古代的著名楼阁。

5）华表

华表是古代设在宫殿、城垣、桥梁、陵墓前作标志、装饰、纪念之用的立柱,设在陵墓前的又称墓表。华表一般由底座、蟠龙柱、承露盘和其上的蹲兽组成,柱身多雕刻龙凤等图案,上部横插着雕花的石板。北京天安门门前的一对华表雕刻精美,可称为华表之冠。

4. 西方古建筑的特点、主要建筑形式及代表作

西方建筑是指西方国家的人们用泥土、砖、瓦、石材、木材等建筑材料按照西方人的构成理念建成的一种供其居住和使用的空间,如住宅、桥梁、体育馆、教堂、寺庙、宫殿等。我国上海、哈尔滨、青岛等地保存着许多具有西方风格的近代建筑。

1）西方古建筑的特点

西方古建筑主要有以下几个特点:一是建筑材料主要是石料;二是多采用围柱式建筑结构,建筑结构主要是拱券和各种复杂的柱式,如古罗马剧场、罗马角斗场等;三是布局具有独立性,注重个体的艺术效果和建筑风格;四是建筑装饰华丽,色彩以灰色为主,辅以红色、黄色,鲜艳华丽,建筑内的装饰以雕塑为主。

西方古建筑
的主要形式

2）西方古建筑的主要形式

西方古代建筑形式主要包括古希腊式、罗马式、拜占庭式、哥特式、文艺复兴式、巴洛克式等,具有重要的美学价值、科研价值及旅游价值。

（1）古希腊式建筑。古希腊建筑是欧洲建筑文明最早的杰出成就之一,主要用大理石建造而成,采用柱式建筑结构,装饰有丰富的色彩与雕刻,展现了古希腊文明伟大的艺术成就。雅典卫城和帕特农神庙是古希腊式建筑的典型代表。

（2）罗马式建筑。古罗马建筑一般采用厚实的砖石墙,一方面吸收了古希腊的柱式与神庙元素,另一方面也拓展了拱券、拱顶、穹顶等结构元素以及砖、混凝土、玻璃等材料的运用。因此,罗马人可以建造更为宏大的公共建筑,如古罗马斗兽场与罗马万神庙。建筑的尺度及空间效果展现了古罗马时期的繁盛与强大。

（3）拜占庭式建筑。拜占庭式建筑是一种以基督教为背景的建筑形式,具有鲜明的宗教色彩。拜占庭建筑的标志性特征是使用穹窿顶,这种屋顶结构在建筑的中心形成一个高大的圆顶,成为整座建筑的视觉焦点。其典型代表有伊斯坦布尔的圣索菲亚大教堂、圣彼得堡的康斯坦丁堡等。

（4）哥特式建筑。哥特式建筑在罗马风建筑基础上发展而来,其主要特点是尖塔高耸、尖形拱门、大窗户及绘有圣经故事的花窗玻璃,利用尖肋拱顶、飞扶壁、修长的束柱设计,营造出轻盈修长的飞天感。哥特式建筑的典型代表有巴黎圣母院、德国科隆大教堂等。

（5）文艺复兴式建筑。文艺复兴式建筑是15—19世纪流行于欧洲的建筑风格,其特点是提倡复兴罗马时期的建筑形式,特别是古典柱式比例、半圆形拱券、以穹窿为中心的建筑形体两旁对称等。文艺复兴式建筑的典型代表有圣彼得大教堂、圣母百花大教堂等。

（6）巴洛克式建筑。巴洛克式建筑是17世纪意大利的艺术风格。这种建筑在教堂和宫殿中把建筑、雕塑结为一体,并应用断檐、波浪形墙、重叠柱及壁画,追求动态与起伏,建筑风格豪华浮夸。巴洛克式建筑的典型代表有法国的凡尔赛宫、罗马的圣卡罗教堂等。

3）西方古建筑的代表作

（1）卢浮宫。因哲学理念不同,东西方宫殿建筑结构显著不同。许多西方建筑师认为"美产生于度量和比例",因此很多西方宫殿以各类古典柱式为建筑基础,突出轴线,强调对称,注重比例,造型严谨,典型代表为法国的卢浮宫。卢浮宫是一个带有角楼的封闭式的四合院,宫内西面的建筑采用了文艺复兴时期的建筑形式,主体是长柱廊,气势宏伟,简洁严肃,被视为"古代理性美"的典范。

（2）雅典帕特农神庙。帕特农神庙是供奉古希腊雅典娜女神的神庙,兴建于公元前5世纪的雅典卫城。它是现存最重要的古希腊时代建筑物,长约 69.49 米,宽约 30.78 米,耸立于 3 层台阶上,玉阶巨柱,画栋镂檐,遍饰浮雕,蔚为壮观。整个庙宇由凿有凹槽的 46 根大理石柱环绕,雕像装饰是古希腊艺术的顶点。帕特农神庙还被尊为古希腊与雅典民主制度的象征,是举世闻名的文化遗产之一。

（3）古罗马斗兽场。意大利古罗马斗兽场建于公元 72—82 年间,是古罗马帝国专供奴隶主、贵族和自由民观看斗兽或奴隶角斗的地方。遗址位于意大利首都罗马市中心。外观呈正圆形;俯瞰时呈椭圆形。它的占地面积约为 2 万平方米,长轴长约 188 米,短轴长约156 米,圆周长约 527 米,围墙高约 57 米。这座庞大的建筑可以容纳近 9 万人,是古罗马文明的象征。

（4）杰内古城。杰内古城建立于公元 800 年,位于马里中部尼日尔河内三角洲的最南端,以独特的撒哈拉—苏丹建筑风格、摩尔式建筑和灿烂的伊斯兰文化而驰名世界,被世人喻为"尼日尔河谷的宝石"。王侯宅第、清真寺院、学者陵墓等各种建筑展现出一派热带水乡泽国的城市景象。1988 年联合国教科文组织将杰内古城作为世界文化遗产,列入《世界遗产名录》。

（三）古代陵墓旅游资源

1．墓葬结构

1）土穴墓及木板墓

土穴墓的出现时间最早、使用时间最长、分布范围最广。木板墓是在土坑四周用木板围护,下面用木材铺垫,上面用木材封盖。

2）木椁墓及"黄肠题凑"

椁是盛放棺木的宫室,正中放棺,其他方格称为厢,用于放置随葬品,湖南长沙马王堆的西汉古墓即为木椁墓。木椁墓发展到高峰期,出现了规格很高的"黄肠题凑",由柏木端头一致向内、层层平铺叠垒而成,像一圈厚木墙围在棺椁外围。

3）砖石墓

砖石墓起源于西汉,是在挖好的土坑中用砖垒成的墓室。最著名的地下宫殿是明代万历皇帝的定陵,地宫总面积为 1195 平方米,全部为拱券式石结构,地面用磨光花斑石铺砌。

2．坟丘形式

1）方上式

方上式流行于秦汉时期,"方上"是指在帝王陵墓的地宫之上用黄土层层夯实而成的上小下大的方锥体,其上部为方形平顶,故称方上。秦始皇陵是典型的方上式陵墓。

2）以山为陵式

以山为陵式流行于唐朝,是因山为体、以山为陵的建筑方式,山的峰峦就是坟头,气魄宏大,唐高宗李治与武则天合葬的乾陵即是典型代表。

3）宝城宝顶式

宝城宝顶式流行于明清时期,在地宫上砌筑高大的圆形砖城,再于砖城内填土,使之高出城墙成一圆顶,这一圆顶即为宝城顶;城墙上设垛口和女儿墙,外观犹如一座小城,即为宝城。该形式以南京的明孝陵为典型。

3. 陵园建筑

1）祭祀建筑

祭祀建筑为陵园建筑的重要部分,供祭祀之用,主要包括祭殿、配殿、廊庑、焚帛炉、祭台、大门、围墙等建筑。

2）神道

神道又称"御路",是通向祭殿、宝城的宽广笔直的大道。神道两侧有石刻人物和石刻动物,统称石像生,又称"翁仲",是皇权仪卫的缩影。

3）护陵监

护陵监是为保护和管理陵园而设立,监外有城墙环绕,内有供护陵人员居住的建筑。

4. 陵墓旅游资源的主要类型

1）帝王陵

帝王陵墓因其雄伟的建筑、珍贵的文物和优美的环境而成为旅游胜地,著名的有秦始皇陵、汉武帝陵、唐太宗李世民的昭陵、唐高宗李治和女皇武则天的乾陵、元代成吉思汗陵、明代的明孝陵、十三陵、清代的关外三陵、清东陵、清西陵等。其中,秦始皇陵位于陕西临潼骊山北麓,是世界上最大的陵墓。

2）纪念性陵墓

纪念性陵墓中,有的是真人之墓,有的是衣冠冢,有的是传说之墓。主要类别有纪念性帝王陵,如黄帝陵、炎帝陵等;圣人陵,如孔林、关林等;其他名人墓,如屈原墓、岳飞墓等。

3）崖墓与悬棺墓

崖墓是在悬崖峭壁上凿出空穴或利用崖壁的自然平台岩洞或岩缝安放棺木的墓葬类型。悬棺墓是在峭壁上打孔安棺桩后把棺木悬吊在上面的墓葬类型。崖墓以四川乐山、彭山、宜宾及江西龙虎山为主要分布地区,悬棺葬主要分布在四川宜宾和福建武夷山区。

现存重要
帝王陵墓

4）塔葬墓

塔葬墓是佛教高僧圆寂后建塔存放遗骨的地方,以河南少林寺的塔林最为著名。

5. 现存重要皇帝陵墓旅游资源

1）秦始皇陵

秦始皇陵是中国历史上第一位皇帝嬴政(前259—前210年)的陵寝,是第一批全国重点文物保护单位,位于陕西省西安市临潼区城东5千米处的骊山北麓。

秦始皇陵始建于秦王政元年(前247年),于秦二世二年(前208年)建成,历时39年,是中国历史上第一座规模庞大、设计完善的帝王陵寝。皇陵有内外两重夯土城垣,象征着帝都咸阳的皇城和宫城。陵冢位于内城南部,呈覆斗形,现高51米,底边周长1700余米。据史料记载,秦陵中还建有各式宫殿,陈列着许多奇异珍宝。秦陵四周分布着大量形制不同、内涵各异的陪葬坑和墓地,现已探明的有400多个,其中包括举世闻名的"世界第八大奇迹"兵马俑坑。秦始皇陵出土了许多珍贵文物,兵马俑坑是其中的代表。兵马俑坑位于秦陵东侧,主向朝东,真实再现了秦军的阵势。

2)埃及金字塔

埃及金字塔是古埃及法老(即国王)和王后的陵墓,是古埃及文明最具影响力和持久力的代表。埃及金字塔现存 96 座,大部分位于开罗西南部的吉萨高原的沙漠中,塔内有甬道、石阶、墓室、木乃伊(即法老的尸体)等。最大、最著名的是祖孙三代金字塔——胡夫金字塔、哈夫拉金字塔和孟卡拉金字塔,其中以胡夫金字塔为最。

胡夫金字塔是古埃及法老胡夫为自己建造的金字塔,距今已有 4500 多年。胡夫金字塔建成时高达 146.59 米,历经几千年的风吹雨打,如今仍高 138 米,相当于一座摩天大楼。胡夫金字塔由 230 万块磨光的石灰岩砌成,每块岩石重达 2.5 吨,石块严密得连最薄的刀片都插不进去,很难想象当时的劳动人民是怎样搬运石块并砌成金字塔的。胡夫金字塔共有三处墓室,胡夫葬在第三处墓室。

哈夫拉金字塔有 4500 年左右的历史,其主人哈夫拉是胡夫的儿子。哈夫拉金字塔最出名的是位于金字塔前的狮身人面像。狮身人面像的面部是参照哈夫拉雕刻的,身子是狮子造型。整座雕像高达 22 米,在巨大的金字塔前面却显得渺小,如同一个武士护卫着法老的灵魂。

3)印度泰姬陵

泰姬陵被印度诗翁泰戈尔形容为"永恒面颊上的一滴眼泪"。泰姬陵是一座为爱而生的建筑,是全部用白色大理石建成的宫殿式陵园,在同一天里不同的时间和不同的自然光线中显现出不同的特色,其和谐对称、花园和水中倒影的融合创造了令无数参观者惊叹不已的奇迹。这里没有陵寝的冷寂,反而寓意了爱情的新生。

6. 古代陵墓的旅游功能

1)雄伟的建筑

帝王墓有着华丽的地宫和富丽堂皇的地面建筑,其巨大的建筑规模和精湛的建筑技艺都是游人乐于观赏的。

2)珍贵的文物

在帝王陵中金银珠宝、古玩字画、丝绸、陶瓷、书法绘画、各种典籍,可谓无所不有,其种类和数量十分惊人。如秦始皇兵马俑、西汉双音编钟、金缕玉衣等。

3)优美的自然环境

帝王名人的墓地总是选在山清水秀、自然环境优美的地区,陵园内的树木禁止砍伐,同时人工栽植松柏等常绿乔木。

4)名人的魅力

古墓葬的主人中,无论是帝王将相还是名垂青史的政治家、军事家、文学家、艺术家、爱国将领,都对中国历史的发展起到了一定的作用。

(四)古代桥梁旅游资源

1. 古代桥梁的类型和材质

从结构形式上,桥可以分为梁桥、浮桥、索桥、拱桥、廊桥、亭桥等;从材质上,桥可以分为木桥、石桥、铁桥、竹桥等。

1）梁桥

梁桥又称平桥，是我国古代出现最早、最为普遍的桥梁。它的结构简单，外形平直，以桥墩做水平距离承托，然后架梁并平铺桥面。著名的梁桥有福建泉州洛阳桥等。

2）浮桥

浮桥又称舟桥。因其架设便易，常用于军事目的，故也称战桥，是一种用数艘木船或竹筏连起来并列于水面上的桥，船上铺木板供人马往来通行。浮桥两岸多设柱桩或铁牛、铁山、石狮等以便系缆。广东潮州广济桥中间的一段即为浮桥。

3）索桥

索桥也称吊桥，是以竹索或藤索、铁索等为骨干相拼悬吊起来的大桥。主要见于西南地区，多建于水流湍急、不易建桥墩的陡岸险谷。横跨大渡河的泸定桥就是一座悬挂式铁索桥。

4）拱桥

拱桥是在我国桥梁史上出现较晚、最富有生命力的一种桥型。它在竖直平面内以拱作为主要承重构件。著名的拱桥有河北的安济桥、北京的卢沟桥、苏州的宝带桥等。

5）廊桥

廊桥是指设有廊屋的桥梁，是我国桥梁的一种重要类型，其结构独特、造型优美，承重结构多为木构或石构的梁桥与拱桥。著名的廊桥有浙江泰顺廊桥等。

6）亭桥

在桥上加建亭子的拱桥或平桥，这种桥称为亭桥。程阳永济桥集廊、亭、塔三者于一身，墩台上建有 5 座塔式桥亭和 19 间桥廊，亭廊相连，是侗族建筑艺术的结晶。

2. 我国现存著名的古桥

1）安济桥

安济桥又名赵州桥，横跨河北赵县城南的洨河，建于隋开皇至大业年间，距今已有 1400 多年的历史，由著名工匠李春设计建造。桥身为单拱、弧形，桥拱肩敞开，拱肩两端各建有两个小拱，即敞肩拱。这既减轻了桥身自身的重量，省工省料，又有利于泄洪，减少洪水对石桥的冲击。安济桥开创了桥梁的新类型，是世界桥梁史上的首创，也是世界上现存最大的敞肩桥。

2）泉州洛阳桥

泉州洛阳桥又名万安桥，修建于北宋年间。洛阳桥原长 1200 米，宽约 5 米，有 46 座桥墩，规模宏大，是我国古代著名的梁式石桥。在建桥时沿桥址中心线抛入巨石、组成宽达 25 米的矮石堤，以此作为"筏型桥基"的桥梁，很好地适应江海交汇处水急浪大的环境。并采用"种蛎固基法"，在桥基大种牡蛎，牡蛎依石而生，胶结成整体，是生物固基之先例。

我国现存
著名的
古桥

3）广济桥

广济桥又名湘子桥，位于潮州古城东门外，初建于宋代，距今已有 800 余年的历史，是我国第一座启闭式桥梁。桥长 500 余米，共有 24 座桥墩（东岸 13 座、西岸 11 座），由于中间部分水流湍急，无法建墩，只能将 18 只梭船并列后用铁索连成浮桥。每遇洪水或要通船时，可解掉系船铁索，移开梭船，变成浮梁一体的启闭式桥梁。这就是"十八梭船廿四州"的由来。

4）卢沟桥

卢沟桥位于北京市丰台区永定河上，始建于金代，明、清两代间曾进行过较大规模的修葺重建。卢沟桥全长 266.5 米，宽 7.5 米，桥身下分 11 孔涵洞，是北京现存最古老的联拱石桥。桥身两侧石雕护栏有望柱 140 根，柱头上雕刻大小伏卧石狮共 501 个。

（五）古代水利工程旅游资源

1. 运河

我国著名的运河有京杭大运河和灵渠。京杭大运河开凿于春秋战国时期,北起北京,南达杭州,贯通海河、黄河、淮河、长江、钱塘江五大水系,总长 1795 千米。千百年来,京杭大运河一直是我国重要的南北水上运输通道,从历史上的"南粮北运""盐运"通道,到现在的"北煤南运"干线以及防洪灌溉干流,这条古老的运河至今仍在中国的经济发展中发挥着巨大的作用。

灵渠建于秦朝,沟通了长江、珠江两大水系中的湘江和桂江,故又称湘桂运河。它位于广西兴安县,全长仅有 34 千米,是世界上最早的船闸式运河。

2. 堰

堰这类水利工程以四川都江堰最为著名,都江堰与京杭大运河、兴安灵渠、吐鲁番坎儿井一并构成了中国古代四大水利工程。

都江堰是战国时秦国蜀郡郡守李冰父子主持修建的,由鱼嘴分水堤、飞沙堰、宝瓶口几部分组成。鱼嘴是修建在江心的分水堤坝,把汹涌的岷江分隔成外江和内江,外江可排洪,内江水经过宝瓶口流入川西平原灌溉农田;飞沙堰起泄洪、排沙和调节水量的作用;宝瓶口用来控制进水流量,因其形状如瓶颈,故称宝瓶口。2000 多年来,都江堰一直发挥着防洪灌溉的作用,使成都平原成为水旱从人、沃野千里的"天府之国",如今其灌区已达 30 余县市、面积近千万亩,是全世界年代最久、唯一留存、仍在使用、以无坝引水为特征的宏大水利工程。2000 年,都江堰被联合国教科文组织列入世界文化遗产。

3. 坎儿井

坎儿井是一种特殊的灌溉系统,是干旱地区的劳动人民在漫长的历史发展进程中创造的一种地下水利工程。它一般由竖井、暗渠、明渠、涝坝组成,主要分布于新疆吐鲁番、哈密、库车等地。春夏季节渗入地下的大量雨水、冰川及积雪融水通过山体的自然坡度,被人为引出地表进行灌溉,让沙漠变成绿洲。

4. 古代堤防

堤防雄踞于海、河之滨,可抵御海潮和洪水的侵袭,是古代重要的水利工程。我国著名的古代堤防有海塘、荆江大堤、黄河大堤和洪泽湖大堤等。

三、文物古迹的旅游功能

（一）文物古迹是历史和文化的载体

文物古迹是历史上古人留下的遗迹和遗物,是一定社会历史条件下的产物,是当代人们了解历史、理解文化的媒介。

（二）文物古迹是反映古代科学技术的镜子

历史上,劳动人民修建了许多伟大的工程,发明了许多生产工具和科学仪器,它们是科学技术发展的成果和标志。

（三）文物古迹成为令人遐想的景观

很多文物古迹造型别致、设计精巧,有很高的美学观赏价值,构成了各具特色的人文

人文旅游
资源赏析
拓展阅读
（1）

人文旅游
资源赏析
拓展阅读
（2）

景观。

（四）符合当前人们寻幽探古的时尚

文物古迹记录着人类历史和文化的发展历程，可以满足人们了解、探索历史的愿望。

任务训练

一、即问即答

1. 请简述文物古迹旅游资源的主要类型。
2. 请简述我国古桥的类型、特点及代表性古桥。

二、即学即用

1. 上网收集10张我国文物古迹旅游资源景观的图片，完成以下任务（以电子文档或
PPT的形式完成）。

（1）运用专题分类法，将图片中的文物古迹旅游资源进行分类。

（2）对图片中的文物古迹旅游资源旅游特色进行描述。

即测即评 3-1

2. 请你根据所学知识判断以下图片中的建筑分别属于哪种屋顶形式？

(a)

(b)

(c)

(d)

任务二 古典园林旅游资源赏析

任务导入

湖南某旅行社导游员小王接待了一个来自湖北的中学生研学团，同学们对图 3-2-1～
图 3-2-9 所示的园林景观十分感兴趣。假设你是小王，请向同学们介绍这些园林景观。

1. 这些景观的构建要素有哪些？

2. 这些景观是否属于同一类型，各有什么主要特点？

图 3-2-1　苏州拙政园

图 3-2-2　苏州狮子林

图 3-2-3　北京颐和园

图 3-2-4　承德避暑山庄

图 3-2-5　东莞可园

图 3-2-6　余荫山房

图 3-2-7　拉萨罗布林卡

图 3-2-8　法国园林

图 3-2-9　西亚园林

任务探究

一、中国古典园林的发展

　　根据文献记载，早在商周时期，我们的先人就已经开始利用自然的山泽、水泉、树木、鸟兽进行初期的造园活动。园林最初的形式为囿，主要供天子、诸侯狩猎游乐，公元前 11 世纪，西周周文王曾建灵囿；春秋战国时期的园林中已经有了成组的风景，既有土山又有池沼或台，而且在园林中构亭营桥，种植花木，自然山水园林已经萌芽；到秦汉时期，园林发展成为在广大地域内布置宫室组群的建筑宫苑；魏晋南北朝时期，社会局势动荡不安，士大夫纷纷加入了造园的行列，形成了私园和大量的寺观园林。此前的中国园林属于自然山水园林。

　　到了隋唐时期，园林从单纯模仿自然环境的自然山水园林发展为在较小境域内体现山水的主要特点、追求诗情画意的写意山水园林。自北宋至清代，出现两个园林发展的高潮期,园林体系发展为写意的文人山水园林,进入了园林的最高境界——意境。私家园林、皇家园林、寺观园林已经具备了中国风景园林的基本特征。

中国古典园林经历了面积由大到小、景观由粗放到精致、创作方法由写实到写意、园林建筑由简单散于山水环境之中到建筑与自然要素和谐统一的发展过程。

二、中国古典园林的分类

(一)按园林所有者的身份划分

1. 皇家园林

皇家园林是专供帝王休憩游乐的园林。它有以下特点:一是规模宏大,以自然山水为依托;二是园中建筑色彩富丽堂皇,装饰图案多以龙凤为主;三是建筑物体量较大,园中有行宫,园中有园,吸收了全国各地园林的长处。现存的著名皇家园林有颐和园、北海公园、承德避暑山庄等。

2. 私家园林

私家园林是供皇家的宗室外戚、王公官吏、富商大贾等休闲的园林。这些园林大多建在城内,与住宅相结合,主要特点有:占地面积小,建筑物小巧玲珑,色彩淡雅素净,园中多用假山假水。如苏州的拙政园、留园,扬州个园,北京的恭王府等。

3. 寺观园林

寺观园林是由寺观、名胜古迹和自然风景组成的具有宗教性质的自然风景区,多分布在远离城市的地方。中国的寺观园林分布非常广泛,遍及名山大川,数量远远超过皇家园林和私家园林,如北京潭柘寺、白云观,扬州大明寺,镇江金山寺等。

4. 公共园林

公共园林主要是在自然风景区、经长期开发逐步形成的具有公园性质的园林。如杭州西湖、济南趵突泉、北京什刹海等。

(二)按园林所处地理位置划分

1. 北方园林

北方园林也称黄河类型,按气候带划分也可称为温带园林。北方园林以皇家园林为主,地域宽广,范围较大,建筑富丽堂皇;受自然气象条件限制,园中河川湖泊、园石和常绿树木都较少;风格粗犷浑厚,不如江南园林秀美。北方园林的代表主要集中于北京、西安、洛阳、开封等几个古都,尤以北京的园林为典型。例如,颐和园是我国著名的皇家园林,也是北京现存规模最大、最完整的古典园林。

2. 江南园林

江南园林也称南方类型或扬子江类型,按气候带划分也可称亚热带园林。江南园林地域范围小,多明媚秀丽,尤为擅长叠石理水,花木种类繁多,布局有法,建筑体量小,风格淡雅朴素,园林整体自然洒脱,讲究诗情画意。江南园林多集中于南京、上海、无锡、苏州、杭州、扬州等地,尤以苏州园林为典型。苏州的拙政园是全国四大名园之一(其他三园为北京的颐和园、河北承德的避暑山庄、苏州的留园)。

3. 岭南园林

岭南园林也称广东类型,按气候带划分可归类于热带园林。岭南园林具有中国古典园林的传统风格,吸收了江南园林之秀、北方园林之雄的特点,近代又吸收了西方园林的造园技法,形成了综合性的园林特征,同时地方特色十分浓厚。其主要特点是:具有热带、亚热带风光;建筑物较高而宽敞,但体形简练,很少有复杂的轮廓组合;装修典雅而华丽,门窗、隔扇、花罩、漏窗精雕细刻,富有民族风格。代表园林有:广东顺德清晖园、东莞可园、番禺余荫山房、佛山梁园。

4. 少数民族园林

我国少数民族地区也有规模较大的庭园和寺观园林。其中,拉萨的罗布林卡园林规模最大,园中花木繁盛,宫殿建筑精美别致,具有浓郁的民族特色和宗教氛围,是中国最大的藏式园林。

(三) 按开发方式划分

1. 自然园林

自然园林是利用原有的自然景致去芜理杂、修整开发、开辟路径、布置园林建筑,无须费人事之工即可形成的园林,如九寨沟、泰山、黄山、张家界等。

2. 人工园林

人工园林是在一定地域内,为改善生态、美化环境、满足游憩和文化生活的需要而创造的小环境,如各式公园、广场、花园等。

三、中国古典园林的构景要素

(一) 园林地貌

园林地貌是指园林用地范围内的峰峦、坡谷、湖、潭、溪、瀑等山水地形外貌,是园林的骨架,是整个园林赖以存在的基础。园林地貌创作遵循的原则如下。

(1) 因地制宜,宜山则山,宜水则水,以利用原有地形为主,适当进行改造。

(2) 师法自然,即以自然地貌为蓝本,塑造园林地貌,作假成真。

(3) 顺理成章,在布置山水时要通盘考虑,全园山水地貌要符合自然规律。

(4) 统筹兼顾,园林地貌除注意本身的造型外,还要为园中建筑及其他工程设施创造合适的场地;造景方面,山水需有建筑、植物点缀。

1. 叠山

叠山是指在园林中以造景为目的,用土、石等材料构筑山体的活动。叠山要遵循自然规律,比真山更概括、更精练,同时加入人的思想情感。我国的园林假山堆叠注重选材,北方多用当地产的大青石和房山石,格调粗犷浑厚;江南多用太湖石和黄石,也用斧劈石、笋石及雪石;岭南多用英德石,嶙峋多姿,山体姿态丰富。假山要根据园林规模和地貌特征进行布局,做到因地制宜,富有意趣。叠山时要有起伏,疏密有致,有层次感,符合自然规律。

扬州个园的叠石艺术堪称一绝,以笋石、湖石、黄石、宣石巧妙叠成四季假山,将造园法则与山水画理完美融合,被园林泰斗陈从周先生赞誉为“国内孤例”。春山在个园石额门前,以修竹和石笋为主景,传达出雨后春笋的盎然之意;夏山则以青灰色太湖石为主材,利用太湖石瘦、漏、皱、透的特性,通过叠石的手法,呈现出云翻雾卷之势;秋山位于园之东北,坐东朝西,以黄石叠成,黄石丹枫,倍增秋色,宛如一幅秋山图;冬山则巧妙地利用了色洁白、体圆浑的宣石(雪石),在东南小庭院中营造出一种冬日的风雪氛围,南墙上的圆孔设计,巧妙地利用了气流变化产生的北风呼啸的效果,为游客带来身临其境的冬日体验。

除此之外,上海豫园的玉玲珑、苏州留园的冠云峰和杭州竹素园的绉云峰都是假山中的佼佼者,被称为"江南三大奇石"。

2. 理水

"园无水而不活",水是园林景观设计的灵魂,水景常常是园林景观设计的点睛之作。古今中外的园林,对于水体的运用是非常重视的,在我国古代甚至被称为园林中的"血液"和"灵魂"。水变化不定的形态和丰富的人文内涵,为园林景观空间增添了浪漫的色彩和深远的意境。许多古典园林以水为主题,如苏州网师园、沧浪亭、拙政园等。中国园林理水有动态和静态之分,着重取"自然"之意,具有湖、池、溪、瀑、泉等多种形式的水体。古典园林中的动水,主要指溪流及泉水、瀑布等,既可呈现出水的动态之美,又能以水声加强园林的生气。济南的趵突泉就很好地诠释了水的灵动与活力,古人赞曰:"喷为大小珠,散作空蒙雨。"而静态水景水平如镜,能够映出周围的湖光山色,呈现扑朔迷离之美。

江南三大奇石

3. 园林植物

植物是造山理池不可缺少的要素。园林中的植物凭借其枝、叶、花、果的色彩与姿态成为园林中丰富多彩的景观,可作观赏、组景、分隔空间、装饰、庇荫、防护、覆盖地面等多种用途。中国古典园林中的植物着意表现自然美,花木的选择大都符合以下标准:一是姿美,二是色美,三是味香,四是有寓意。例如,竹子不仅有修长挺拔的姿态,叶茂长青,绿意盎然,同时还象征着人品清逸和气节高尚,因而竹子在景观园林中一直占有举足轻重的地位。

4. 园林建筑

园林建筑是指在园林中有造景作用,同时可供人游览、观赏、休息的建筑物。中国园林建筑种类繁多,主要有堂、厅、楼、阁、馆、轩、斋、榭、舫、亭、廊、桥、路、墙等。园林建筑的选址要因地制宜,布局要灵活多变,手法要多种多样,形式要丰富多彩,使建筑与自然环境融为一体。

1) 厅堂

厅堂是待客与集会活动的场所,也是园林的主体建筑。厅堂的位置确定后,全园的景色布局才依次衍生变化。厅堂一般坐北朝南,建筑的体量较大,空间环境相对开阔,在景区中通常建于水面开阔处,临水一面多构筑平台,如北京园林大多临水筑台、台后建堂。这是明清构园的传统手法,如苏州拙政园的远香堂、留园的涵碧山房等,都采用此法布置厅堂。

2) 楼阁

楼阁是园林中较高层的建筑,不仅体量较大,而且造型丰富,是园林中的重要景点建筑。阁四周开窗,每层设围廊,有挑出平座,以便眺望风景。楼阁可用来观赏风景、储藏书画,还可供佛，例如，苏州留园的冠云楼和北京颐和园的佛香阁。

3）书房馆斋

馆可供宴客之用，其体量有大有小，与厅堂稍有区别。斋供读书用，环境一般隐蔽清幽，尽可能避开园林中的主要游览路线；建筑式样简朴，常附以小院，植芭蕉、梧桐等树木花卉，以创造清净、淡泊的情趣，如留园的还读我书斋。

4）榭

榭常建于水边或花畔，借之成景。其平面通常为长方形，一般多开敞或设窗扇，以供人们游憩眺望。水榭一般三面临水，在水边架起平台，平台的一部分架在岸上，一部分伸入水中，平台临水围绕低平的栏杆，或设鹅颈靠椅供坐憩凭依，如拙政园的芙蓉榭。

5）轩

轩一般是指地处高旷、环境幽静的建筑物。轩的规模不及厅堂，建筑小巧玲珑、开敞精致、形式优美，不讲究对称布局，相对来说比较轻快、不甚拘束，如拙政园的与谁同坐轩。

6）舫

舫是仿造舟船造型的建筑，常建于水际或池中。舫大多将船的造型建筑化，在形体上模仿船头、船舱，便于与周围环境相协调，也便于内部建筑空间的使用。例如，苏州拙政园的香洲和北京颐和园的清晏舫都是舫中的佼佼者。

7）亭

亭是一种开敞的小型建筑物，其形式多样。除供人休憩、纳凉、避雨与观赏四周景色外，亭在园林中还起着"点景"与"引景"的作用，既美化了风景，还可以作为游览的"向导"，如拙政园的荷风四面亭。

8）廊

廊是园林中带屋顶的路，是我国古代园林中一种既"引"又"观"的建筑，不仅有交通的功能，更有观赏的用途。廊按结构形式可分为：双面空廊（两侧均为列柱，没有实墙，在廊中可以观赏两面景色）、单面空廊（又称单廊，一侧为列柱，一侧为实墙）、复廊（在双面空廊的中间夹一道墙，墙上开有各种式样的漏窗）等。按廊的总体造型及与地形、环境的关系可分为直廊、曲廊、爬山廊、水廊、桥廊等。北京颐和园728米长的长廊为双面空廊，是我国古建筑和园林中最长的廊。苏州沧浪亭的复廊、拙政园的水廊和留园的曲廊被誉为"江南三大名廊"。

9）桥

园林中的桥一般采用拱桥、平桥、廊桥、曲桥等，有石制、竹质、木质的，富有民族特色，不但有增添景色的作用，而且可以用以隔景，如拙政园中的曲桥和小飞虹廊桥。

10）围墙

围墙是围合空间的构件，在园林中起着划分内外范围、分割内部空间和遮挡劣景的作用，精巧的围墙还可以装饰园景。例如，上海豫园中有五面栩栩如生的龙墙，这五面形态各异的龙墙吸引了人们的眼球，同时将豫园40余处景观巧妙分隔开来。

中国古典园林著名的廊

（二）中国古典园林构景的主要原则

（1）体现自然美，通过叠山理水、花木配置等园林建筑手法的运用，体现中国园林的山水之美，使游人有回归自然之感。

（2）构景中讲究曲折变化,避免园内景物一览无余。

（3）强调个性特色,各园林以各自特有的风格吸引旅游者。

四、中国古典园林的特点

（一）源于自然,高于自然

这是中国山水园林的本质特征,也是中国园林来自自然的现实主义创作手法的反映。历代造园师在园林创作中逐渐跳出直接模仿的局限,有了很大创新。

（二）建筑美与自然美的高度统一

散布在中国古典园林中的建筑是点睛之笔,以其风格、体量、形式、色彩为自然增色,使建筑美与自然美融为一体、相辅相成,丰富了景物的美感。

（三）诗画情趣

中国古典园林是根据中国山水画的布局原理进行造景的,可以说是一幅幅立体的中国山水画。园林建设中时时处处追求着诗画的情趣。

（四）蕴含意境

中国园林讲究含蓄,达到含而不露的意境。造园犹如作画,要抒发一种感情,表达一种意愿,追求一种理想。明清时期的造园家善于在置景中融合绘画、在建筑装潢上充分发挥诗歌、书法、工艺的效能,以达到一种超时空的文化氛围。

五、西方园林的特点

（1）讲究整齐划一、均衡对称的空间布局,将高低不平的地形平整成大片平地,或将山地做成不同标高的几何形台地,然后沿等高线进行园林建造。

（2）总体布局具有明确的对称轴线,在主轴线上巨大建筑物前,多建有与之对应的广场,配以笔直的林荫道、修整的草坪、整齐的水池、大理石雕像及喷泉,种植排列整齐并修剪成一定造型的树木,形成豪华的露天交际活动场所。因此,中轴线是整个园林中的精华。

（3）讲究几何图案的形态,草坪的布置、花草树木的修剪、水面形态等均要一丝不苟地按照几何形态布置。

（4）追求形似与写真,如喷泉周围常布置以希腊、罗马神话故事为主题的裸体和半裸体人像雕塑,形象逼真、栩栩如生。

六、中西方园林的区别

中国园林是写意的自然山水园林,各种景物自由分布,道路迁回曲折,树木、花卉以自然形态为主,水景多样;景物之间的组合讲究因借关系;具有浪漫的诗情画意。

西方园林属于写实的几何园林,景物呈几何形规则分布,道路呈笔直的林荫道,植物整齐对称,花卉多栽种为图案花坛,草坪面积大,水景以喷泉为主,多配有雕塑,空间开阔。

这种差异是由于东西方文化的差异造成的,中国人信奉"天人合一,顺应自然"的哲学观,讲究和谐、含而不露,以曲为美,认为只有曲线才能反映自然界的不规则性;西方人信奉"天人对立,改造自然"的哲学观,认为由直线构成的几何形更美。

任务训练

一、即问即答

1. 请简述中国古典园林的构景要素。
2. 请简述中国古典园林与西方园林的区别和原因。

二、即学即用

1. 学生分组,每组以苏州某个园林为例,完成以下任务。

(1)收集该园图片资料,图片资料需体现该园的主要构景要素。

(2)辨析该园的主要特征,运用不同的方法划分类别。

(3)描述该园林的主要旅游价值。

2. 请你根据所学知识判断,以下分别属于园林中的什么建筑?

(a)   (b)

(c)   (d)

任务三   文学艺术旅游资源赏析

任务导入

湖南某旅行社导游员小王接待了一个来自河北的中学生研学团,同学们对图 3-3-1~图 3-3-12 所示的文学艺术旅游资源十分感兴趣。假设你是小王,请向同学们介绍这些资源。

1. 请说一说这些旅游资源有什么共同点。

2. 如果对这些旅游资源进行分类,该怎样分类? 有何旅游价值?

图 3-3-1　《岳阳楼记》雕屏

图 3-3-2　《清明上河图》

图 3-3-3　小说《边城》

图 3-3-4　岳麓书院门联

图 3-3-5　泰山摩崖石刻

图 3-3-6　敦煌壁画飞天

图 3-3-7　牙雕

图 3-3-8　舞剧《丝路花雨》

图 3-3-9　大观园

图 3-3-10　京剧

图 3-3-11　景德镇青花瓷

图 3-3-12　苏绣

任务探究

一、文学艺术旅游资源的概念

文学是以语言文字为工具反映社会生活的艺术,包括诗词、游记、传说、小说、楹联、散文等。艺术是以形象反映现实但比现实更具典型性的社会意识形态,包括绘画、书法、雕塑、建筑、舞蹈、戏剧、电影、电视、音乐、曲艺等。

我国古典文学艺术源远流长,其中游记、散文、传说故事、山水文学、对联、碑文、戏曲、绘画等早已流行于世,它们反映的对象及题材与旅游活动密切相关,许多都可称为旅游文学艺术。

二、文学艺术旅游资源的主要类型

(一)文学旅游资源

1. 风景诗词

风景诗词也叫旅游诗词,是诗人在欣赏大好河山后,有感而发描写旅游生活的诗词。风景诗词由于语言简洁凝练、含蓄而有韵律,既能点出景物的精华,又能深化景物的内涵,写景抒情,景情相融,耐人寻味,易被旅游者传诵,因而影响深远,充分体现了"文以景生,景以文名"的哲理。

诗仙李白的绝句《早发白帝城》对长江三峡美景作了生动的描绘:"朝辞白帝彩云间(写白帝城地势高入云霄及朝霞美景),千里江陵一日还(写江水湍急的险景)。两岸猿声啼不住(写动植物景观),轻舟已过万重山(层峦叠嶂的壮观山景)。"在《黄鹤楼送孟浩然之广陵》一诗中,李白以"故人西辞黄鹤楼,烟花三月下扬州;孤帆远影碧空尽,唯见长江天际流"的佳句,不仅再现了那暮春时节长江下游繁华之地的迷人景色,而且描绘了长江中游两湖地区平原广阔,水天相连,一望无际的景象。在《望天门山》中"两岸青山相对出,孤帆一片日边来",描写长江下游天门山胜景及江面宽阔、白帆点点,呈现了一幅壮丽的山水画卷。当人们游览长江时,如能联系这些诗文,无疑会加深对长江壮美风光的印象。

北宋大文豪苏轼在《饮湖上初晴后雨》中写道:"水光潋滟晴方好,山色空蒙雨亦奇。欲把西湖比西子,淡妆浓抹总相宜。"寥寥数语将西湖千变万化的美景写得淋漓尽致,无论是水还是山,是晴还是雨,都是美好奇妙的。诗人将西湖比作古代越国美女西施,淡妆也好,浓抹也好,都无改其美。北宋词人柳永的《望海潮》上篇描写了杭州的自然风光和都市的繁华;下篇写西湖,展现了杭州人民和平宁静的生活景象。全词以点带面、明暗交叉、铺叙晓畅、形容得体,以大开大阖、波澜起伏的笔法,浓墨重彩地铺叙展现了杭州的繁荣、壮丽景象,尤其是"重湖叠巘清嘉,有三秋桂子,十里荷花"更是让人对富庶美丽的杭州充满了向往和憧憬。

苏州市外的寒山寺历经千年,多次修复后至今犹存。现在每年春节前后,寒山寺的"撞钟旅游"成为网红打卡项目,人潮如涌。之所以如此,皆因唐代诗人张继写下了一首情景交融、含蓄动人的诗《枫桥夜泊》:"月落乌啼霜满天,江枫渔火对愁眠。姑苏城外寒山寺,夜半钟声到客船。"这首千古绝唱使寒山寺久盛不衰。崔颢的七言律诗《黄鹤楼》描写了在黄鹤楼上远眺的美好景色,是一首吊古怀乡之佳作。因其意中有象、虚实结合的意境美和气象恢宏、色彩缤纷的绘画美而流传千古,更使得武汉黄鹤楼名声大振,成为"江南三大名楼"之一,享有"天下绝景"的美誉。

2. 旅游散文

旅游散文是指旅游文学中除诗、词、曲以外的写景且抒情、言志的文学作品。旅游散文是旅游文学的一个大类,在旅游文学中占有越来越重要的位置。

《论语·先进第十一》记载："莫春者,春服既成,冠者五六人,童子六七人,浴乎沂,风乎舞雩,咏而归。"这是我国游记散文的发端,真实记录了一次春游活动。游记作品于东晋南朝正式产生,唐、宋、明、清乃至近代涌现出许多游记散文大家,其创作手法日臻纯熟。

自古至今的游记作品,如同一幅幅千姿百态、色彩缤纷的画卷,生动形象地描绘了祖国的锦绣河山,广阔而又深邃地揭示了大自然的美。山峦之险怪、江河之流畅、湖泊之娴雅、瀑布之壮观、冰川之峻峭、星空之神秘、草原之宏阔、森林之静穆、动物之灵性、民风之淳厚,林林总总,无不在作家的笔端争奇斗艳,尽显其自然美。优秀的游记作品,诸如陆游的《入蜀记》、王勃的《滕王阁序》、欧阳修的《醉翁亭记》,不仅能让人直接感受到摄人魂魄的美,还会使旅游者在潜移默化中得到美的陶冶,提高旅游审美能力。至于那些富含哲理的游记散文,更能给人以莫大的人生启迪。孔子观水曰:"逝者如斯夫,不舍昼夜"(《论语·子罕》),并由此引出至高哲理:"知者乐水,仁者乐山;知者动,仁者静"(《论语·雍也》)。在这里,孔子显然是从水的各种物理状态中得到启示,将观水与探索人生的种种美德联系起来。

苏轼的《前赤壁赋》堪称游记散文之绝唱。"壬戌之秋,七月既望,苏子与客泛舟游于赤壁之下。清风徐来,水波不兴。举酒属客,诵明月之诗,歌窈窕之章。少焉,月出于东山之上,徘徊于斗牛之间。白露横江,水光接天。纵一苇之所如,凌万顷之茫然。浩浩乎如冯虚御风,而不知其所止;飘飘乎如遗世独立,羽化而登仙。"秋江、秋月、秋夜的美景,烘托出了作者的怡然之乐。假若作品只单纯写"游"与"乐",则为平庸之作,《前赤壁赋》的妙笔生花之处在于作者感叹人生短暂之后的一番哲理般的议论:"盖将自其变者而观之,则天地曾不能以一瞬;自其不变者而观之,则物与我皆无尽也,……惟江上之清风,与山间之明月……取之无禁,用之不竭。"回归自然,拥抱自然,积极旷达的人生态度给游人以至深的影响。《前赤壁赋》的文学价值、旅游价值极高,文、武赤壁之分就是最好的印证。

王羲之的《兰亭集序》,在描写了"崇山峻岭,茂林修竹,又有清流激湍,映带左右,引以为流觞曲水,列坐其次。虽无丝竹管弦之盛,一觞一咏,亦足以畅叙幽情"的宴集盛况之后,抒发了自己的人生情怀:"每览昔人兴感之由,若合一契,未尝不临文嗟悼,不能喻之于怀。固知一死生为虚诞,齐彭殇为妄作。后之视今,亦犹今之视昔,悲夫!"对生生死死的自然规律发出无限慨叹。而范仲淹的《岳阳楼记》则以其高远的意境被千古传诵,作者在描摹岳阳楼名胜风景和文人骚客睹物兴怀的不同感受之后,转而探求古代仁人之襟怀,借以提出:"不以物喜,不以己悲。居庙堂之高则忧其民;处江湖之远则忧其君。是进亦忧,退亦忧。然则何时而乐耶?其必曰:'先天下之忧而忧,后天下之乐而乐'乎!噫!微斯人,吾谁与归?"其中的"先天下之忧而忧,后天下之乐而乐"成为激励千古仁人志士忧国忧民、先国后己的座右铭,称得上是一篇警世之作。《古文观止》极力推崇道:"以圣贤忧国忧民心地,发而为文章,非先生其孰能之!"。

《徐霞客游记》是一部日记体游记,明末地理学家徐霞客经过34年的旅行,写下天台山、雁荡山、黄山、庐山等名山游记17篇和《浙游日记》《江右游日记》《楚游日记》《粤西游日记》《黔游日记》《滇游日记》等著作,后由他人整理成《徐霞客游记》。他对喀斯特地貌的类型分布和各地区间的差异,尤其是喀斯特洞穴的特征、类型及成因,进行了详细的考察和科学的记述,是中国和世界广泛考察喀斯特地貌的卓越先驱。《徐霞客游记》的成就不只在于文学方面,它还是一部著名的历史、地理著作。其中详尽记录了作者所到之地的民俗风情、名胜物产和地理概貌,游人可从中尽情领略各地的风土人情,饱览祖国的壮美河山,在丰富阅历、增长知识的同时，获得艺术美的享受。

3．楹联、石刻

楹联和石刻是古建筑景观中重要的构景要素，起着画龙点睛的作用，也是书法艺术的最佳展示形式。楹联或石刻是具有很高观赏价值的艺术品，而且内容或精辟深邃、富于哲理，有箴世规人的作用；或语言凝练、画龙点睛，起到点题传神的作用，帮助游人理解景物的内涵。

1）楹联

楹是指堂屋前部的柱子，楹联就是指挂在或贴在柱子上的对联，泛指对联。在我国各个旅游胜地，几乎随处可见悬挂或雕刻在山石上的楹联，不仅起烘托和渲染环境的作用，而且其本身就是一道难得的风景线。

例如杭州岳飞墓前的楹联"青山有幸埋忠骨，白铁无辜铸佞臣"，表达了对民族英雄岳飞的赞颂和对残害岳飞的秦桧等人的仇恨。岳飞墓前望柱对联："正邪自古同冰炭，毁誉于今判伪真"，告诉人们真理与谬误、良臣与奸臣总是相对立的，事实真相总会大白于天下。

北京潭柘寺弥勒佛殿楹联："大肚能容，容天下难容之事；开口便笑，笑世上可笑之人"，利用弥勒佛大肚、笑口形象，用诙谐风趣的手法规劝世人，寓意深刻，让人在笑声中领悟深刻的人生哲理。

四川乐山凌云寺弥勒佛殿楹联"笑古笑今，笑东笑西，笑南笑北，笑来笑去，笑自己原来无知无识；观事观物，观天观地，观日观月，观上观下，观他人总是有高有低"。此联与上一联有异曲同工之妙，劝诫人们要有"自知之明"，令人深思。

山海关孟姜女庙之楹联，"海水朝朝朝朝朝朝朝落；浮云长长长长长长长消"。此联采用叠字形式，构思巧妙，含意深刻，既写出海水与浮云的变化，又使人联想到孟姜女哭长城的悲壮故事。游人至此，无不流连忘返。

2）石刻

石刻是书法与雕刻艺术的融合形式，在我国有着悠久的历史，是指运用雕刻的技法在石质材料上创造出具有实在体积的各类艺术品，包括摩崖、题刻、碑石等，在一些景区中起着重要的点缀作用。例如泰山上的纪泰山铭碑、无字碑、"虫二"（意为风月无边）石刻，"五岳独尊"石刻，陕西药王山石刻、褒斜道石门摩崖石刻，福建省九日山风景区摩崖石刻、题刻等，无不引起游人的浓厚兴趣。

4．神话传说

许多旅游地都有与之相关的神话传说、名人轶事，虽然多无据可考，但能把景点的"来历"描述得有声有色，增加了趣味性和神秘感，也增强了人们的游兴。例如，登临华山西峰，自然会联想到沉香"劈山救母"的神话故事；游杭州西湖，许仙与白娘子的爱情故事令人心醉；到云南石林，看见"阿诗玛"的石峰造型，敢于与豪强斗争的彝族姑娘阿诗玛的故事，也会引起游人的极大兴趣。

（二）艺术旅游资源

1．造型艺术

造型艺术是以一定物质材料和手段创造可视静态空间形象的艺术，造型即创造形体，是美术的主要特征。造型艺术包括书法、绘画、雕塑、工艺美术等。

1) 书法

书法艺术因方块汉字的间架特征、文房四宝的特色,书写出粗细、浓淡、枯润等变化,构造出神气不同的意象,体现书法家的思想格调,具有较高的艺术鉴赏价值。汉字经过多次变革,形成了多种独具美感的字体,如朴实古雅的金文、钩回盘纡的小篆、蚕头雁尾的隶书、磊落壮丽的楷书及笔走龙蛇的草书。同一种字体会因为书法家不同而风格各异,如楷书有"颜筋柳骨"之分。因此,集不同体例、风格的名家作品之地就成为备受关注的旅游资源。如西安碑林,收集了 2000 多块汉代至清代的碑石,其中有汉《唐公房碑》、李隆基的《石台孝经》、张旭的《断千字文》及颜真卿、柳公权、王羲之、欧阳询等人的诸多杰作,吸引众多的书法爱好者游览。此外,孔庙碑林、泰山碑林也因书法艺术而闻名。

2) 绘画

绘画艺术作品的收藏地,如各级别博物馆的绘画展厅,容易成为旅游的热点。中国画在世界美术领域自成一派,表现在作画用具(如笔、墨、纸、砚)、中国颜料、作画技巧的不同(如运实入虚、散点透视、以形写神、神形兼备等),更表现在意境上的差别,具有中国传统的气韵与格调(如追求神似,注重诗情、意境等),游客易感受到中国画中淡泊、空灵、幽远的意境。绘画中的壁画对旅游资源的影响最为重要,如被评为世界文化遗产的敦煌莫高窟有壁画4.5 万平方米,是世界规模最大、内容最丰富、保存最完整的艺术画廊,该壁画对佛教故事和历史事件如实刻画,具有极高的艺术魅力,成为国际级的旅游点。其他的工艺绘画如芜湖铁画、天津杨柳青年画等,也促使其产地成为旅游资源。

3) 雕塑

雕塑艺术具有三维空间,给人直观而实在的形象,凭借比例和谐和对称等形式的美、悠长而深远的内在意蕴,令人为之倾倒。例如,我国的雕塑在青铜时代有狞厉之美,秦汉时代有阳刚之美,北魏唐代有豪迈而成熟之美,宋代有阴柔之美。一般雕塑有陵墓雕塑、石窟雕塑,寺观雕塑等。西安秦陵兵马俑塑造了姿态各异、形象逼真的陶俑、陶马及战车 7000 多件,其组合严谨、气势排山倒海,表现了秦代禁军的风范,被誉为"世界第八大奇迹",吸引了众多的中外游客。其余如咸阳的昭陵六骏、霍去病墓的马踏匈奴、乐山大佛和龙门奉先寺大佛等雕塑,使该地名声大振,使游人流连忘返。

2. 表演艺术

音乐和舞蹈等表演艺术由艺术家通过声音、旋律、体态的展示,直接诉诸人的视觉、听觉,引起观众的强烈共鸣。欣赏表演艺术也是旅游中的重要组成部分,因此,表演艺术的发源地或著名的艺术场所就成为旅游资源。

1) 音乐

音乐由乐音通过旋律、节奏、音色和力度等方面表达情感、揭示人的内心世界。我国的古乐遵循崇尚自然的儒道之理,乐器独具特色,有埙、萧、笙、琴瑟、琵琶、锣钹、编钟等,各民族别具一格的音乐语言和表现风格,能够反映地域文化特色,是重要的旅游资源。如琵琶古曲《十面埋伏》,既提高了垓下的知名度,更能带人进入杀气腾腾、烟雾弥漫的古战场的意境中。有的旅游资源因音乐作品而一举成名,如四川西部的小城康定就因旋律流畅、感情真挚的《康定情歌》而广为人知。此外,旋子舞曲、新疆民歌、白族山歌等对西藏、新疆、云南的旅游业发展起到了一定的作用。

2）舞蹈

舞蹈是流动的诗、跳动的旋律、运动的画,有强烈的情绪感染力。中国的舞蹈通过圆转回旋、虚实消长,体现了《易经》所表现的中国传统宇宙观,同时具有幽幽的抒情写意成分。观赏舞蹈是旅游活动的重要内容,有名的舞蹈往往因吸引众多的游人而成为旅游资源,尤其是民族舞蹈,如藏族的旋子、锅庄和踢踏舞,维吾尔族的赛乃姆舞,蒙古族的长袖舞等。甘肃省的舞剧《丝路花雨》在全国成功演出之后,丝绸之路尤其是敦煌的游客大增,人们都想领略舞蹈中的神韵。而某些旅游点配以相应的舞蹈后更具有吸引力,如无锡电视城经常表演古代宫廷舞蹈,游人络绎不绝。

3. 综合艺术

戏曲、电影、电视等综合艺术融合了文学、音乐、美术、摄影等多种艺术表现手法,对旅游资源的影响极大。

1）戏曲

中国戏曲在虚拟的时空内,通过唱、念、做、打等表演,引领观众进入写意的境界,其动作写意,程式优美,体现了我国长期沉淀的民族审美心理,具有浓厚的中国气息,吸引着广大中外游客。不仅能使游客在旅游过程中体会戏曲的韵味,戏曲中的故事发生地也得到了宣扬。如不同的戏曲剧种的《西厢记》,使山西省永济市普救寺成为旅游热点。河北梆子、陕西秦腔等地方剧种,因其体现出不同地域的文化特色,备受外来游客喜爱。

2）电影和电视艺术

电影和电视艺术通过画面和音响创造各种银屏形象,生动而全面地展现地域的自然风光,并对地域文化有深刻而独到的见解和阐释,极大地推动了旅游资源的形成和开发。电影和电视的普及对旅游资源的广告作用无可比拟。如电影《刘三姐》取材于广西的民间传说,拍摄于桂林与阳朔,淋漓尽致地展现出了桂林山水的秀美,提高了当地的知名度,刺激观众产生旅游动机,慕名的游客蜂拥而入。电视《三国演义》播出后,有关三国的旅游景点备受青睐,"三国游"随之出现。电影、电视剧的拍摄中心或基地也是重要的旅游资源,如长春电影制片厂对外开放,吸引了众多影迷,而北京大观园作为《红楼梦》的拍摄基地,现已成为富有红楼气息的旅游资源。

4. 工艺作品

工艺作品是集绘画、雕塑、装饰于一体的综合艺术,既具有欣赏价值又具有实用价值,品类繁多,别有情趣。日用工艺品有陶瓷、染织、家具、编织等,观赏性工艺品有玉器、牙雕、陶塑、壁挂、镶嵌石等,在购物旅游中占有相当大的比重。有的工艺品在旅游资源的形成中起决定性的作用,如景德镇的旅游活动的形成,就因为当地出产"白如玉、明如镜、声如磬"的瓷器。工艺品是地域文化的载体,客观上起到宣传作用。如西藏氆氇、苏州刺绣、安徽歙砚等对其产地都有不同的广告作用。

三、文学艺术旅游资源的特点与旅游功能

（一）文学艺术旅游资源的特点

作为一种重要的旅游资源,文学艺术与其他旅游资源相比,有其自身的特点。

1. 文学艺术广泛的群众性和强烈的感染力

众所周知,我国第一部诗歌总集《诗经》就是在广泛搜集民歌的基础上汇总而成的。之后,文学创作进入了自觉时代,表现生活、反映时代成为文人肩负的重要使命,文学艺术形式也随之变得多样化:神话、传说、小说、游记、散文、戏曲、电影、音乐、舞蹈、绘画、书法、雕塑等争奇斗艳,共同演绎着生活中的平凡琐事,诠释着人生的喜怒哀乐。

文学艺术内容接近生活,更能引起群众的共鸣,使之更为人民群众所接受和喜爱;文学艺术形式上的多姿多彩,满足了不同群众的欣赏品位。就戏剧而言,我国北方的京剧、豫剧、秦腔,南方的沪剧、川戏等都具有各自的群众基础。多种艺术形式之间的相互转换,更使文学艺术具有了长久不衰的艺术感染力,这是其他旅游资源无法比拟的。

2. 文学艺术渗透在其他旅游资源之中

文学艺术作为人类的一笔巨大的精神财富,不仅可以独立存在,而且能渗透到其他旅游资源之中,赋予各类旅游资源更多的人文色彩。渗透的方式有以下两种。

1) 可视性

可视性是指文学艺术内容以看得见、摸得着、具体直观的形式出现在其他旅游资源当中。例如楹联、匾额、书画、题刻等历来是我国建筑中的点睛之笔,其中的内容或以高度精辟的语言描摹名景名胜,或以工整对仗的词句表现爱憎好恶,有极高的艺术鉴赏价值。这类文学艺术大多取材于民间传说、神话故事、戏曲戏剧等,极富感染力,被认为是神来之笔,常常用来作为绝好的导游材料。

2) 可感性

可感性是指文学艺术以它长久以来潜移默化、深入人心的艺术魅力,激发起游人的旅游欲望,并使人在游览过程中情不自禁地将作品与实物对照,通过体味,在比较中达到交融,在交融中获得审美感受的升华。这些文学艺术杰作看似无形,随着岁月的推进,就如同陈年佳酿,显示出强大的生命力,这也是自然景观旅游资源所不具备的。可以说,“文以景生,景以文名”这八个字就是对文学艺术与其他旅游资源关系的精辟概括。

3. 文学艺术用于旅游的灵活性

我们提到的旅游资源大多指那些受时间、空间限制而固定存在的资源要素,比如山川河流、文物古迹、气候环境、风土人情等。这些旅游资源的利用有一个共同的前提,即人们必须首先经过旅途的跋涉才可以达到观赏、游览的目的。

相比较而言,文学艺术的利用则灵便得多。它不受时空限制,可根据需要随意移动,无论其本身是静态还是动态的,无论其形式是电影、电视还是书法、绘画,都可通过出版发行、巡回演出等方式,同时为不同地区的游客共享。因此产生了相对“旅游”而言的“卧游”概念。它既无羁旅孤寂之忧,更无旅途劳顿之苦,只需调动平日积累的经验,在阅读、收看资料的同时,任凭思想驰骋、心绪飞荡,便可获得同样的旅游之乐。“卧游”对那些暂时没有出游条件的人来说,称得上是难得的旅游情感体验。

(二) 文学艺术旅游资源的旅游功能

中国文学自诞生起,就与旅游结下了不解之缘。旅游最能让人贴近大自然,达到人与自然的和谐与统一;旅游也最能激荡起作家的情怀,促使他们以文学特有的形式描摹自然山水之秀美,抒发游人之情思,其高远的审美意境和独特的艺术表现力也使作家所到之处的旅游观赏价值倍增。"山水藉文章以显,文章亦凭山水以传",清代诗人尤侗的这句话,十分形象且精辟地道出文学与旅游的互为依托、相得益彰的关系。文学艺术的旅游功能体现在以下三方面。

1. 文学艺术引致旅游资源的产生

天下名山大川、风景名胜,大多依赖其"先天"的优势,毫无疑问地成为旅游的热点。同时,我们也应看到不少普通平凡的景观,由于文学作品的描绘、渲染,同样能景以文名、景以文生、景文互传。这一点在游记作品中得到了充分的体现。柳宗元《永州八记》的问世,使永州的西山、钴鉧潭、袁家渴、石城山等流芳百世;欧阳修的《醉翁亭记》使滁州琅琊山家喻户晓;苏轼的《赤壁赋》让黄州赤壁的名声远在蒲圻赤壁之上;陶渊明的《桃花源记》使得湖南的桃源县占尽天时地利;王勃的《滕王阁序》让南昌的滕王阁身价百倍,而由同一个滕王在四川阆中造的滕王阁却少人问津。凡此种种,说明景区一经著名文人的撰文宣扬,便会身价百倍。自然景观在这一过程中的价值转换,从另一个角度为旅游文化、人文旅游研究提供了新的思路。因涉及内容较广,非本章范围所能及,故暂且不作讨论。但无论如何,我国浩如烟海的游记作品之于发展现代旅游的"滋补"作用,值得潜心深入研究。

读过《桃花源记》的人,在惊叹陶渊明的构思神奇之余,无不向往其中的恬淡、亲融、和睦的理想生活。湖南省桃源县巧借"桃源"二字,人工建造"桃花源",尽现作品所描绘之情景,对《桃花源记》进行了完美的诠释,使之成为新的旅游胜地。无独有偶,苏东坡当年贬居黄州(今黄冈市)时,常在黄州的赤壁游憩,此地断崖临江、形势险要,引起诗人的兴致,写下了千古杰作《赤壁赋》,黄州赤壁因此名闻遐迩,被人称为"湖北赤壁之冠"。清人汪煦有诗云:"不是当年两篇赋,为何赤壁在黄州。"原来,真正的三国赤壁大战发生于湖北蒲圻县赤壁,人们只好改叫作"武赤壁",与黄州的"文赤壁"区分,可见苏轼作品的影响之大。

曹雪芹的《红楼梦》堪称世界文学宝库中的经典之作,其深刻久远的影响力渗透到旅游活动中。北京、上海相继建造"大观园";河北正定建起"荣宁街";北京的恭王府甚至被人看作是《红楼梦》的创作蓝本,与大观园等同。不论真假,以上景点旅游业的繁荣程度足以说明文学之于旅游的独特功效。

我国旅游界推出的大型旅游项目——"三国游"就是以妇孺皆知的《三国演义》为创作灵感、开发设计出来的,湖北、江苏、浙江数省的旅游景点多达数十个。《三国演义》不仅为我国人民所熟知,在海外也有较高的知名度,精明的日本企业家甚至从中总结出了经营之道。如此广泛深入的影响,使得三国游拥有了良好的背景与坚实的基础,此项目的开发无疑是有益的、有效的。

因为某部文学名著或某种艺术形式而形成的盛大节日,以及由此带来的文化交流、可观的旅游收益,是对文学与旅游关系的最好印证。如意大利的木偶节、潍坊的国际风筝节、维也纳的国际音乐节、美国的奥斯卡金像奖评选活动、法国戛纳电影节、德国柏林电影节、意大利威尼斯电影节、莫斯科电影节等节日期间游客如潮,城市的知名度得以扩大,旅游创汇甚为可观。

2. 文学艺术具有旅游审美的功能

旅游的美学本质是和谐,主要是一种人与自然的和谐,"旅游导向于主客体之间对立的统一,导向于天人合一以及人际关系的和睦亲善"(《旅游美学》庄志民著,上海三联书店)。

从总体上说,旅游者最根本的出游动机,也是为了在和谐的审美关系中,得到人性的抚慰和心灵的小憩,感受回归大自然的舒畅。19世纪德国哲学家费尔巴哈曾说,只有回到大自然才是幸福的源泉。中国古代老庄的自然哲学、美学同样主张人与宇宙精神的沟通,置身自然,领悟天地万物间的无限自由。

历代文人雅士较高的文化素质和较高的审美水平,使得他们的旅游活动往往伴随着强烈的审美渴求,并通过文学作品营造浓厚的艺术氛围,创造出或清丽淡雅,或雄浑博大,或幽深邈远的审美意境,其特有的审美情趣对后人的旅游观赏活动影响至深。这些文学作品一方面可以启发游人的想象,催化游人的情感,增加游兴;另一方面能够唤醒游人的审美习惯,充分体味"物我感应"之神奇。这一过程实现了文学艺术审美功能向旅游审美功能的完美转换,换句话说,旅游的审美功能只有借助文学艺术的独特魅力,才充分得以体现。

唐代文学家柳宗元《至小丘西小石潭记》对于潭鱼有这样的描写:"潭中鱼可百许头,皆若空游无所依。日光下澈,影布石上。怡然不动,俶尔远逝,往来翕忽,似与游者相乐。"鱼儿离不开水,偏偏作者在这里只关注潭中的鱼,其描写手法虚实互映,却不乏动人心灵之情趣。短短几句描写,鲜明地体现出古代中国人的主观意识与客观自然的和谐统一,这也正是现今旅游者追求的"天人合一"的最高境界。作者高超的审美水平不仅赋予潭中游鱼以灵性,更把鱼乐与人乐、主观情志与客观环境融为一体。游人至此,鉴赏景观的同时体味文字的内在意蕴,既提高了鉴赏能力,又增加了观赏对象的审美情趣,二者相得益彰,互为升华,最终游人的美感得到加强,达到了旅游的审美目的。

3. 文学艺术修养是导游人员的必备素质

导游在旅游活动中发挥着引导游览的作用。关于"引导"有两个层面的解释,其一,旅游线路的设计和时间的具体安排,对科学性、技术要求较高,需要将景点的观赏价值大小、景点数量的多少以及时间安排的合理化等方面综合考虑,因为这直接关系到旅游者的实际收获。其二,导游有义务、有责任引导游客在游历过程中增长知识、丰富阅历,这是对从事导游业人员最基本的职业要求。要达到这一目的,必须加强导游人员的文学艺术修养。自古以来,历代文人学士遍访祖国名山大川,不仅留下他们的足迹,也留下了一段段感人至深的名人趣事。这些故事因名人而流传,风景名胜也因名人故事和诗人的咏赞而名扬四海,吸引游客游览、观赏、感慨、兴怀。这就要求导游人员能将游客视而不见、视而难见、见而不知、知而不透的奇闻趣事、历史佳话及其文化背景,结合文学语言娓娓道来,让游客在观赏景物的同时,深入了解观赏客体以外的丰厚内容。这样既能使游客增长见识,又可提高旅游兴趣,兼有驱除旅途劳顿之功效。比如在西安汉、唐皇宫遗址,呈现在游客面前的无非是残垣断壁,有位导游竟能信手拈来相关的典故、诗文、绘画,滔滔不绝讲述一个多小时,其知识积累之丰富令人赞叹。由此可见,与景点有关的基本常识、知识、传说、轶闻趣事等,应该是导游具备的基本文化修养。

任务训练

一、即问即答

1. 请简述文学旅游资源的主要类型。

2. 请简述文学艺术旅游资源的旅游功能。

二、即学即用

1. 以某一地的文学艺术旅游资源为例,说明它所产生的旅游功能。

2. 收集 3 种文学艺术旅游资源景观图片,简要叙述它们的主要特点,并说说它们是怎样提升相关旅游资源的旅游价值的。

即测即评

任务四　城乡风貌旅游资源

任务导入

湖南某旅行社导游员小李接待了一个来自上海的中学生研学团,同学们将参观图 3-4-1～图 3-4-9 所示的部分旅游景观。假设你是小李,请向同学们分别介绍这些旅游景观的特色。

1. 这些旅游景观分别是什么类型的旅游资源?它们具有哪些旅游吸引力?

2. 这些旅游景观有哪些差异?各有什么特色?

图 3-4-1　长沙

图 3-4-2　岳阳

图 3-4-3　凤凰古城

图 3-4-4　稻田公园

图 3-4-5　板梁古村

图 3-4-6　铜官窑古镇

图 3-4-7　上海外滩

图 3-4-8　周庄古镇

图 3-4-9　瓷都景德镇

任务探究

一、城市旅游资源

城市是指随社会经济发展形成的人口较为集中的地域,以非农业活动为主体、第二、三产业的集中地和政治、经济、文化中心,是社会生产力发展到一定阶段的产物。城市中凡能对旅游者产生游览观赏、度假修养、娱乐消遣、探险猎奇、考察、探索、学习、研究等吸引力、能消磨闲暇时间并产生经济价值的客体皆属于城市旅游资源。

(一)城市旅游资源的主要类型

1. 历史文化名城

1)历史文化名城的概念

1982 年 2 月,为保护曾是古代政治、经济、文化中心或近代革命运动和重大历史事件发生地的重要城市及其文物古迹,"历史文化名城"的概念被正式提出。根据《中华人民共和国文物保护法》,"历史文化名城"是指"保存文物特别丰富,具有重大历史文化价值和革命意义的城市"。顾名思义,历史文化名城是历史上形成的有重要传统文化价值的,在军事、政治、经济、科学和文化艺术等方面具有独特地位的,有不同程度影响力的各类城市。历史名城不仅对研究悠久的历史与文化、考察古代的建筑艺术、研究城市规模体系、剖析古人的民俗风情等有重要的价值,对旅游业的意义也是非常显著的。从行政区划看,历史文化名城并非一定是"市",也可能是"县"或"区"。

2)历史文化名城的类型

中国五千年的历史文明遗留下来众多历史名城,截至目前,全国共有国家历史文化名城142 座。根据不同的标准,历史文化名城可以划分为多种类型。在旅游业界,一般根据历史文化名城的形成发展方式和功能特点进行分类。

(1)古都类。古都类历史文化名城是指以都城时代的历史遗存物、古都的风貌为特点的城市。古都是帝王居住的城市,即封建王朝的都城。帝王行使特权统治和居住的宫殿、坛庙及园囿、陵墓均集中于此。如我国著名的七大古都:北京、西安、洛阳、开封、安阳、南京、杭州。

开封市是首批国家历史文化名城,迄今已有 4100 余年的建城史和建都史,先后有夏朝,战国时期的魏国,五代时期的后梁、后晋、后汉、后周,宋朝,金朝等在此定都,素有八朝古都之称,孕育了上承汉唐、下启明清、影响深远的"宋文化"。开封是世界上唯一一座城市中轴线从未变动的都城,城摞城遗址是世界考古史和都城史上少有的景观。宋朝都城东京城是当时世界第一大城市,也是清明上河图的创作地。

(2)地区统治中心类。在我国漫长的历史中,无论是封建王朝的全国统一时期,还是分裂割据的年代,都有诸侯国君,各立郡囿。汉到明代,还有分封各地的藩王。这些诸侯国君、藩王所在地,一般是地区统治的中心,后来大多成为各省的省会和地区所在的城市。前者如成都,历史上曾先后为三国蜀汉、十六国成汉、五代前蜀、后蜀都城,现为四川省省会;后者如江陵,是楚国都郢所在地,现为荆州地区的中心城市。

成都是全国十大古都和首批国家历史文化名城、古蜀文明发祥地。境内金沙遗址有3000 年的历史,因周太王"一年成聚,二年成邑,三年成都"的说法而得名;蜀汉、成汉、前蜀、后蜀等政权先后在此建都；成都一直是各朝代的州郡治所；汉代时为全国五大都会之一；唐代时为中国最发达工商业城市之一，史称"扬一益二"；北宋时是汴京外第二大都会，世界上第一种纸币"交子"发源于此地。

（3）风景名胜类。这类城市或城郊拥有众多优美的景点，它们与城市的建设发展紧密结合，优美的自然风景与丰富的人文景观相互交融，形成了美丽的城市风光，如桂林、大理、苏州等。

桂林是世界著名的旅游城市、中国首批国家历史文化名城、中国优秀旅游城市，其境内的山水风光举世闻名，千百年来享有"桂林山水甲天下"的美誉。

（4）民族地方特色类。这类城市多分布在少数民族聚居的区域，具有明显的民族特色，反映了我国悠久的传统和多民族的文化特征，如呼和浩特、喀什、日喀则等。

呼和浩特是一座有400多年建城历史、鲜明民族特点和众多名胜古迹的塞外名城。呼和浩特有着悠久的历史和光辉灿烂的文化，是华夏文明的发祥地之一，是胡服骑射的发祥地，是昭君出塞的目的地，是鲜卑拓跋的龙兴地，是旅蒙商家互市之地，是游牧文明和农耕文明交汇、碰撞、融合的前沿。

（5）近代革命史迹类。这类城市是中国近代革命事件的发生地，有许多反映中国人民革命斗争历程的文物和建筑，如延安、南昌、遵义等。

延安历史悠久，文物古迹荟萃。1935—1948年，老一辈无产阶级革命家在此生活和战斗了13个春秋，运筹帷幄，决胜千里，领导和指挥了抗日战争和解放战争，奠定了中华人民共和国的坚固基石。

（6）海外交通、边防、手工业等特殊类。这类城市是我国古代科技、文化的标志和结晶，如泉州早在南宋时就是我国的对外大港，宋元时代是全国著名的造船中心。

泉州是国务院首批公布的24个历史文化名城之一，是古代"东方第一大港""海上丝绸之路"的起点，全球第一个"世界多元文化展示中心"也定址在泉州。

3）历史文化名城的特点

历史文化名城拥有辉煌的历史和丰富的历史文物古迹，集中反映了不同时代的民族精神和风貌，是人文旅游资源的荟萃之地。历史文化名城连为一体，从多方面、多角度、多层次地体现了人类的总体文化和发展轨迹，共同组成了人类文明的壮丽画卷，共同演奏出气势恢宏的历史乐章。

2. 特色城镇

1）特色城镇的概念

特色城镇是指具有富有活力的休闲旅游、商贸物流、现代制造、教育科技、传统文化、美丽宜居等特色的城镇，特色镇能够引领带动全国城镇建设。特色城镇的关键在于有特色，有特色才对游客有吸引力，才能被开发利用，才能实现经济效益和社会效益，从而成为真正的旅游资源。特色城镇或具有特殊的地理区位，或有丰富的历史文化遗迹，或有特殊的文化艺术，或有与众不同的建筑形式，或有传统的手工制品，或有世代传承的民俗风情，或以出产某些优质名品而名扬中外，或风景优美独特，或博彩业发达，可以满足人们求新、求奇的旅游欲望，旅游价值颇高。

中国地广人多，农村人口占绝大多数，因此作为城市和农村结合部的城镇就显得尤为重要。它不仅有城市的特质，更有乡村的烙印，在此不仅能领略到城市的气息，更能深切体验到古老中华民族的风土民情。中国自古以农业为主，辅以牧业、手工业，广袤的乡村遍布旅游价值很高的小城镇。

2）特色城镇的类型

（1）历史文化遗迹名镇。开封朱仙镇、湖北汉口镇、江西景德镇、广州佛山镇，是中国历史上的四大名镇。时至今日，这些城镇已日渐发展成为较现代化的城市，但仍有部分古镇风貌得以保留，游人到此，如古镇的建筑、风土人情等。四大名镇的旅游价值独特，对游客吸引力大，是很好的旅游资源。

早在新石器时代早期，朱仙镇就孕育了早期人类文明。春秋时镇东南筑有启封城，这时的朱仙镇已经形成了小型居民聚居点。北宋末期，首次出现了见诸史料的名称"朱仙镇"。明清时期，朱仙镇因贾鲁河的开通而走向鼎盛，成为"南船北车"的转运处和货物集散地，并跻身"中国四大名镇"之列。

（2）文化传承型特色古镇。文化传承型特色小镇以中华优秀文化的传承保护与发展为目的，遴选于中国文化名镇、名村以及汇集名人、名品、名产等资源的名地，是中华优秀文化体系建设的基石。它们一般具有悠久的历史、深厚的传统文化底蕴、古老的文化艺术、特色的民居建筑以及特有的美味佳肴，因此备受中外游人青睐。

我国的特色文化古镇大多分布在南方，其中浙江省的湖州丝绸小镇以千年丝绸文化为基底、以时尚产业为基础，致力于构建一带八园区，即目标建设成为集丝绸产业、历史遗存、生态旅游、产城融合为一体的三生融合的"复合型小镇"。1958年，湖州南郊的钱山漾出土了一批丝线、丝带和没有炭化的绢片，经中国科学院考古研究所测定，绢的年代为距今4700多年前的良渚文化早期，这是迄今发现并已确定的最早的丝绸织物成品。它的发现使湖州丝绸成为世界丝绸中最年长的寿星。

（3）江南水乡古镇。我国的江南水乡古镇主要分布于长江三角洲，这里水网密布，城镇的形成和发展与水密切相关。这些古镇虽然规模不大，但因河道纵横、环境幽雅、历史文化深厚而闻名于世。如浙江的西塘、乌镇、南浔，江苏的同里、周庄、锦溪，上海的朱家角、七宝镇等地形成了一幅幅"小桥、流水、人家"的水乡写意画。

周庄位于江苏省昆山市域内，始建于北宋元祐元年（1086年），迄今已有900多年的历史，仍完整地保留着独特的江南水乡风貌。周庄的桥古意朴拙、形态各异，如富安桥桥楼合璧，双桥联袂而筑，各有特色。周庄人家多因水而筑，粉墙黛瓦的深宅大院，雕梁画栋的临河水阁比比皆是。全镇近千户住宅中，明清建筑占60%以上，90%以上的老宅临港背河，水墙门、旱踏渡、河埠廊坊，呈现一派恬静、清秀的水乡风光。因此，周庄有"中国第一水乡"之誉，画家吴冠中赞曰："黄山集中国山水之美，周庄集中国水乡之美"，旅美画家陈逸飞的一幅油画《故乡的回忆》（即双桥）艺术地再现了周庄水乡的美，使江苏周庄名声大噪。周庄现已列入《世界文化遗产名录》。

同里位于江苏省吴江市东6千米处，早在唐代就形成集镇，已有1000多年的历史。内河港交叉，水天相连，由于交通闭塞，许多古建筑得以保留。镇内以河道为骨架，依水成街状设市，傍水成园，家家临水，户户通舟。全镇现有造型优美的宋、元、明、清古桥20多座，40%的建筑保留了明清时代的格局和风貌，其中南北一条街完全保留着明式风格。

乌镇地处浙江北部，京杭大运河绕镇而行，镇内河网密布，港汊纵横。乌镇沿河的民居，用木桩或石柱打入河床中，上架木梁或石梁，再构房造屋，占水不占地，这种水阁已成为乌镇独特的水上景观。民居临河而建,傍桥而市,逶迤千余米的古堤岸、水阁和廊棚透出水乡悠悠韵味,形成了典型的江南水乡风情。乌镇自古繁华,民风质朴,浓郁的水乡风情孕育了独特的民俗风情,如桐乡拳船、花鼓戏、皮影戏剧、香市等,游客欣赏其间,备感新奇。

(4)文化与工艺城镇。中国许多城镇以其特有的文化特色或者是工艺品而闻名海外,比如风筝之都潍坊、瓷都景德镇、陶都宜兴、杂技之乡吴桥等。四川自贡有"盐都"之称,云南个旧有"锡都"之称,江苏宜兴有"陶都"之称,唐山有"北方瓷都"的美称,苏州、杭州、湖州被誉为我国"三大绸市"。山东平阴县东阿镇以生产名贵的滋补中药阿胶而闻名中外,被称为"阿胶之乡"。

山东潍坊的传统工艺品风筝历史悠久,故有"世界风筝之都"的称号。这里出产的风筝具有图案简练、笔法细致、色彩鲜艳、形态逼真的特点。从 1984 年起,每年的潍坊国际风筝会在此举办;从 1986 年起,全国风筝邀请赛与国际风筝会同时举行。在会期内,参观国内外各种风筝、组织放飞表演、交流制作技艺等专项旅游活动,吸引了众多国内外风筝爱好者参加。

江西景德镇是中国历史上的四大名镇之一,素以"瓷都"之称闻名国内外。早在战国时期,这里的制陶业就蓬勃发展,至南朝已有制瓷业,到唐代制瓷技艺渐趋纯熟。北宋真宗景德年间,这里烧制的御器,以精美而著称于世,此后便改名为景德镇。元代景德镇设瓷局,成为全国制瓷中心。景德镇瓷器品质优良,造型美观典雅,花色品种繁多,以"白如玉、明如镜、薄如纸、声如磬"著称于世,明清两代仍为制瓷中心。目前,景德镇已成为具有完整体系的陶瓷工业城,其瓷器精美,备受国内外旅游者喜爱。

(5)独特的建筑城镇。新疆维吾尔自治区特克斯县县城的八卦街,在我国城镇街道建设中是最为奇特的。1936 年,伊犁屯垦使邱宗浚趁特克斯与昭苏两地分设治局时,命伊犁地区行政长官李建堂绘图选址,建立特克斯县城镇。邱、李二人按《周易》中的八卦绘镇图,各族人民按图施工,开始建设镇中心,以 13340 平方米地为花园,继而拉线、打旗、定向、修路。以花园为中心的 8 条射线街路,各长 1070 米。在距花园 350 米处,建二环路与 8 条射线街相连,并由此再增加 8 条射线街;又隔 350 米建三环路。最后隔 350 米在城镇周围建四环路。从花园的一环路到边缘的四环路均为八边形,连接 32 条射线街,四通八达,交通非常便利。1949 年后,又经改建修筑,道路平坦宽畅,房屋鳞次栉比,绿树成荫,果园遍布。这座独特的具有民族风格的城镇,是我国独有的一处名胜。

(6)饮食文化名镇。下面列举两个具有代表性的饮食文化名镇。

① 塞外酒乡。内蒙古自治区宁城县的小镇八里罕是塞外著名的酒乡。这里有三眼名泉,发源于八里罕之西的龙潭,酒乡人化甘露为美酒的历史可追溯到三国时代甚至更远。五代时,契丹在此建立辽的中京,酒乡的佳酿成为宫中"御客酒";自金、元至明、清,这里家家酿酒,十分兴旺;民国时代,驼队从这里将美酒运往各地;1949 年后,这里发展成为内蒙古最大的酿酒企业。

② 阿胶之乡。名贵的滋补中药阿胶,始产于济南市平阴县东阿镇,因而得名。东阿也因此闻名中外,被称为"阿胶之乡"。阿胶主料为山东驴皮,辅料有绍酒、豆油、冰糖等 10 余种,以当地富含矿物质的井水熬成,有滋阴、补虚、止血、润燥之效。特别是这里出产的"福"字牌阿胶,已有千余年历史,扬名海内外已久,1915 年曾在巴拿马国际博览会获奖,至今仍为我国名优产品之一。这里出产的参茸阿胶、山东阿胶膏、黄明胶、海龙胶、鹿角胶等,久负

盛名,远销国内外,是许多旅游者乐于选购的佳品。

此外,特色城镇还包括产业型特色小镇、国际型特色小镇等。

3)特色城镇的特点

(1)小巧别致、清新可人。如果把都市比作令人眼花缭乱的豪华大餐,那么特色城镇就宛若清新别致的农家小菜,两者正好形成互补有无的绝佳组合。

(2)内涵丰富、底蕴深厚,能够使旅游者获得物有所值的旅游体验和丰富的自然、历史、文化知识。

(3)差异显著、特色鲜明,大多有独特的发展历史和现状特征,具有不可替代性。

3. 现代都市

1)现代都市的概念

现代都市是指基于现代化理念、科技、规划和建设原则,具备现代化基础设施、生活方式、社会组织和经济结构的城市。它涵盖了多个方面,包括经济、社会、文化、环境等。它以现代化的城市设施为依托,以该城市丰富的自然景观和人文景观以及周到的服务吸引着海内外的众多游客慕名前往。

现代都市持续不断地进行着一个又一个让人惊叹不已的城市景观营造。它们的城市环境也大都令人艳羡,共同造就了极具魅力的旅游目的地。我国有很多著名大都市,包括北京、上海、广州、深圳和香港等。

2)现代都市的类型

(1)观赏型。现代化都市具有高度的物质文明和经济发展速度,达到国际化和现代化的发展水平。有鳞次栉比的高楼大厦、城市标志性建筑;有合理的城市布局和高标准的城市设施建设;有利于康乐活动的城市公共绿地、街边花坛和园林环境;有五光十色的繁华商业街、国内外著名银行;现代化的高速公路、立交桥、地铁和便捷的公共交通设施等,使人体验到现代化设施的方便、舒适和美感。

① 自然风光。重庆依山而建,傍水而筑,有“山城”之名,又有“江都”之称。被群山拥抱着的重庆城,又为嘉陵江、长江两江环绕,依山傍水,山水相映,山、水、城融为一体,有山之起伏,有水之激滟,更有城之活力。山城重庆拥有山、水、林、泉、瀑、峡、洞等自然景色,依托自己得天独厚的自然风光,巧妙地将重庆山水与闻名天下的重庆夜景相结合,形成了城市名片。重庆两江游经过十年悉心经营,已经成为重庆旅游行业的知名品牌和山水都市旅游的重要内容,在全国城市夜景旅游产品中具有一定知名度和影响力。

② 地标景观。地标性建筑是指城市景观综合形象的代表,是一定时期内所在城市建筑科学和艺术的最高成就,如北京的国家大剧院、国家体育场(鸟巢)、中央电视台总部大楼(“大裤衩”)、大兴国际机场航站楼(凤凰之眼)等;上海陆家嘴呈“品”字布局的“三高”建筑——金茂大厦、环球金融中心以及“东方明珠”电视塔等;广州塔(“小蛮腰”),澳门的大三巴牌坊等。

(2)商业景观型。现代都市中著名的商业景观往往是城市的代名词,如北京的“王府井”大街是一条具有数百年悠久历史的商业街,享有“金街”的美誉;上海的“南京路”和淮海路是上海最繁华的街区,素有“中华商业第一街”之誉;重庆的“解放碑”广场是目前西南地区最繁华的商业步行街;香港素有“购物天堂”的美称,每年前去旅游购物的游客不计其数。

香港店铺售卖着世界各地不同特色的货品,从国际顶级品牌到地方特色小商品都可以找到。因香港政府采取低税率政策,在香港出售的大部分商品都不征税,所以在香港购物,货品价钱普遍低于其他国家和地区加上香港的零售商铺每年都有多次换季减价的促销活动,为顾客提供额外的优惠,吸引了中外旅客。

(3)休闲娱乐型。这类资源主要包括不同类型的主题乐园、主题公园和旅游度假区等。

深圳华侨城欢乐谷是融参与性、观赏性、娱乐性、趣味性于一体的中国现代主题乐园。这里拥有中国第一座悬挂式过山车"雪山飞龙"、中国第一座巷道式"矿山车"、中国第一座"完美风暴"、中国第一辆"仿古典式环园小火车"、亚洲最高、中国第一座"惊险之塔"——太空梭和亚洲首座集视觉、听觉、触觉于一体的四维影院。

(4)文化学习型。现代化都市具有丰富多彩的文化设施和文化内涵,具备大量供人参观、学习的公共场所,如博物馆、纪念馆、展览馆、图书馆、美术馆、著名大学、体育场馆等。它们能满足当地居民和外来游客的生活、观赏和文化学习需求。现代都市拥有特色明显的都市文化,往往是历史文化和现代文化、本土文化和外来文化的交融之地。它们承办的奥运会、世锦赛、亚运会、大运会、电影艺术节、园艺博览会等大型活动,吸引着无数的海内外游客。

(5)工业景观型。如北京的首钢、上海的宝钢,北京酒仙桥附近的798艺术区等。

798艺术区具有典型生产性规划布局的特点:路网清晰,厂、院空间清晰;一部分厂区建筑作为工业遗产完整地保留下来,其内部车间的大尺度空间被改造成现当代艺术展示空间。798艺术区汇集了画廊、设计室、艺术展示空间、艺术家工作室、时尚店铺、餐饮酒吧以及动漫、影视传媒、出版、设计咨询等各类文化机构400余家。

3)现代都市的特点

(1)都市是历史悠久、文物荟萃、建筑密集、古迹众多的地方,人文景观丰富多彩,对旅游者有极大的诱惑力。在我国大都市中,北京、西安最具有代表性。两者都是中国历史上的"七大古都",且居于首要地位,文物古迹、古代建筑、历史名人等闻名中外。例如北京的长城、故宫、颐和园、圆明园遗址,西安的秦始皇陵、华清池、昭陵、乾陵等。

(2)都市旅游交通便利,设施齐全,旅游供给条件优越,可使游人自如往返,是旅游区内可进入性最好的场所。我国各大都市基本都位于交通要道上,是全国或者所在省市的政治、经济、文化、科技中心,航空、铁路、公路或者航海运输发达、方便游人进出。

(3)都市多规划布局完善,风景优美。市区的绿化,广场的布置,园林的开辟,现代建筑及游乐场、博物馆、展览馆、影剧院等各种文化娱乐设施一应俱全,可使游人获得多种美感,极大地丰富了旅游活动。

(4)都市物产丰富,商业发达,商贸活动频繁。可满足旅游与购物相结合的要求,尤其是名特产品,同时城市的商务旅游条件得天独厚,如香港、上海、北京等。

(5)都市是现代科技、知识、信息的集中地。都市往往集中了大量高等院校、科研单位、现代化的高新技术产业等,是现代科学技术的中心、信息源地,有利于游客开展相应的专题旅游活动,达到增加知识,开阔视野的高层次旅游目的。

(二)城市旅游资源的主要特征

1.广泛性

按照现代城市旅游的理念,旅游资源的概念和范畴得到了空前的拓展,几乎可以用"无所不包"来形容城市旅游资源的广泛性。在当今城市中,一切社会事件、现象、活动和事物都有成为旅游资源的可能性。城市旅游资源的外延正迅速而又无限地伸展着,这就是城市旅游资源的广泛性。

城市旅游资源广泛性突出表现在其社会旅游资源品种的繁多和数量的巨大,这使得城市旅游资源与乡村旅游资源在结构上呈现出明显的差异。城市旅游资源的广泛性还表现在资源的特色既可以本地化(如具有民族特色的北京故宫、颐和园),也可以是异地化(具有西洋风情的上海外滩建筑、欧罗巴主题公园),这是由城市的特征、开放性和流动性所造成的。大胆拿来、为我所用,这正是城市的生命力所在。

2. 渗透性

旅游资源正逐渐渗透到城市的每一个角落、每一个行业,这就是所谓的"大旅游"。最初,人们以为旅游资源就是风景名胜、文物古迹,后来逐步把民情风俗、餐饮美食、娱乐休闲、商业购物等也划入资源的范畴,再后来旅游的实践证明,城市中的医疗、体育、工业、农业、教育、文化、科技、交通、金融、房产乃至宇航等都可视为与旅游相关的产业或行业,都蕴藏着丰富的旅游资源。从与旅游"无关"到跟旅游"相关"的过程,就是城市旅游资源的渗透过程。

3. 复合性

城市旅游资源的组成要素是复杂多样的,组合方式也千变万化。"从资源的性质来看,复合性的旅游资源既包含人文资源,也应有自然资源;从资源存在的形式来看,复合性的旅游资源包含以物质形态出现的资源,也有以气氛、氛围等无形的形态出现的资源;从存在的时间看,既有固定、长期的,也有临时、季节性的;从资源存在的目的来看,既有作为城市各种功能用途的建筑物及场所以及传统历史文化的遗址,也有专为吸引旅游者而由旅游开发机构人为创造的各种吸引物。"正是通过各种旅游资源合理的组合、交相辉映才造就了城市旅游不可抗拒的诱惑力。

4. 变易性

变易性是指城市旅游资源始终处于动态变化的过程之中。随着时代的变化,人们的旅游需求会发生变化,由此影响旅游资源的吸引力。曾经名噪一时的旅游资源可能会随着人们旅游兴趣的转移而失去魅力,而原先鲜为人知的事物却有可能随时代的变化成为迎合旅游者兴趣的旅游资源。譬如说在"工业学大庆"的时代,石油工人的精神风貌曾经吸引了无数的取经、考察者,而现在却逐渐为人们所淡忘;原先并不存在的吸引物不断地被人们创造出来,如各式各样的主题乐园、城市景观等。变易的动力在于市场,变易是城市旅游资源生命力旺盛的表现。

(三)城市旅游资源的旅游价值

城乡旅游资源的差异性决定了它们的互补性,多面、多彩的城市旅游资源为城乡居民提供丰富多彩的旅游项目和旅游体验,充实了城乡居民的生活内容,提升了城乡居民的生活品质。

二、乡村旅游资源

乡村旅游资源是指能吸引旅游者前来进行旅游活动,为旅游业所利用,并能产生经济、社会、生态等综合效益的乡村景观客体。乡村在旅游开发的过程中形成的旅游景观格局,包括自然景观和人文景观的综合表现。它是以自然环境为基础、人文因素为主导的人类文化与自然环境紧密结合的文化景观,是由自然环境、物质和非物质要素共同组成的和谐的乡村地域复合体。乡村丰富的地域文化及乡情民俗构成了乡村旅游景观的主要内容。

（一）乡村旅游资源的主要类型

1. 乡村田园景观

乡村田园景观是乡村旅游资源中最主要的构成部分,包括大规模连片的农田带、多种类型的经济果林与蔬菜园区,一定面积的天然或人工水面等。这些资源具有独特的自然特色和美丽的景观,结合了农业生产和旅游观光,为游客提供了亲近自然、参与农业活动的机会。游客可以参与农耕体验、采摘农产品、品尝乡村美食等活动,感受农村生活的乐趣。

婺源位于江西、安徽、浙江三省的交界处,被誉为"中国最美的乡村"。婺源的美,首先美在山清水秀的自然环境,青山、红叶、小桥、流水的景观极富诗情画意;其次,婺源的田园风光随季节而变,尤其是春季,满山都是绿色的茶树和一片嫩黄的油菜花。

湖南郴州的稻田公园是集生态农业、科普教育、观光旅游、休闲娱乐于一体的"农业公园"。在保持原生态、原生产模式不变的前提下,将公园元素融入稻田,与永乐江、神农景区、熊峰山国家森林公园融为一体,山、水、田园浑然天成,仿佛人间仙境、世外桃源。这里天蓝、水清、山绿,四季瓜果满园,月月花儿飘香。春有油菜花,夏有映日荷,秋看金色浪,冬赏田园雪,既能领略刀耕火种的传统农耕文化,又可参观机械化标准化的示范现代农业,既是农业项目的综合展示,又是观光休闲的旅游胜地,呈现游人如织、车水马龙的景象,每年油菜花开时接待游客超过 20 万人次。

云南南部的红河哈尼梯田文化景观遗产区面积为 166.03 平方千米,缓冲区面积为 295.01 平方千米,包括最具代表性的集中连片分布的水稻梯田及其依存的水源林、灌溉系统、民族村寨。红河哈尼梯田已有 1300 多年的历史,分布于云南南部红河州元阳、红河、金平、绿春四县,其中元阳县哀牢山是哈尼梯田的核心区,当地的梯田修筑在山坡上,梯田如等高线般从海拔 2000 米的山巅一路至山脚下,级数最多处有 3700 多级,最陡的山坡达到 45°。哀牢山哈尼梯田为云南梯田的代表作,被誉为"中国最美的山岭雕刻"。

2. 乡村农耕文化

乡村农耕文化是以农业生产为中心而形成的一种民俗文化,包括农事、农具、农艺、农俗、农时、农历、农作物等文化内容,是中国存在最为广泛的文化类型。

出于传统农耕方式和地形地势等因素的考量,许多农事活动与家务活动仍以手工劳作为主,乡村生活的方方面面也与现代化程度较高的城市地区截然不同。这使得前来风景区游览的城市居民,特别是精力充沛的青壮年男女产生亲身体验的冲动。例如在广西阳朔逗留的西方游客,骑上租借的自行车在风景区里观赏美丽山水之余,往往会走入田间主动同农民割稻打禾,进入农家与村民热情交谈,品尝农家粗茶淡饭,体验当地的农耕文化。随着城市化的发展和风景区周围乡村传统农耕方式在一定时期内的延续,这种在风景区周围乡村的农耕体验旅游仍会继续发展。

3. 乡村民俗文化

乡村民俗文化是指乡村地区独特的民俗文化和民间艺术。例如传统手工艺、民间音乐舞蹈、民俗节庆等。乡风民俗反映出特定地域乡村居民的生活习惯、风土人情,是乡村民俗文化长期积淀的结果。这些资源展示了乡村地区独特的文化风貌和生活方式,吸引着游客前来体验和了解当地的民俗文化。

板梁古村"周礼古宴"是一项集礼仪、音乐、饮食为一体的传统民俗活动。它将尊老、敬老、融和、有序等文化理念融于仪礼程式中,把迎客、安客、祈福、排座、民乐、演唱、菜肴、美食等以固定形式流传,是永兴乡间红白喜事、重大庆典活动必备的综合性民俗仪礼。"周礼古宴"仪礼分接客、宴客、送客三部分,仪礼班子由司礼、司乐、司厨三部分组成。板梁古村挖掘整理出这一非遗文化遗产后,受到了各方游客的青睐。

汝城香火龙据传起源于祀龙止雨、祀龙止水,其形象主要来源于当地寺庙中有关龙的壁画和雕塑,制作材料以当地所产的稻草、棕叶、南竹、向日葵杆、特制的龙香为主,采用当地传统的扎制工艺。舞香火龙的招龙仪式在每年正月的元宵节前后夜间举行,有圆龙、扁龙和特制的磺龙,长度分为7、9、11拱等,最高4米多,最矮也有2.5米。其制作材料虽然简单,但制作工艺精巧、工艺流程复杂,舞龙活动群众参与性强,是典型的地域标志性文化。

4. 乡村建筑文化景观

乡村建筑文化景观是指乡村地区保存完好的历史建筑、古迹遗址、传统村落等。这些资源承载着丰富的历史文化信息,具有重要的历史意义和文化价值。游客可以通过参观和体验这些遗产,了解乡村的历史文化传统,感受乡村的独特魅力。

西递坐落于黄山南麓,距黟县县城8千米。明清时当地的部分读书人弃儒从商,经商成功后,回乡大兴土木,建房、修祠、铺路、架桥,将故里建设得非常舒适、气派、堂皇。至今尚保存完好的明清民居近200幢,整体保留了明清村落的基本面貌和特征。这里的徽派建筑错落有致,砖雕、木雕、石雕点缀其间,堪为徽派古民居建筑艺术的典范,为珍贵的国内古民居建筑群,体现了中国古代艺术的精华。西递的民居、祠堂、牌坊等明清古建筑群是我国徽派建筑艺术的典型代表,被国外专家学者称为"中国传统文化的缩影""中国明清民居博物馆"。

宏村位于安徽黟县县城西北,始建于北宋,原为汪姓聚居之地。宏村具有"世外桃源"般的生态环境,这里川媚山秀,气候宜人,村落依山傍水,粉墙黛瓦,与青山碧水交相辉映,被誉为"中国画里的乡村"。古宏村人规划并建造了牛形村落和人工水系,成为当今"建筑史上大奇观"。宏村水系是依牛的形象设计的,利用沟渠系统,引山上之清泉为"牛肠",顺地势从一家一户门前流过。"牛肠"在流入村中被称为"牛胃"的月期后,经过过滤,复又绕屋穿户,流向村外被称作是"牛肚"的南湖,经再次过滤后流入河流。这种牛形水系堪称中国古代村落建筑艺术之一绝。

(二)乡村旅游资源的主要特征

1. 活动对象的独特性

我国乡村地域辽阔,多数地区仍保持原始自然风貌,风格各异的风土人情、乡风民俗使乡村旅游活动对象具有独特性。古朴的村庄作坊、原始的劳作形态、真实的民风民俗、土生的农副产品,这种在特定地域所形成的"古、始、真、土",具有城镇无可比拟的贴近自然的优势,为游客回归自然、返璞归真提供了优越条件。

2. 旅游主体的参与性

乡村旅游不仅指单一的观光旅游项目和活动,还包括观光、娱乐、康疗、民俗、科考等在内的多功能、复合型旅游活动。乡村旅游的复合性令游客在主体行为上具有很大程度的参与性。游客积极参与诸如"农家乐"中的坐牛车、推豆花,"渔家乐"中的坐渔船,对渔歌及农事劳作等项目,是提高旅游活动质量和效果的关键。

3. 高品位的文化层次

我国乡村绚丽多彩的民间文化具有悠久历史和丰富内涵,使乡村旅游在文化层次上具有高品位的特点。乡村的各种民俗节庆、工艺美术、民间建筑、民间文艺、婚俗禁忌、趣事传说等,对于城市游客具有极大的诱惑力和吸引力。

4. 乡村传统劳作富有特色

乡村传统劳作是乡村人文景观中精彩的一笔,尤其是在边远偏僻的乡村仍保留着的古老耕作、劳动方式,有些地区甚至还处于原始劳作阶段。正因如此,它们会使当今生活在现代文明下的旅游者产生新奇感。这些劳作诸如水车灌溉、驴马拉磨、老牛碾谷、木机织布、手推小车、石臼舂米、鱼鹰捕鱼、摘新茶、采菱藕、做豆腐、捉螃蟹、赶鸭群、牧牛羊等,充满了生活气息,富有诗情画意,使人陶醉流连。

(三)乡村旅游资源的旅游价值

1. 加速城乡发展一体化发展

进入新时代以来,我国经济社会取得巨大进步,但城市和乡村之间的差距仍然较大,制约了我国现代化建设的整体步伐。充分利用和发展城乡旅游资源,可以加强城乡之间的联系与交流,打破传统观念,促进村容村貌和产业的升级,加速乡村振兴。

2. 拓宽了劳动力转移渠道

有利于调整和优化农村产业结构、转变经济增长方式、转移部分农村剩余劳动力,促使农民利用农村现有的空间资源和绿色资源,就地发展第三产业。

任务训练

一、即问即答

1. 简述特色城镇的主要特点。
2. 简述乡村旅游资源的主要特征。

即测即评 3-4

二、即学即用

1. 南泥湾位于陕西省延安市,地处典型的黄土高原丘陵地带,云岩河上游。1941年春,八路军第三五九旅赴南泥湾开展大生产运动,使昔日荒凉的南泥湾变成了"平川稻谷香,肥鸭遍池塘。到处是庄稼,遍地是牛羊"的陕北好江南。

结合材料,分析延安是哪一类城市旅游资源,有什么特色。

2. 分组收集有关历史文化名城、特色城镇、现代都市、乡村景观的典型图片各3张,完成以下任务。

(1)分别对这些景观图片进行识别并归类。

(2)描述它们所反映出来的主要特点及旅游价值。

任务五　民俗旅游资源赏析

任务导入

贵州某旅行社导游员小李接待了一个来自北京的商务观光团,他们对图3-5-1~图3-5-12所示的旅游资源充满了兴趣。假设你是小李,请向旅游团介绍这些旅游资源。

1. 它们分别是什么类型的民俗旅游资源?各有什么特点?

2. 民俗旅游资源有什么旅游价值?

图 3-5-1　苗俗婚礼

图 3-5-2　乐享金秋

图 3-5-3　花苗织染

图 3-5-4　三月三

图 3-5-5　拦门酒

图 3-5-6　斗牛

图 3-5-7　吊脚楼

图 3-5-8　民族服饰

图 3-5-9　民族商品

图 3-5-10　老北京四合院

图 3-5-11　永定土楼

图 3-5-12　那达慕大会

任务探究

一、民俗旅游资源的概念

　　民俗泛指一个地区的民族在特定的自然、社会环境下,在生产、生活和社会活动中所表现出来的风俗习惯。《中国风俗辞典》对"风俗"的阐述是"人类在长期的社会生活中形成的关于生老病死、衣食住行乃至宗教信仰等内容广泛、形式多样的行为规范"。对"习惯"一词的释义是"长时期相沿积久逐渐形成的惯制、社会生活方式、风尚习俗等的总称,是社会文化传承中约定俗成的习惯性现象"。各民族因生活环境、发展历史、社会经济、文化传统、宗教信仰不同,形成了绚丽多姿、异彩纷呈的奇风异俗。

我国各民族的民俗大致可分为以下几类:一是物质民俗,主要包括居住、服饰、饮食、生产(农、林、牧、副、渔)、交通(运输、通信)、交易等方面的民俗;二是社会民俗,主要包括家族、亲族、村落、人生仪式(诞生、成年、婚姻、丧葬)、岁时民俗等;三是口承语言民俗,主要包括神话、传说、故事、歌谣、叙事诗、谚语、谜语等民俗;四是精神民俗,主要包括巫术、宗教、信仰、禁忌、道德、礼仪、游艺等民俗。

民俗旅游是将民俗与旅游结合,让其在自身民俗的基础上能够应用到旅游活动之中,使其具有与其他自然旅游资源相同的功能的一种形态。民俗旅游资源是旅游资源的一种,自20世纪80年代以来,成为我国旅游开发的热点之一。"民俗旅游资源是形成旅游者从客源地到旅游目的地参加民俗旅游的促进因素,是能为旅游企业所利用,具有一定的旅游功能和旅游价值,并可产生经济效益、社会效益的各类民俗事象的总和。"

二、民俗旅游资源的主要类型

(一) 传统民居

民居是指除宫殿、官署和寺观以外的居住建筑,是建筑中最早出现的类型。民居同人们的生活密切相关,受自然地域和社会因素的深刻影响,具有鲜明的民族特点和浓厚的地方特色。作为一类旅游资源,传统民居的旅游吸引功能主要表现在造型丰富的建筑艺术美、合理实惠的建筑实用美及与周围环境相得益彰的组景和谐美。它既是游客的观光对象,还可以作为旅途中的特色旅舍,对游人具有很强的吸引力。由于居住的自然环境、气候条件、生产方式及生产力水平不同,不同民族的居住习俗各具特色。游牧及狩猎民族多居帐篷或毡包,南方多竹林地区民族多住竹和木质结构的竹楼、木楼等杆阑式住宅。典型民居如下。

1. 茫茫草原上的蒙古包

蒙古包是草原上牧民为适应游牧生活发明的一种圆形流动住宅,在蒙古、哈萨克、柯尔克孜、塔吉克等民族中使用广泛。其大小不等,一般直径 4 米,周高约 2 米,中高 4～5 米。它由木栅栏和白毛毡构成。圆形顶篷开有直径约 80 厘米的天窗,用以透光、透气,遇雨、遇寒便盖起来。有门一扇,一般宽 80 厘米,高 150 厘米,为避西北风,常朝东开。点缀在辽阔坦荡高原之上的白色蒙古包与绿草、羊群、骏马、牧民、蓝天、白云相映成趣,构成优美的草原风景画。

2. "世界屋脊"上的帐篷

帐篷是西藏牧区最普遍、最古老的一种居住形式,也称"天幕""穹庐",具有可随时拆卸、搬运的特点,以适应牧民逐水草而居的游牧方式。帐篷有冬帐篷、夏帐篷和冬房之分。

冬帐篷由牦牛毛编织而成,经暴雨不漏,受风雪不裂,形状多样,有长方形、正方形的,也有三角形、多边形的。帐篷用数根立架或支柱撑起,室内空间高 1.6～2 米,帐顶用牦牛绳在四周钉地桩牵牢。顶部留有天窗,以便通风、采光、出烟,雨天可遮盖。四周常用草皮或石块垒成矮墙,以御风防寒。这类帐篷多集中在背风、向阳、水草近便的山洼地带,供人畜过冬。

夏帐篷是牧民夏季外出旅游时使用的一种轻便帐篷,由白布、藏布、帆布制成。四周饰有黑、蓝、褐色的边,其特点是构造简单、拆装运携方便。

冬房为牧民定居的房屋,由冬帐篷演变而来。为避风寒,牧民在帐篷外垒草、土、石块作矮墙,并在顶部加盖树枝、填泥土筑成平顶屋。四周不通风,只靠顶部窄狭的采光口透气。

3. 依山傍水的侗家吊脚楼和鼓楼

侗族村寨一般处在群山环抱之中,那里树木参天,溪水长流,村寨中常见一种名为吊脚楼的传统民居。整个楼房的前半部用木柱撑在斜坡上,铺以木石,再在上面建住房。楼房一般为两层,屋顶为双斜面。顶棚上层贮藏粮食、杂物,吊脚楼下堆放杂物或圈养牲畜。楼柱有时高达 9 米,楼如悬空一般,异常雄伟。

侗族有按族按姓建造鼓楼的习惯,鼓楼成为侗族村寨的标志性建筑。它一般位于村寨中心,呈宝塔式,飞檐重阁,从几层到十几层不等,一般高 10 米,杉木结构,每座鼓楼的顶层内均悬有长形大鼓。鼓楼还是一村一寨或一族姓的政治、文化活动中心,"吹彻芦笙岁又终,鼓楼围坐话年丰"是侗族村寨风情的生动写照。

4. 热带丛林中的傣家竹楼

中国西南边陲的热带丛林之中,掩映着一座座傣族竹楼,红瓦绿树,相映成趣。傣族竹楼是一种杆阑式建筑,除傣族外,中国南方的壮族、侗族、黎族、苗族等少数民族都有这种类型的住宅,但取材和式样又各具特点。

傣族竹楼平面大敛呈方形,用 16~24 根木柱架起,连榫为架,下层高 2 米左右,四周无墙,供堆放杂物和拴牛马之用,有木梯供登楼。上层用竹板片铺成楼板和墙壁,顶呈"人"字形,坡度较大,屋顶铺盖茅草或瓦片。近梯处有走廊露出并围以木栏,是晾衣、纳凉之处,亦是凭栏眺景之佳处。

5. 冬暖夏凉的黄土窑洞

黄土高原地区人民创造的窑洞式民居,其历史可追溯到穴居时代,人们利用黄土干燥时立而不塌的特点挖洞居住,省工省料,冬暖夏凉。现代窑洞依材料可分为砖窑、土窑、石窑,依建筑位置可分为傍山窑、平地窑和天井式窑洞。它节约能源和耕地,体现了浓郁的黄土气息。

6. 典雅宁静的四合院

作为北京典型民居代表的四合院,是构成中国许多建筑群的基本单元,它由 4 座房屋组成,北房为正房,前出廊后出厦,在北京的自然条件下,冬暖夏凉,是长辈居室,东、西厢房为晚辈居室;南房作客房、书房。4 座房子围成一个院落,是全家共同活动的空间。正房布置在南北纵轴线上,东西厢房在轴线两侧对称分布。这种四合院环境幽静,家中长幼分明,每一对夫妻与未成年子女都有自己的独立空间,又有全家人交流感情的场所,非常符合中国人的家庭观念与生活习惯,所以很受欢迎。

垂花门是通向住宅内院的大门,因门的前檐左右两根柱子垂在半空不落地,柱下端雕成花形作装饰而得名。院内种有海棠、梨、枣、石榴、葡萄、夹竹桃、月季等花木,寓意"棠棣之花""多子""早生贵子"。大门内建影壁,进大门的南房作客厅和杂用。坐北朝南的正房供长辈居住,东西厢房供晚辈居住或作饭厅书房用,正房后面的后罩房供老年妇女居住或存放东西用。大门不开在轴线上,而是开在八卦的"乾"位或"巽"位,路北住宅的大门开在住宅的东南角上,路南的住宅大门开在住宅的西北角。

7. 四水归堂式建筑

四水归堂是江右民居、江南民居独有的平面布局方式。四水归堂布置紧凑,院落占地面积较小,以适应当地人口密度较高、要求少占农田的特点。住宅的大门多开在中轴线上,迎面正房为大厅,后面院内常建二层楼房。由四合房围成的小院子通称天井,仅作采光和排水用。屋顶内侧坡的雨水从四面流入天井,寓意水聚天心,俗称四水归堂,风水学上寓意"四水归明堂,肥水不流外人田",充分体现了道家养生学说中上承天光、下接地气、中居人脉的思想,象征天地人合一。

这种住宅第一进院正房常为大厅,院子略开阔,厅多敞口,与天井内外连通。一般坐北朝南的为正房,为长辈的居所,东西两侧常配有厢房,为儿子儿媳的住房,南边的房子为门楼。北面的正房多为楼房,天井更深但更小些。屋顶铺小青瓦,马头墙。室内多以石板铺地,适合江南温湿的气候。江南水乡住宅往往临水而建,前门通巷,后门临水,每家自有码头,供洗濯、汲水和上下船之用。

8. 客家土楼

客家土楼属于庭院式住宅,是客家人聚族而居的堡垒式住宅。主要有福建客家土楼、广东客家土楼和江西客家土楼,分布在福建的永定、龙岩、南靖、平和、诏安,广东的梅州、饶平、深圳和江西赣南等地。概括地说,客家土楼建筑具有充分的经济性、良好的坚固性、奇妙的物理性、突出的防御性、独特的艺术性的特点。客家土楼分为五凤楼、方楼和圆楼。除五凤楼是中原汉族府第式建筑形式的直接传承外,圆、方土楼具有明显的地方特色,但其祖祠建于全楼中心,仍保持中原汉族礼制传统中孝悌尊卑观念的核心。

永定土楼即永定客家土楼,是中国古建筑的一朵奇葩,展示了客家人的智慧,具有防震、防火、防御等多种功能,通风和采光良好,冬暖夏凉。土墙非常坚固,全楼所有木结构连成整体,与土墙紧密相连;土墙内埋设大量长木条、长竹片作为墙筋,是土楼具有很强抗震功能的最关键因素。圆楼的整体性、向心力更强,抗震功能也更突出。

永定土楼的结构体现了客家人世代相传的团结友爱传统。永定土楼内还保持着客家人聚族同楼而居的生活模式。福建土楼源于客家,根在永定,土楼被誉为"没有大门的中国客家博物馆"。

(二)传统服饰

广义的服饰不仅包括衣、裤、裙、鞋、袜等服装,而且包括头、手、颈、胸等人体部位所佩戴的各种饰物,可以分为衣饰、头饰(首饰)、足饰、首饰几大类。这些饰物直接反映出某个民族、某个时代的民间风俗习惯。狭义的服饰仅指服装,是最基本的服饰习俗。

在旅游活动中,民族服饰是民族文化中最易被人觉察、最具有魅力的组成部分之一,很多时候单凭服饰便可判断一个人的民族身份。我国有 56 个民族,民族服饰千姿百态。

1. 常见传统服饰

汉族是中国的主体民族,人口数量超过 9 亿人,占全国总人口的 93.3%,受自然环境、经济条件、民族文化、社会生活、宗教信仰、历史发展、文化交流等因素影响,汉族服装具有一定的地域分布规律。

1）中山装

中山装自辛亥革命起便和西服一起开始流行。立翻领（最早是立领），对襟，前襟5粒扣，4个贴袋，袖口3粒扣。后片不破缝。

中山装的推广与流行，促成了中国传统袍式服装向西方短式服装的转型，改变了中国人"交领右衽，上衣下裳"的服饰习惯，也改变了中国人对服装的审美习惯与实用标准。中山装不仅作为一种政治服装流行全国，而且作为中西文化融合的服装深受国人喜爱。

2）旗袍

旗袍起源于16世纪中期，是满族人民的民族服饰，因当时由旗人穿着，故称"旗袍"。汉族妇女喜爱穿旗袍是因为旗袍造型与妇女体型相适，线条简练，优美大方。旗袍以它浓郁的民族风格，体现了中华民族传统的服饰美，不仅成为中国女装的代表，还被公认为"东方传统女装"的象征。

2. 少数民族服饰

中国少数民族服饰不仅为自然风光添色加彩，而且制作技术精湛的服饰工艺品深受异国他乡游人的喜爱，是一类重要的人文旅游资源。

1）东北、内蒙古地区少数民族服饰

赫哲族分布在黑龙江省的三江流域，野生动植物资源丰富。渔猎生活给赫哲族人服饰打上特别的印记，由于冬天长且严寒，所以衣服以皮料为主，冬为带毛的狍皮、鹿皮大衣及皮帽，夏天为大襟式的去毛皮光板皮衣。

蒙古袍是蒙古族的主要服装，衣身宽大不掐腰，袖子较长。无论男女，袍下摆均不开衩。服色鲜艳，喜用黄、蓝、红色，扎红绿绸缎腰带。由于冬天长，风大寒冷，以及需要从事骑马放牧等经济活动，人们常穿绳边的宽大长袍、系腰带，便于鞍马骑乘。蒙古族服饰具有浓郁的草原风格特色。

2）青藏高原少数民族服饰

藏袍是藏族人民所穿的长袍。袍长及脚，衣襟在身体的右面，系腰带。领口、袖口、衣襟上有彩色布条或细毛皮镶边。袍内穿绸或布长袖衬衫，男子下穿裤，女子下穿裙。人们喜欢在袍前面扎一条红绿相间、用染色羊毛织成的围裙（邦登），习惯袒露右肩臂。

帽子的设计很有特色，藏人称"霞冒加赛"，汉语意"汉地金丝帽"。帽檐有四，前后檐大，左右檐小，帽檐上缝毛皮。帽檐可防青藏高原上强烈的紫外线，防风保暖。男性一般将左、右、后帽檐折进帽内，留前大帽檐（遮阳）；女性一般将前、后帽檐折进帽内，留左右帽檐（美观）；老人则将四帽檐都留在外。

3）云、贵、川及两广地区少数民族服饰

傣族妇女衣着以美观大方著称，各地上身衣服不同，多为长袖或短袖无领圆口、衣长及腰的薄衣，颜色以粉红、青色为主。下身着花筒裙较为普遍。该地区气候湿热，需要通风、防热，所以衣服均为无袖、短袖；裙为筒裙，通风防热，洗澡方便。

苗族服饰以黑衣为主，配件多，全身装饰着银器。男上装一般为左衽上衣、对襟上衣和左衽长衫三类，以对襟上衣为最普遍；下装一般为裤脚宽盈尺许的大脚长裤。女便装上装一般分右衽上衣和圆领胸前交叉上装两类，下装为各式百褶裤和长裤。

壮族服饰以蓝黑色衣裙、衣裤式短装为主。男装多为破胸对襟的唐装穿及膝下的宽大裤,可缠绑腿、扎头巾。女装一般是全身蓝黑色,裤脚稍宽,头上包着彩色印花或提花毛巾,腰间系着精致的围裙。

大理一带的白族妇女,多穿白色上衣、外套,或红、蓝、黑色丝绒领褂,下着蓝色宽裤,腰系缀有绣花飘带的短围腰,足穿绣花的"百节鞋"。白族男子头缠白色或蓝色的包头,身着白色的对襟衣和黑领褂,下穿白色或蓝色长裤,肩挂绣着美丽图案的挂包。

4) 维吾尔族服饰

维吾尔族男子穿竖长条纹长衫、对襟而不扣、腰间扎方巾;女子穿丝绸长衫或连衣裙。人们信仰伊斯兰教,常戴小花帽。

3. 其他装饰

1) 头饰

头饰如帽子、钗簪、耳环等。中国许多少数民族有戴帽子的习俗,其形状、颜色各异,有的还含有特殊的意义。例如,回族中年以上男子一般戴白色小帽,妇女一般戴白色或蓝色市帽;云南红河地区的彝族姑娘喜欢戴一种鸡冠式的绣花帽,据说它是吉祥、幸福的象征;此外,有些民族还有戴钗簪和耳环的习俗。

2) 衣饰

衣饰如腰带、荷包、围裙、腰刀等。傣族女孩一诞生,父母就要忙着为她准备一条银腰带。布斯是蒙古族的腰带,不仅是男子不可缺少的服饰,也是未婚女子的主要装饰。男子扎腰带必须把袍子尽量往上提,这样骑马更显潇洒;而姑娘们则要把袍子尽量向下拉展,衬托身躯苗条矫健。帮典,意为围裙,是藏族妇女喜爱的装饰,它是羊毛织品,色彩鲜艳。满族、汉族有戴香包的习俗,蒙古族、保安族等有佩带腰刀的习惯。

3) 足饰和首饰

足饰和首饰有鞋、靴、手镯等。中国各民族传统的鞋风格不同,各具特色。如过去满族贵族妇女的"花盆鞋"是一种木底高跟鞋,鞋跟在底部的中间,高达 10 厘米。蒙古族男女爱穿的蒙古靴是一种用牛皮制成的软统靴,上及膝盖,可防风防寒,保护小腿。靴尖上翘,既穿着舒适,又便于骑马时伸蹬。许多少数民族还有佩戴手镯的习俗,汉族亦不例外。云南佤族妇女佩戴宽手镯,它宽约 10 厘米,厚薄不等,多以银、铝或锑等金属制成。手镯上面镂刻图案花纹,细腻朴实,具有浓郁的民族色彩。它也是青年馈赠情人的信物。

4) 文身

除了上述几种佩戴的装饰外,中国还有一些民族,如高山族、黎族、傣族、独龙族、怒族、布朗族、基诺族等有文身的习惯。各民族文身的部位和性别有所不同。基诺族过去盛行男女都文身,男子一般文在腿部、手臂等处,女子大多文在小腿处。黎族男子一般文在左右手的手臂内侧;妇女不仅文身,而且文面,除衣裙盖住的部分之外,全身裸露处都要文。

5) 各种各样的发式

发式不仅是人们追求美的一种表现形式,也是对自然环境的一种适应方式。此外,有时它还能表示婚姻状况,过去还是社会等级地位的一种象征,如满族贵族妇女的典型发式"两把头"。维吾尔和柯尔克孜族的少女未嫁时头上梳许多小辫子,以长发为美。傣族妇女一般将头发做成发髻盘在头的一侧,并插上一把漂亮的月牙梳。广西龙州一带的壮族姑娘,头上有刘海表明还没有对象;把前额的刘海梳向右边,用发夹夹起来,而头上左边和后边仍留有刘海,表明她们已经有了对象或锚了婚但还没有生孩子;不留刘海,而把头发往后梳起来结成一个大髻,则表明已成家并有了孩子。

(三)节庆活动

根据有关资料统计,中国 56 个民族从古到今约有节日 1700 个,其中少数民族的民间节日就有 1200 多个,汉族节日约 500 个。中国节日数量之大,在世界上首屈一指,这与中国悠久的文化历史和众多的民族成分有密切关系。我国少数民族丰富多彩的民族节日,具有浓郁的民族风情特色,是吸引游客观赏和参与的一项大有潜力的旅游资源。主要的少数民族节日如下。

1．火把节

中国云南、四川两省彝、白、佤、布朗、拉祜、纳西、阿昌等民族,都有欢度火把节的传统,一般在农历六月二十四日前后。节日期间,村寨和田野的火把彻夜不熄,在节日高潮的夜晚,人们举着火把又唱又跳,闪动的火把不时组成各种绚丽多彩的图案,煞是壮观。

2．泼水节

傣族传统节日。泼水节是傣历的新年,同汉族春节一样,是辞旧迎新的日子,一般在傣历六月中旬(即农历清明前后 10 天左右)。节日活动有赛龙舟、放高升、敲象脚肢、丢包等,但更重要的还是人们相互追逐洒水,被人泼的水越多,说明受到的祝福越多。

3．那达慕大会

"那达慕"在蒙古语中是娱乐、游戏的意思,而"那达慕"大会是蒙古族一年一度的传统盛会和节日,每年在夏秋季节举行。"那达慕"的内容包括传统的射箭、赛马和摔跤比赛,还有拔河、歌舞表演及物资交流等传统项目。人们尽可领略草原风光和民俗风情。

4．三月街

云南大理白族自治州的白族"三月街"(又称"观音节")是远近闻名的物资交流大会,于每年农历三月十五日至二十一日在大理城北举行。节日期间,大理白族和附近各族人民云集于此,交流和选购各种商品。近年来,国内外客商也纷纷前往。

5．"花儿会"

"花儿"也称"少年",是青海、甘肃、宁夏等省(区)民间的一种歌曲。曲调优美,时而豪放时而婉转。每年春播之后,秋收之前,都要举行大大小小的"花儿会"。"花儿会"分为"整花"和"散花"。"整花"形式较固定,大多叙事抒情;"散花"则较为活泼,多为触景生情的即兴创作。人们用这种形式表达对理想的追求和对幸福生活的热爱。

6．旺果节

藏族人民预祝丰收的传统节日,流行于西藏农区,除了有祈求丰收等仪式外,还有赛马、射箭、唱藏戏、唱歌、跳舞等活动。"旺果"为藏语音译,意为"转田垄"。该节日没有固定的日期,一般在秋收前择日举行。届时,男女老幼身穿节日盛装,或手持青稞穗,或背负梵策经书,或背箭跨马,高擎旗幡,鼓乐齐鸣,绕行于田头、地垄,集会于河坝、林间,饮酥油茶、青稞酒,唱歌跳舞,预祝丰年吉祥。节日过后,即开始秋收。

7．"赶年"

据传明代嘉靖年间,正准备过年的土家先民,突然接到朝廷圣旨,调湖广土兵前往江浙抗倭。为了使即将奔赴抗倭战场的土家官兵过上年，就将节日提前了一天。现在，土家族人过赶年时，远离家乡的亲人也要回家，全家男女老少同桌吃"团年饭"。当年一起过年的土家官兵，人数众多，只能架甑子蒸饭。肉也没有时间切细，只好砍成坨子。至于其他的白菜、萝卜更没时间切细、分炒了，只好放在锅里煮成合菜，后来称为"贺菜"。吃团年饭时，要关着门不让外人进来，从半夜子时吃到天亮，预示来年越来越兴旺。很多地方还有跳摆手舞的庆祝活动。

8. 达努节

达努节是广西等地瑶族民间最为盛大的传统节日，又叫祖娘节或者盘古王节，在农历的五月二十九日举行。"达努"是瑶族话，意为不要忘记民族的历史。这个节日虽然隆重盛大，但并非每年举行一次，而是根据当地的传统习俗、年成好坏、人畜安康的情况而定，有的地方3~5年一次，有的地方甚至12年才举行一次。达努节最重要的活动是打铜鼓、跳铜鼓舞。

（四）饮食习俗

"民以食为天"，饮食在人们日常生活中的位置举足轻重。而中国更是享有"美食大国"的称誉，这与中国上下五千年的文明史和悠久灿烂的农业文化息息相关。饮食习俗是饮食文化的重要组成部分，也是珍贵的人文旅游资源。其旅游吸引功能主要体现在三方面：一是领略奇风异俗；二是满足口腹之欲；三是增加民族知识。

中国各民族饮食习俗的特点与分布受到自然地理环境和人文环境（社会经济条件）等因素的综合影响。自然地理环境包括地形、气候、水文、土壤和生物。社会经济条件包括农业生产布局、经济发展水平、民族特点、宗教信仰以及文化交流。日常、节庆、信仰及礼仪食俗带有浓郁的民族特色和地方气息。

1. 日常饮食习俗

1）东北地区

东北地区人民的饮食习俗与当地气候和农副产品有密切关系，以面粉为主食，也喜欢吃粗粮，食油以豆油为主，有挖窖储存蔬菜和腌制酸菜咸菜的习惯。该区是一个以汉族为主体的多民族地区。居住在三江平原的赫哲族，早年以渔猎生活为主，主要吃新鲜的鱼、兽肉，近几十年来，其饮食结构发生了变化，从以肉类为主食转变为以粮食为主食；朝鲜族以大米和小米为主食，喜食狗肉，腌制的朝鲜泡菜酸辣中略有甜味，颇受人们喜爱；达斡尔族经常吃泡牛奶的热稷子饭，最看重的肉制品是"手扒肉"和猪肘子，常将它们作为宴会和节日珍品；满族人民喜爱的食品是用大黄米、豆面制作的饽饽，色泽金黄，黏而香，且便于携带，满族民间制作的沙琪玛、艾窝窝等甜食，已传入汉族地区，成为汉族人民喜爱的甜食。

2）西南地区

西南地区民族众多，除汉族外，还有藏、彝、苗、白、壮、傣、侗、水、羌、佤、布依、哈尼、傈僳、纳西、景颇、普米、德昂、基诺、仡佬等30多个民族，是中国民族构成最复杂、少数民族数量最多的地区，因此是民俗文化最缤纷、丰富的地区。

西南地区许多民族以糯米为主食，如白族喜吃糯米饭加干麦粉发酵变甜的糖饭，傣族人民爱吃放入竹节中烧烤的糯米制成的香竹饭。西南地区温热的气候影响着人们的饮食习俗，侗、苗、彝、傣都有食酸的习惯。侗族是食不离酸的代表，侗家人自称"侗不离酸"。侗族酸味食品种类繁多，有荤酸（猪肉，鸭肉和鱼虾）、素酸（辣椒、青菜、豆角、嫩笋、黄瓜、萝等)、煮酸、腌酸之分。西南地区少数民族大多擅长饮酒,如苗族的烤酒、甜酒、泡酒,傣族的甜米酒,佤族的水酒等。茶叶也是西南少数民族生活中不可或缺的饮料,如哈尼族醅茶、佤族苦茶、白族烤茶、侗族油茶等。此外,傣、景颇、阿昌、傈僳、爱尼、佤族等少数民族每逢聚会、串门、聊天,都有互敬嚼烟的习俗;壮、傣、黎族的人民还有嚼槟榔片的习俗。

3)西北地区

西北地区土地资源丰富、草场辽阔、经济发展相对滞后、民族众多,除汉族外,还有维、回、蒙、藏、哈萨克、东乡、保安、柯尔克孜、塔吉克、塔塔尔、乌兹别克、锡伯、达斡尔、裕固、俄罗斯、撒拉等近20个兄弟民族,是仅次于西南地区的第二个多民族地区。

众多因素的综合作用促成了西北地区特有的饮食民俗:蒙古、哈萨克、塔吉克、柯尔克孜、塔塔尔等族牧民以牲畜肉类和奶制品为主食,米、面为副食,马奶酒为主要饮料。蒙古族人的饮食中奶制品很多,精美可口的奶制品是具有民族特色的特吃名产,最常见的有奶油、奶茶、奶皮子、奶豆腐、奶酒等。"手抓羊肉"是哈萨克族和柯尔克孜族的特色饮食。维吾尔族以面粉、大米为主食,肉食以羊肉为主,特色食品是馕(用面粉发酵后加佐料制成的圆状的饼),喜吃"抓饭",喜喝奶茶和红茶。

4)东南地区

东南地区分为大陆部分和岛屿部分,大陆部分包括广东、广西、福建南部,岛屿部分包括台湾岛、海南岛和南海诸岛。该地区地理位置优越,经济基础较好,交通运输发达,对外联系便捷,是中国经济特区、沿海开放城市、经济开发地带最集中的地区,也是著名的侨乡。

客家人喜食大米、干饭、米粉,极少喝粥,以咸、肥、香为特点的"东江菜"是客家的特色菜肴。壮、瑶、仫佬、毛南、土家和高山族等少数民族,日常饮食以大米、玉米为主食,特色风味有:瑶族的"乌粽粑",在包粽粑时,把少量的稻草灰掺入糯米中,糯米会变成灰黑色;仫佬族的"水园""牛舌粑";土家族的"糖馓"。

5)青藏高原地区

青藏高原地区主要包括西藏自治区和青海省的大部分。该地区民族单一,藏族为主体,占人口总数的93.1%,因此饮食习俗中带有浓郁的藏族风情。

藏族饮食以青稞、小麦为主粮,农区的日常主食是糌粑,牧区牧民以牛羊肉和奶制品为主,特色饮料是青稞酒和酥油茶。酥油茶是藏族人民日常生活离不开的饮料,也是待客佳品。

2. 节庆饮食习俗

每个民族都有一些自己的传统节日,而节日饮食是人们除欢度节日之外最重视的一项内容。节日喜庆如不辅以美味佳肴便似乎失去了欢乐的气氛。节庆食俗的特点是历史性、全民性、传说性和多样性。

1)传统节庆饮食习俗

(1)春节。春节是中国人最重视的节日,俗称"过大年",在饮食习俗上,南北有明显的区别。北方多吃饺子,一般在除夕夜食用,取"更岁交子"之意。而南方地区除夕和正月多吃元宵和年糕。元宵又叫"团子""圆子",取"全家团圆"之意。年糕多用糯米制成,取"年年高"之意,寓意万事如意年年高。此外有的地区把饺子与面条同煮,叫作"银线吊葫芦"或"金丝穿元宝"。

(2)元宵节。"正月十五吃元宵"历史悠久,有的地方又将元宵称为"汤团""汤圆""团子""圆子",取月圆人团圆之意。

（3）端午节。农历五月初五端午节吃粽子,是中华民族颇具特色的食俗。普遍的说法是为了纪念历史上伟大的爱国诗人屈原。

（4）中秋节。每年农历八月十五是中国传统的中秋节,俗称八月节。中秋节吃月饼是中国人食俗的一大特点。中秋赏月吃月饼,花好月圆人团圆,寄托了人们的美好愿望。

（5）重阳节。农历九月初九是民间的重阳节。古人以九为阳数,月、日都逢九,叫"重阳",俗称"重九"。自古以来,人们在这一天有登高、赏菊、饮酒、吃重阳糕的习俗。

2）少数民族节庆饮食节俗

（1）朝鲜族。喜庆节日或招待客人时,朝鲜族人喜吃冷面,取其纤细绵长之意,预兆多福、多寿。冷面亦称长寿面。

（2）维吾尔族。抓饭是维吾尔族节日或待客的主食,味道鲜美。吃时用右手大拇指、食指和中指在盘里捏起一撮送入口中。因是用手抓着吃,故称为"抓饭"。

（3）壮族。壮族人民每逢春节、农历三月初三、清明节及壮族新年,家家户户都要做五色饭,且相互馈赠,以表祝福。五色饭即花糯米饭,不仅颜色好看（黑、红、黄、紫、白）,而且质地柔软、味香可口,是一种色、香、味俱全的风味食品。五色饭含五种颜色,以示风调雨顺、五谷丰登。

3）信仰食俗

中国古时是一个多神多教的国家,受宗教信仰的影响,形成了形形色色的信仰食俗。比如赫哲族信仰萨满教,崇敬祖先,崇拜神灵,萨满神为人治病不要报酬,但必须备酒、肉招待,以鱼肉、猪肉或狍鹿肉作为祭品。

信仰食俗还包括禁忌,它多源自宗教教规,还有一些起源于远古时代的图腾崇拜。例如,回、维吾尔、哈萨克、柯尔克孜、塔吉克、乌孜别克、塔塔尔、东乡、撒拉、保安等民族忌讳吃猪肉,不食自死的牲畜,禁食一切动物的血。

相反,有些民族则形成因崇拜而食的习俗,如侗族崇拜鱼,故每逢大事都离不开鱼。居住在湘西的侗族请客、送礼、办喜事、办丧事都要用鱼。居住在贵州省的侗族每年五月初五用粽子、干鱼祭祀屈原,七月十四用全鱼祭祖,除夕用酸醋鱼祭祖。

4）礼仪食俗

中国是一个礼仪之邦,各族人民都有热情好客的传统美德,形成了具有本民族特色的礼仪食俗。

白食是蒙古族的敬客食品,以奶为原料,添加白糖和果汁等调料制成。不仅味道鲜美,而且营养价值高。按照蒙古族的习惯,白色表示纯洁、吉祥、崇高,因此用白食待客是最高的礼遇。到牧民家作客,主人会请客人品尝奶皮子、奶酪、奶饼、奶茶等各种白食。此外,羊肉也是不可或缺的美食。柯尔克孜族人招待客人吃羊肉时,一般是请最高贵的客人吃羊尾,其次是吃羊胛骨,然后才是羊头。

中国大多数民族还有以酒待客的习俗。佤族素有"无酒不成礼"之说,主人常用自己酿造的泡酒待客。傈僳族人喜用自己酿造的槽子酒招待客人,他们有一种"同心酒"的最高礼遇,即主人盛满一大木碗酒,主客双方各伸出一只手将木碗捧起,肩靠肩,脸贴脸,同时饮酒,以示主客心心相印。彝族地区有"汉人贵在茶,彝人贵在酒"的说法,彝家人有酒便是宴,大家围坐一团,端着酒杯,轮流喝一杯酒,这叫作饮转转酒。彝族妹子每逢过年过节要抱着一坛酒,插上几支麦秆,在家门口路边请过往行人吸酒,这叫喝杆杆酒。因此人们说"甜不过彝家的杆杆酒,好不过彝家人的心"。

(五)婚丧习俗

1. 恋爱习俗

爱情是人类的永恒主题之一,婚恋习俗在民族风情中独具魅力,中国各民族千姿百态的婚恋方式吸引了游客的好奇心。各民族青年人都有表达爱情的独特方式。有些民族用对歌、丢包、裹毛毯、住公房、射箭等方式求爱;有些民族则默默地借物传情。

广西都安一带的壮族,每当农历三月三举行歌圩时,家家把煮熟的鸡、鸭、鹅蛋染红,用绳子连成串。青年男女选择意中人后,就用自己的红蛋去碰对方手中的红蛋,如果对方也有意,就会让其把蛋碰破,然后,双双走到人少的地方谈情说爱。

草叶信是基诺族男女青年恋爱中约会的通信方式。一般在收工时,走在前面的情人在岔路口留下一种特殊的草、叶标志。这种奇特的"信物"可以传递约会的时间和地点。

除此之外,还有瑶族的"埋蛋择婿""咬胳膊",壮族的"抛绣球""串寨",哈萨克族的"姑娘追"等,形式多样有趣,极富浪漫情调。

2. 婚嫁习俗

中国古代婚姻礼仪讲究"六礼",即"纳彩"(说媒)、"问名"(合八字)、"纳吉"(正式提亲)、"纳征"(送彩礼、嫁妆)、"请期"(择定结婚吉日)、"亲迎"(娶亲)等。它们都是完整的婚姻礼仪中缺一不可的环节。现代的婚姻礼仪主要是指"定亲"和"娶亲"两大礼中的一系列仪式。而最有特色性和趣味性的要数千奇百怪的迎娶礼仪了。中国少数民族中存在着许多有趣的婚娶礼仪,有的"抢",有的"逃",有的"哭",有的"闹",有的还要动手动棒。

傣、彝、苗、侗、瑶、鄂温克、傈僳等民族都有"抢婚"的习俗。但"抢婚"与最初由于男方出不起彩礼钱而以真刀真枪来抢新娘不同,随着社会历史的发展,它只是因循"传统"使婚礼更加热闹,实际上男女双方是自愿结合的。

土家人的"哭嫁"习俗也很特别,一是哭期长,开始于婚前3个月;二是陪哭,不是姑娘一个人哭,而是群体性哭,哭的内容至少有20多种,出嫁当晚是哭嫁的高潮。新娘哭得越伤心,越能表现出依依不舍的离别心情和对长辈的尊敬和热爱。

仡佬族的婚娶礼仪中,有对新郎拳打或棒打的习惯,可怜的新郎只有招架之功、无还手之力。民间认为,打亲能打掉新婚夫妇的是非口角,使他们婚后恩爱相处、白头偕老。

3. 丧葬习俗

不同民族由于社会形态、文化状况、生产力发展水平和地理环境等因素的综合作用,形成了各式各样的丧葬习俗。

1)土葬

土葬又叫墓葬,在传承过程中,呈现出多种多样民俗形态。如蒙古族土葬不建坟丘,维吾尔祖先古高车人下葬后墓坑不封土。古代墓葬中,死者地位越高,经济条件越好,棺木和墓室越是考究。墓葬中还会放入种种随葬品,极尽奢华。"事死如事生",帝王们的陵墓犹如一座座地下宫殿,人们认为这样才能保证灵魂不死。

2)水葬

水葬是指把尸体投入水中。一般先用白布包裹尸体,然后投入江海,沿海地区也利用涨潮落潮将尸体冲带入海。旧时,藏族夭折的小孩和患疾病而死的贫民多实行水葬;傣族和羌族中也有水葬的习俗。

3)天葬

天葬主要流行于部分藏族地区,其方法是在停尸数日后,让鹫鹰吞食尸体,以示灵魂升天。

4)树葬

树葬也称风葬,即将尸体入棺或用树皮包裹后置于树上,是一种很古老的葬俗类型。广西金秀大瑶山茶山的瑶族,旧时为死婴举行葬式即用树葬,将婴尸用破絮、破衣、树皮包裹后放在竹篮内挂于树林中,人们认为这样可以使孩子的灵魂尽快投胎转世。时至今日,这种习俗已渐渐成为历史陈迹了。

5)塔葬

塔葬这是佛门为高僧施行的葬礼,又称"灵塔葬",是藏族最高贵的人如达籁和班禅这样为数极少的大活佛死后才能举行的葬礼。人们将尸体脱水,再用各种药物、香料进行处理后砌藏在塔中,以期永久保存,供人祭奉。存放尸体的塔称为灵塔。

6)悬棺葬

悬棺葬是将装有死者的棺木放置在形势险峻的崖洞内。崖司为天然或人工凿制。悬棺葬的位置一般在水边山崖上,有让灵魂随水逝去之意。根据考古和文献记载,福建、浙江、台湾、广东、广西、云南、贵州、湖南、湖北、四川、陕西汉中、江西、安徽等十三个省区,都有悬棺葬的习俗。福建武夷山是悬棺葬的发源地。

7)火葬

火葬习俗起源很早,可以追溯到原始社会时期,最先流行于少数民族中间。中国实行过火葬的有羌、彝、白、怒、土、瑶、布朗、纳西、哈尼、拉祜等民族。但明清以来,只有羌、彝族和少数地区拉祜族、纳西族仍实行火葬,其他一些民族都改为土葬了。这一习俗在人口众多、耕地有限的中国,越来越显示其优越性,因此被日益广泛采用。

许多少数民族采取几种不同形式埋葬死者,称为"复合葬"。如傣族实行土葬、天葬、水葬和火葬,藏族实行塔葬、火葬和天葬,拉祜族实行火葬和土葬,裕固族实行火葬、土葬和天葬,羌族实行火葬、土葬和水葬。

三、民俗旅游资源的主要特征

民俗旅游资源种类杂、形式多、内容丰富多彩,主要有以下几个特征。

(一)民族性

由于各民族特殊的历史传统和风俗习惯不同,社会风情旅游资源具有鲜明的民族特色。世界拥有60亿人口,约200个国家和地区,约2000个民族。几乎每个民族都有其与众不同的风俗习惯。就拿饮食来说,法国菜、中国菜和土耳其菜堪称世界三大风味,而中国菜又有汉族的八大菜系(鲁、川、淮扬、粤、湘、闽、浙、徽)和丰富的少数民族特色饮食。

(二)地域性

由于各民族所处的不同地理环境而形成迥异的、带有浓郁地方气息的民俗风情。如中国饮食习俗中,汉族"北人食面南食米",西南喜辣、西北爱酸、华北喜咸、东南沿海喜甜。少数民族服饰更是具有地方特色。一般来说,北方少数民族多穿宽袍长褂,如蒙古族蒙古袍、藏族藏袍;南方少数民族则裙裤长短皆有,如傣族的花筒裙、苗族妇女百褶裙等。

(三)丰富性

包含饮食起居、服饰冠履、岁时节令、民间工艺、婚丧节庆、文学艺术、游艺竞技等,习俗多,内容广,可谓包罗万象。就中国民间工艺品来说,其原料丰富、工艺精湛、种类齐全,有染织、刺绣、陶瓷、雕塑、金属、漆器、珍珠宝石、编织品、文化用品和其他工艺品等近 10 类,其造型、技艺和丰富的历史文化内涵对各国旅游者产生了极强的吸引力。

(四)历史性

社会风情在世界历史中占有重要的地位,中华民族具有 5000 年的悠久历史,其民俗风情更是源远流长。其产生、存在和发展变化,都与历史环境相联系。如中国少数民族布依、苗、瑶等民族传统手工艺品蜡染,早在 2000 多年前的汉代即有雏形;而北方常见的走高跷,则早在春秋时就已出现。

(五)体验性

民俗文化作为一个地区、一个民族悠久历史文化发展的结晶,蕴含着极其丰富的社会内容,地方特色和民俗特色是旅游资源开发的灵魂,具有独特性与不可替代性。旅游者通过开展民俗旅游活动,亲身体验当地民众生活事项,如住民居、穿服饰、品美食、体民俗等,实现自我完善的旅游目的,从而达到良好的游玩境界。旅游者看重的不是产品数量和质量,而是为了一种感情上的渴望,追求旅游与理想自我概念的统一。

(六)传承性和变异性

民俗风情历代相沿承袭,具有相对稳定性,每个民族都有其固定的风俗习惯,不是轻易改变的。但随着社会经济和政治条件的变化,其形式和内容也会有新生与消亡的变化。

四、民俗旅游资源的旅游价值

(一)可以弘扬民族文化艺术特点和民族性格

民俗旅游资源的主要吸引力来自它与旅游者所属民族的文化的差异性。这种差异是一个民族、一个地区有别于其他民族和地区的主要文化内容,构成了社会风情旅游资源的主要部分。了解民众生活、深入民风,可以使旅游者领略各民族绚丽多彩的文化活动和民情风俗,通晓各民族、各地区的历史、现状和风俗习惯,由此感知民族悠久文化和光辉历史,增强民族自豪感和自信心,珍视自己的文化传统,提高民族自强意识。

(二)可以满足旅游者猎奇心理和丰富知识的需要

各民族各地区别具风格的民间传统活动,尤其是一些重大节日,几乎是民间经济活动、宗教信仰、文化娱乐,社会交往和民族心理等多方面的民俗事象的集中反映,是综合性的文化现象。通过参与式的方式,旅游者不仅可以了解各民族独特的风俗习惯,开阔视野,丰富知识,而且可以得到新鲜有趣的生活感受,入乡随俗,为其所动,从而产生满足感和愉悦感。

(三)有利于增进民族团结和加强民族交流

处于不同文化背景中的两个民族,对于异族文化和人民会产生强烈的了解欲望。旅游者在旅游过程中会明白,民族之间需要理解和宽容。民族间的相互了解、文化的交融,能够在旅游活动中得到升华,进而促进民族间理解和交流。

任务训练

一、即问即答

　　1. 吊脚楼、四合院、客家土楼等传统民居各有什么特点?
　　2. 简述民俗旅游资源的主要特征。

即测即评 3-5

二、即学即用

　　1. 你将要带团去内蒙古旅游,请你详细介绍蒙古族的传统民居、传统节日、传统服饰的特点。
　　2. 以某一少数民族为例,收集 10 张左右有关这个民族的民族服饰、民居、节庆的有关图片,说说这个民族的民族服饰、民居、节庆等民俗旅游资源的特色,并描述它们的旅游价值。

任务六　现代设施旅游资源赏析

任务导入

　　小王是一位旅行社的导游员,正在带领旅游团游览图 3-6-1~图 3-6-12 所示的现代设施旅游资源。假设你是小王,请向你的团队介绍这些旅游景观。
　　1. 这些现代设施旅游资源有哪些类型?各有什么特色?
　　2. 这些现代设施旅游资源位于哪里?请描述它们的主要特色。

图 3-6-1　港珠澳大桥

图 3-6-2　三峡工程

图 3-6-3　北京西站

图 3-6-4　北京大兴国际机场

图 3-6-5　北京大学

图 3-6-6　上海博物馆

图 3-6-7 射电望远镜

图 3-6-8 酒泉卫星发射基地

图 3-6-9 西双版纳热带植物园

图 3-6-10 上海大剧院

图 3-6-11 上海迪士尼乐园

图 3-6-12 汤山温泉

任务探究

一、现代设施旅游资源的类型

现代设施旅游资源是指现代人工创造、能够满足现代人生产或生活需要,同时能对旅游者产生吸引力,并能被旅游业开发利用的设施,包括大型工程设施旅游资源、文化教育设施旅游资源、体育健身和娱乐休闲设施旅游资源。

(一)大型工程设施旅游资源

大型工程设施是指集中反映现代建设成就、关系国计民生的工程设施。这类旅游资源具有四个明显特征:时代感强;与国计民生关系密切;规模宏大,投资不菲;科技含量高。类型主要包括大型水利工程、大型工业企业、大型交通设施以及大型公用设施。

1. 大型水利工程

世界各地建设了许多现代水利工程设施,其中以水电站和水利枢纽为主,成为旅游者参观游览的胜地。

1)长江三峡水利枢纽工程

长江三峡水利枢纽工程又称三峡工程,是中国湖北省宜昌市境内的长江西陵峡段与下游的葛洲坝水电站构成的梯级电站。三峡水电站是世界上规模最大的水电站,也是中国有史以来建设的最大型工程项目。三峡水电站的功能有十多种,如航运、发电、种植等。三峡水电站于 1992 年获得中华人民共和国全国人民代表大会的建设批准,1994 年正式动工兴建,2003 年 6 月 1 日下午开始蓄水发电,于 2009 年全部完工。

2)白鹤滩水电站

白鹤滩水电站是实施"西电东送"的重大国家工程,是当今世界在建规模最大、技术难度最高的水电工程,全面建成投产后成为仅次于三峡工程的世界第二大水电站。电站位于四川省宁南县和云南省巧家县交界的金沙江河道上,总投资2200亿元。工程开发任务以发电为主,兼顾防洪、航运,并促进地方经济社会发展。白鹤滩水电站安装了16台中国自主研制的、全球单机容量最大功率百万千瓦的水轮发电机组,总装机容量1600万千瓦。电站于2010年开始筹建,主体工程于2017年全面开工建设,2021年6月28日首批机组投产发电,2022年12月20日全部机组投产发电,标志着我国在长江上全面建成世界最大清洁能源走廊。电站投运以来,各项功能均达到设计目标,枢纽建筑物各项性态指标均优于设计值,机组运行稳定高效。

2. 大型工业企业

工业旅游是以现有的工厂、企业、公司及在建工程等工业场所作为旅游客体的一种专项旅游。工业旅游是伴随着人们对旅游资源理解的拓展而产生的一种旅游新概念和产品新形式。工业旅游在发达国家由来已久,特别是一些大企业利用自己的品牌效益吸引游客,也使自己的产品家喻户晓。

设备先进、科技含量高、产品在国内甚至在国际市场上占重要地位的现代化大型工业企业,已成为时尚工业旅游的参观对象。例如,德国作为世界著名的工业大国,对有代表性的工业遗迹进行保护,并加以利用作为工业博物馆、展览和演出的场所。鲁尔区是德国传统的煤铁工业基地,在其心脏地带埃森,过去的厂房、矿区被改造成了音乐厅、体育馆、博物馆。随着配套餐饮、住宿、交通、娱乐业蓬勃兴起,人们在参观奔驰汽车公司总装线时,可以穿上工作服,拧上几颗螺丝钉,到工人的食堂里吃顿午饭,体验"奔驰人"的生活,最后购买些印有奔驰商标的钥匙圈、丝巾、手表等纪念品,或者把车买走。

近年来,我国著名工业企业如青岛海尔、上海宝钢、广东美的、佛山海天、湖南中车株洲电力机车区、四川长虹、山西杏花村等相继向游人开放。青岛海尔工业园以海尔文化展、创新生活展两大展馆为依托,集历史、文化及高科技于一体,以展示企业发展历程、人类社会生活为主题,让参观者体味到浓厚的海尔"创业、创新"两创文化氛围,是一处独特的文化科技交互体验场馆。

工业旅游项目因具有文化性、知识性、趣味性,具备现场感、动态感、体验感等独特魅力而深受游客青睐,具体而言,工业旅游资源具有以下几个方面的特点。

1)动态性

随着科技进步与市场需求的变化,工业企业新旧更替,工业旅游资源个体的旅游寿命具有时限性。相对于自然风光的不可再生性和不可移植性,工业旅游资源具有可迁移性,如厂址改变、工厂扩建等,其资源内涵包括硬件设备和软件技术等也可迁移。

2)科学性

求知是游客参观厂家最主要的目的之一,工业旅游资源科技含量高,不同厂家展示的旅游客体内容各异,甚至还能满足游客的参与性,对游客无疑具有很大的吸引力。

3)可达性

可达性是评价旅游资源可开发性的重要指标。优势旅游区拥有较好或极佳的旅游通道,工业旅游资源大多位于城镇,交通便利,服务设施齐全,旅游所耗的时间和经费较少,可进入性好,大大优于自然旅游地。

4）地域性

工业分布具有地域性的特点，工业旅游资源也具有地域性，游客选择参观旅游与各地区的资源赋存条件、经济地理环境和经济政策密不可分。

5）多效益性

工业旅游资源融求知与审美于一身、集观光与购物于一体，开展工业旅游具有双向受益性，一是有助于企业树立良好的形象；二是可以增加企业效益，如门票、服务和直销产品收入的增加，有利于促进合同的签订，扩大企业形象。

3. 大型交通设施

交通是指借助一定的交通设施、交通工具，实现人或物从一地到另一地的位移。大型交通设施主要包括各种大型桥梁、隧道、运河、车站、港口、机场等。这些设施除了具有相应的使用功能外，其中不少或规模宏大、气势雄伟，或造型别致、建筑豪华，或具有纪念意义，有的已成为游览观光的对象，如上海的杨浦大桥与南浦大桥、东方明珠广播电视塔共同构成了著名的"双龙戏珠"景观。

1）桥梁

桥是架空在水上的一种人造通道，由上部结构和下部结构两部分组成。上部结构包括桥身和桥面，下部结构包括桥墩、桥台和基础。它们形态万千，造型奇巧，巧夺天工，为广大行人、车辆跨江过河提供方便。

中国是桥的故乡，自古就有"桥的国度"之称，遍布在神州大地的桥编织成四通八达的交通网络，连接着祖国的四面八方，中国古代桥梁从结构与造型形式上可分为拱式桥、梁式桥、索桥、浮桥、悬臂桥等。横架江河的大桥，予人美感，犹如彩虹飞跃水面，如悉尼港湾大桥、长江大桥、天津解放桥等，特色桥有吊桥、断桥。中国古代桥梁中有不少是世界桥梁史上的创举，如赵州桥，充分显示了中国古代汉族劳动人民的非凡智慧。中国现代桥梁让世界惊艳，其规模之宏伟、建筑之精妙令人惊叹。这些桥梁工程不仅便利了交通，亦装点了河山，成了风光绝丽的风景线。

钱塘江大桥位于杭州市的钱塘江上，是中国自行设计、建造的第一座双层铁路、公路两用桥。大桥于1934年8月8日动工兴建，1937年9月26日建成，与六和塔一起构成了西湖风景名胜区南线宏伟壮丽的景观。大桥全长1453米，下层铁路桥长1322.1米，单线行车；上层公路桥长1453米、宽6.1米，雄伟壮观。钱塘江大桥的设计、建造主持者是当代桥梁专家茅以升博士。

1949年以前，长江上没有一座大桥。1957年年底，长江上建起了万里长江第一桥——武汉长江大桥。改革开放后，长江大桥如雨后春笋一样纷纷修建起来。

南京八封洲长江大桥全长21.337千米，2001年建成时是世界第三大斜拉桥，有"中华第一斜拉桥"的美誉。

杨浦大桥建成于1993年，全长8354米，主桥长1174米，采用一跨过江的双索斜拉结构，中孔主跨度602米，为当时世界同类桥梁之首。

杭州湾跨海大桥连接了长三角的经济枢纽，大桥工程全长36千米，是当时世界上已建成的最长的跨海大桥。该桥于2003年6月8日奠基建设，2008年5月1日建成通车。

龙江特大桥位于云南省西部，路桥垂直跨越龙川江，一头连着巍巍的高黎贡山，另一头连着边疆城市腾冲，直通缅甸，为亚洲第一大桥。和美国金门大桥一样，大桥采用双塔单跨钢箱梁悬索桥,桥长2470.58米,主跨1196米,最高的索塔顶到江面470米,桥面离江面280米,飞越陡崖峭壁,穿行在崇山峻岭的云雾中,于2016年5月1日正式通车。

胶州湾跨海大桥位于山东省青岛市,是我国自行设计、施工、建造的特大跨海大桥,大桥全长36.48千米,于2011年6月30日全线通车。胶州湾大桥结构新颖、造型独特、美观大气,是国际屈指可数的现代化桥梁集群工程。

港珠澳大桥是中国、也是世界目前最长的跨海大桥,连接香港大屿山、澳门半岛和广东省珠海市,桥隧全长55千米,于2018年2月6日完成主体工程验收工作,桥面为双向六车道高速公路。港珠澳大桥因其超大的建筑规模、空前的施工难度和顶尖的建造技术而闻名世界。

2) 公路

公路也称马路,有一般公路与汽车专用公路之别。公路等级有不同划分角度:根据公路的使用任务、功能和流量,中国大陆将公路划分为高速公路、一级公路、二级公路、三级公路、四级公路共5个等级,其中,高速和一级为高等级公路,二级居中,三、四为低等级;按行车快慢可分为高速公路、快速公路、普通公路;按行政级别可分为国道、省道、县道、乡道、村道。中国高速公路建设起步于1984年,截至2018年12月28日,中国高速公路总里程已达14万千米,位居全球第一。20世纪90年代后期,我国政府对高速公路的资金投入执行倾斜政策,每年建成高速公路达到3000千米以上。国家高速公路由7条首都放射线、11条北南纵线、18条东西横线以及地区环线、并行线、联络线等组成。截至2022年年底,全国综合交通网络的总里程超过600万千米,公路通车里程是535万千米,高速公路通车里程17.7万千米。

世界上有着许多壮美而又令人心驰神往的公路,它们穿越荒野、贴近自然,给我们带来美的享受和震撼。如世界级景观大道、海拔最高的公路G219,中国第一沿海公路228国道,最美进藏公路318、317、349国道,被誉为"国家海岸一号风景道"的海南环岛旅游公路等,这些公路大多途径江河湖海,沿途有着绝美的自然风光及人文景观,形成别具一格的风景线。此外,公路结合处的立交式,三四层路面相互交叉,道路的直线、曲线、圆弧的线条与地面几何图形的花园形成了多彩多姿的画面。

3) 火车站

火车站是供铁路部门办理客、货运输业务和列车技术作业的场所。根据火车站所担负的任务和在国家政治上、经济上的地位,火车站分为6个等级:特等站、一等站、二等站、三等站、四等站和五等站;火车站按其技术作业的不同分为中间站、区段站和编组站;按其业务性质的不同分为客运站、货运站和客货运站。火车站是从事铁路客、货运输业务和列车作业的处所,是铁路运输部门的基层单位。世界上第一个真正的火车站为利物浦铁路车站,它是为1830年开通的英国利物浦至曼彻斯特铁路而建造的,现在被保留作为科学博物馆。

作为交通枢纽的火车站,不仅是一座城市的门面,更展现了一个城市的形象和特色,成为旅客必打卡的地标建筑,如被誉为中国最文艺的火车站阿尔山火车站,古都风貌与现代元素完美融合的北京西站,充满艺术气息的上海虹桥站,展现南国特色的广州东站等。

4) 航空港

航空港是指位于航线上的、为保证航空运输和专业飞行作业用的机场及其有关建筑物和设施的总称,是空中交通网的基地。航空港由飞行区、客货运服务区和机务维修区三部分组成。其中,飞行区是航空港面积最大的区域,设有指挥台、跑道、滑行道、停机坪、无线电导航系统等设施。航空港的主要任务是完成客货、运输服务,保养与维修飞机,保证旅客、货物和邮件正常运送以及飞机安全起降。航空港按照所处的位置分为干线航空港和支线航空港;按业务范围分为国际航空港和国内航空港,国际航空港用来供国际航线的航空器起降营运,内配有海关、移民、检疫和卫生机构,国内航空港仅供国内航线的航空器使用,除特殊情况外不对外国航空器开放。中国四大航空港为北京首都国际机场、上海浦东国际机场、广州白云国际机场和成都双流国际机场。

北京首都国际机场是中国民航最重要的航空枢纽,是中国民用航空网络的辐射中心,并且是当前中国最繁忙的民用机场,也是中国国际航空公司的基地机场。上海浦东国际机场航站楼由主楼和候机长廊两大部分组成。截至 2016 年年底,上海两座机场定期航班通航 49 个国家和地区的 280 个航点。其中,国内航点 156 个(包括港澳台航点 6 个),国际航点 124 个。广州白云国际机场与 33 家航空公司建立了业务往来,已开通航线 110 多条,通达国内外 100 多个城市,保障机型近 30 种,是中国南方航空集团公司、深圳航空公司和海南航空公司的基地机场。成都双流国际机场是中国第四大航空港和中国中西部地区最繁忙的国际机场,也是中国西南地区的航空枢纽和最重要的客货集散地。

跟火车站一样,航空港不仅是一座城市的门面,更展现了一个城市的形象和特色,成为旅客必打卡的地标建筑。如北京大兴国际机场被英国《卫报》评为"现代世界七大奇迹"之首,与沙特王国塔、港珠澳大桥等闻名世界的建筑齐名;还有在设计中融入古蜀太阳神鸟造型的成都天府国际机场,类似"飞鱼"的深圳宝安机场,航站楼酷似外星飞碟的稻城亚丁机场等。

4. 大型公用设施

大型公用设施主要有广播电视塔、允许游人参观的重要政府机构和国际组织总部、会展中心、博览场所等。大型公用设施旅游资源以其别致的造型、非凡的气势、完善的功能、现代化的设施等特点吸引大批游人前来参观旅游。1994 年建成的上海东方明珠塔,高 468 米,是上海现代化的城市标志,登塔可俯瞰上海城市全貌,也是很好的娱乐、购物场所。1999 年建成的上海国际会议中心,其宴会厅可容纳 3000 人同时用餐,或召开 4000 人的大型会议。2008 年竣工的上海环球金融中心,是世界最高的平顶式大楼,楼高 492 米,地上 101 层,拥有目前世界上最高的游泳池、中餐厅和观光厅。上海环球金融中心共有 3 个观景台,在第 100 层设计了一个最高的"观光天阁",长约 55 米,高达 474 米。台北的 101 大楼,原名为"台北国际金融中心",高 509 米,登塔可俯瞰台北城市全貌,也是很好的娱乐、购物场所,成为到台湾旅游的游客必到的旅游景点。2010 年竣工启用的阿拉伯联合酋长国迪拜的哈利法塔有 162 层,总高 828 米。它属于伊斯兰教建筑风格,楼面为"Y"字形,由 3 部分建筑逐渐连贯成一个核心体,从沙漠上升,以上螺旋的模式,至顶上中央核心逐转化成尖塔,"Y"字形的楼面使得哈利法塔有较大的视野。哈利法塔第 124、125 层为观景台,可俯瞰整个迪拜市。

北京人民大会堂庄严雄伟,富有民族风格,由中央大厅、万人大礼堂、宴会厅和 300 多个会议厅、休息室、办公室组成,其中以各省、市、自治区命名的会议厅具有地方特色,已经开放租用的大厅有北京厅、甘肃厅、河南厅、重庆厅、浙江厅、湖北厅、香港厅、澳门厅、新闻发布厅、小礼堂等。巴西议会大厦是世界上最大的议会建筑之一,形象奇特,寓意深远,大厦由两院会议厅和办公楼组成,会议厅上面置一仰一覆两个碗形体,上仰的是众议院会议厅,象征着广泛听取民众意见;下覆的是参议院会议厅,象征着综合大众意见;办公大楼的平面和正立面都是"H"形,意思是"一切为了人民",因为在葡萄牙文中,"人"字的第一个字母为"H";整个建筑轮廓丰富,构图新颖醒目,寓意深远。马来西亚首都吉隆坡的双子塔是马来西亚首都吉隆坡的标志性城市景观之一,是目前世界上最高的双子楼;大厦于1998年完工,共88层,高452米,塔楼外形像两根巨大的玉米,故又名"双峰大厦";吉隆坡双子塔是马来西亚石油公司的综合办公大楼,也是游客从云端俯视吉隆坡的好地方。

2014年被评为"中国当代十大建筑"的有骏豪·中央公园广场、北京中信大厦(中国尊)、国家体育场(鸟巢)、中国美术学院象山校区、上海金茂大厦、上海证大喜马拉雅中心、上海中心大厦、台北101大厦、广州电视塔、北京国贸三期。

(二)文化教育设施旅游资源

1.高等院校

高等院校是为国家培养德智体全面发展的高级专门人才而设立的产学研相结合的高等学府。大学是实施高等教育的学校,分为普通高等教育、高等职业技术教育和现代远程教育三大类型。高校旅游资源是指以高等院校独特的建筑风格、清新宁静的校园环境、悠久深厚的历史文化和大学特有的书香氛围为依托的,能够带来一定经济效益、社会效益和环境效益的旅游吸引物,如英国的剑桥大学、牛津大学,美国的哈佛大学、斯坦福大学、麻省理工学院,我国的北京大学、清华大学、武汉大学、厦门大学、云南大学、四川大学等。

例如,北京大学创立于1898年,初名"京师大学堂",是我国第一所综合性大学,也是当时中国的最高学府。清华大学始建于1911年,既是一个教育中心,又是一个科学研究和技术开发中心,被誉为"大师之园"。北京大学和清华大学已经由国务院批准成为我国第五批全国重点文物保护单位。

许多高校都拥有丰富且极具地方特色的旅游资源,其优美的自然环境和灿烂的人文景观吸引着人们的目光,具有一种别样的风情和魅力,如清华园的荷塘月色、北京大学未名湖畔的雪景、武汉大学独特的建筑风格等。同时,高校作为科学研究的基地,拥有大量的科普教育设施和科技成果。各大高校的图书馆藏书量大,专家讲座、名人访谈、学术会议等众多,学术氛围浓厚,为人们攀登书山、遨游学海提供了优越的条件,如湖南大学的岳麓书院以其千年的文化底蕴吸引着人们,每年都会有大批游客前去参观,享受文化的盛宴。

另外,大部分高校拥有博物馆或陈列室,虽然规模不大,但馆藏珍贵独特,个别规模较大的专业性博物馆甚至成了城市旅游的重要组成部分,如中国地质大学(武汉)的地质博物馆,旅游者可以从这些丰富的科普资源中获得知识、开阔视野、提升境界。

2.博物馆

博物馆是供搜索、保管、研究和陈列、展览有关自然、历史、文化、艺术、科学、技术方面的实物或标本的建筑。作为现代社会进步和文明程度的象征,博物馆也是城市的有机组成部分。博物馆一般可分为综合博物馆、艺术博物馆、考古博物馆、社会历史博物馆、民族民俗博物馆、人物博物馆、文化教育博物馆、自然博物馆、科技与生产博物馆、收藏博物馆、园圃博物馆等。

伦敦大英博物馆、巴黎卢浮宫、纽约大都会博物馆和圣彼得堡艾尔米塔奇博物馆并称为"世界四大博物馆"。大英博物馆初建于 18 世纪中叶,后屡经扩建,成了一座既历史悠久、又颇具现代化特征的大型综合性博物馆。卢浮宫为法国国家美术博物馆,是欧洲面积最大的宫殿建筑,收藏有 40 多万件艺术珍品,是世界上最著名、最宏大的艺术宝库之一,其中以爱神维纳斯断臂石雕、胜利女神尼卡雕像和油画《蒙娜丽莎》闻名于世。我国的著名博物馆有北京故宫博物院、中国国家博物馆等。故宫博物院成立于 1925 年,是在明清皇宫及其收藏品基础上建立起来的集古代建筑群、宫廷收藏、历代文化艺术为一体的大型综合性博物馆,也是中国最大的古代文化艺术博物馆。中国国家博物馆是中国最大的历史博物馆,展示了近 80 万件珍贵文物和历史遗迹,包括从新石器时代到现代的各种文化和历史文物。我国第一个近代公共博物馆是清代张謇于 1905 年创办的南通博物院。上海博物馆新馆是中国面积最大、世界著名的古代艺术博物馆,馆内收藏文物包括青铜、陶瓷、书画、雕塑、甲骨、符印、货币、玉器、家具、织绣、漆器、竹木牙角、少数民族文物等 31 个门类,尤以青铜、陶瓷、书画类最为突出;截至 2019 年年末,馆内藏品数量达 1020220 件/套,其中珍贵文物达 144142 件/套。

美国华盛顿的航空航天博物馆、日本静冈县的人体博物馆都是世界著名的专题性博物馆。我国的专题性博物馆也有很多,如北京的中国科学技术博物馆、中国地质博物馆、中国自然博物馆、四川自贡博物馆、中国农业博物馆、中国印刷博物馆、中国航空博物馆等。其中,四川自贡博物馆是中国第一座恐龙埋藏现场博物馆,是世界三大恐龙遗址博物馆之一,博物馆占地面积达 7 万多平方米,主展馆建筑面积为 6600 平方米,陈列展示面积为 4600 平方米,馆藏化石标本几乎囊括了距今 2.01 亿～1.45 亿年前侏罗纪时期所有已知的恐龙种类,是目前世界上收藏和展示侏罗纪恐龙化石最多的地方,被誉为"世界上最好的恐龙博物馆"。

3. 展览馆

用固定或巡回的方式公开展出工农业产品、手工业制品、艺术作品、图书、图片以及各种重要实物、标本、模型等,供人参观、欣赏,这种临时性组织称为展览会,专为展览用的固定建筑一般称为展览馆。展览馆作为展出临时陈列品之用的公共建筑,按照展出的内容可分为综合性展览馆和专业性展览馆两类。专业性展览馆又可分为工业、农业、贸易、交通、科学技术、文化艺术等不同类型的展览馆。世界上最大的展览中心是米兰国际展览中心,总面积近 500 万平方米,总展出面积近 140 万平方米。世界会展业已有 150 多年的历史,其中德国、法国、美国和新加坡四大会展强国在世界会展业中占据着主要的地位。德国是世界上展览业的龙头老大,根据德国展览业协会(AUMA)统计,每年有大约 150 场国际性展会和展览在德国举行,吸引 18 万展商和上千万观众参加。全球三分之二的重点专业性展会在德国举办;世界收入最高的 10 家会展公司中,德国占 5 家。

近年来,中国会展业搭上经济快速发展的列车,确立了世界会展大国的地位,并正在向会展强国挺进,世界前 10 名的国际展览公司都不同程度地参与了中国市场,中国的展览馆的数量和规模都名列世界前茅,中国内地已成为全球发展最快的展览市场,广州和北京是我国展览馆最多的城市。

4. 图书馆

图书馆是收集、整理、收藏图书资料以供人阅览、参考的机构,早在公元前 3000 年就出现了图书馆,具有保存人类文化遗产、开发信息资源、参与社会教育等职能。依其服务对象和工作范围,分为公共图书馆、学校图书馆、工厂图书馆、农村图书馆、科研机关图书馆等。

我国的图书馆历史悠久。图书馆起初并不称作"图书馆",而是称为"府""阁""观""台""殿""院""堂""斋""楼"等,如西周的盟府,两汉的石渠阁、东观和兰台,隋唐的观文殿,宋朝的崇文院,明代的澹生堂,清朝的四库七阁等。中国国家图书馆、美国国会图书馆、法国国家图书馆堪称世界一流的图书馆。

5. 文艺演出场馆

文艺演出场馆是指为各类文艺演出活动建设的馆室或场地,如音乐厅、大剧院等。剧院也称"剧场""戏院""戏园",是表演艺术的演出场所,以舞台和观众席为主体。剧场通常可分为露天和室内两大类,我国西汉演出百戏的广场已具有露天剧场的雏形,唐代寺院中的"戏场"为后世"庙台"的前身,宋元时称剧场为"勾栏",清代民间剧场习惯称茶楼或茶园。公元前5世纪希腊建造的扇形露天剧场可容观众数万人,16世纪初出现了建有镜框式舞台的室内剧场。这类场馆以综合性的艺术展示和大型文艺演出为主要功能,设计独具匠心,建筑富丽堂皇,具有很高的艺术观赏价值,成了重要的人文景观旅游资源,如悉尼歌剧院、上海大剧院、北京国家大剧院等。国家大剧院位于北京市中心天安门广场西侧,是中国国家表演艺术的最高殿堂、中外文化交流的最大平台、中国文化创意产业的重要基地,占地11.89万平方米,总建筑面积约为16.5万平方米,设有歌剧院、音乐厅、戏剧场以及艺术展厅、艺术交流中心、音像商店等配套设施。国家大剧院造型独特的主体结构,一池清澈见底的湖水,以及外围大面积的绿地、树木和花卉,不仅改善了周围地区的生态环境,更体现了人与人、人与艺术、人与自然和谐共融、相得益彰的理念。

6. 植物园和动物园

植物园是指调查、采集、鉴定、引种、驯化、保存和推广利用植物的科研单位,以及普及植物科学知识、供群众游憩的园地。植物园中的植物一般按其种类有规划地培养,虽然在布局和收藏上也考虑美学观念,但首要考虑的是科学使用价值,这是植物园与一般观赏花园的区别。大多数植物园由大学或专门的科学研究机构管理。植物园有综合性植物园和专题性植物园之分。我国综合性植物园有北京植物园、南京中山植物园等;专题性植物园有西双版纳热带植物园等;地方性植物园有庐山植物园、厦门植物园等。国外有很多著名的植物园,如伦敦的英国皇家植物园(简称邱园)、美国的阿诺德树木园(简称阿园)、加拿大蒙特利尔植物园(简称蒙园)等。

动物园是收集、饲养各种动物以进行科学研究和迁地保护工作,并供公众观赏、科学普及和宣传保护教育的场所。动物园的基本功能是对野生动物进行综合保护和对公众进行动物保护教育。动物园一般可分为综合性动物园、专门性动物园、野生动物园三类。综合性动物园饲养着不同地域、不同种属的动物,我国以北京动物园、上海动物园和广州动物园最具有代表性。专门性动物园专门饲养、繁育某一种或某一类动物为主,如成都大熊猫繁育研究基地是世界著名的大熊猫迁地保护基地、科研繁育基地、公众教育基地和教育旅游基地,占地面积为1000亩,以保护和繁育大熊猫、小熊猫等中国特有濒危野生动物而闻名于世。野生动物园里的动物散居于园里,能够自由活动,游客需乘坐特殊的车辆或在特定场所观赏以保证安全,如我国的广州长隆野生动物世界、上海野生动物园以及北京野生动物园等。

7. 天文台(馆)

天文台是专门进行天象观测和天文学研究的机构,世界各国天文台大多设在山上。每个天文台都拥有一些观测天象的仪器设备,主要是天文望远镜。中国科学院国家天文台成立于 2001 年 4 月,包括总部及 4 个直属单位,总部设在北京,直属单位分别是云南天文台、南京天文光学技术研究所、新疆天文台和长春人造卫星观测站。中国科学院国家天文台主要从事天文观测、理论以及天文高技术研究,重点研究领域有:宇宙大尺度结构、星系形成和演化、天体高能和激发过程、恒星形成和演化、太阳磁活动和日地空间环境、天文地球动力学、太阳系天体和人造天体动力学、空间天文观测手段和空间探测、天文新技术和新方法等。2016 年国庆前夕,中科院国家天文台在贵州南部建成了 500 米口径球面射电望远镜,它是世界上最大的单口径球面射电望远镜,灵敏度很高。

天文馆是普及天文知识、辅助天文教学、编译通俗天文书刊的机构,如我国在 1957 年建成的第一座天文馆——北京天文馆,现已列入"全国青少年科技教育基地"。世界著名的天文台有我国南京紫金山天文台、英国格林尼治天文台、德国海德堡天文台等。

8. 科学城和科技馆

科学城和科技馆是重要的科研机构和科普教育活动场所,人们通过参观、学习,可以获得一定的科学知识。这类场所一般集中在首都、省会城市及科技较发达的大中城市。科技城是集中展示一个国家或地区科技实力的场所,也是旅游者感兴趣的事物,科技旅游项目吸引了广大科技爱好者,尤其受到广大青少年旅游者的青睐。例如,美国国家宇航中心、美国硅谷科学城,我国的四川西昌卫星发射基地、上海和北京的科技馆等。

(三) 体育健身和娱乐休闲设施旅游资源

1. 体育中心和体育场馆

1) 体育中心

体育中心是指设施完善、容量大、场馆类型多、功能齐全、可进行综合性或专项性体育训练和比赛的建筑。体育中心分为综合性和专门性两类。我国综合性体育中心有北京国家奥林匹克体育中心、北京亚运村,以及上海、武汉、成都、昆明、福州、南宁等国家体育训练中心等。专门性体育中心有湖南郴州女排训练中心、西藏拉萨长跑训练中心、吉林松花湖和黑龙江亚布力滑雪训练基地等。

2) 体育场馆

体育场馆是指体育中心或其他地方的单项运动场所,如田径场、射击场、球场、跑马场、棋馆、滑冰场、滑雪场等。我国比较著名的体育场馆包括:以球类为主的上海体育馆、北京体育馆等;以田径为主的上海虹口体育场、湖南贺龙体育场、广州越秀山体育场、南京五台山体育场等;福建东山岛马术中心、山东牟平中国烟台国际赛马场等;吉林长白山冰雪场、吉林市北大湖滑雪场等;以及北京国家奥林匹克中心、国家体育场(鸟巢)、国家游泳馆(水立方)、国家体育馆、北京工人体育馆、香港红磡体育馆等。美国新奥尔良体育馆是采用新材料、新工艺建成的世界上最大室内体育馆之一;英国的温布尔登网球场是一年一度争夺世界网球王冠的"网球圣地",也是体育旅游的理想之地。

2. 狩猎场

狩猎是一种很好的健身、探险、娱乐活动,早在 3000 多年前,我国就出现了蓄养禽兽供帝王狩猎和游乐的"囿"。狩猎场是指在适于动物栖息的地区划出一定范围,采取一系列经营措施进行狩猎生产活动的场所。狩猎场的动物有野生的,也有人工养殖的。根据景观类型的不同,狩猎场可分为森林、草原、荒漠、湿地、水域(湖泊、海域)或混合型等。哈尔滨玉泉狩猎场是我国第一个大型封闭式国际狩猎场,这里群山起伏、森林茂密、泉水叮咚,良好的自然环境哺育了马鹿、梅花鹿、狍子、山兔、松鼠、野鸡、飞龙等 40 多种野生禽兽,且数量众多;游客可以乘坐鹿爬犁、羊爬犁、马爬犁、狗爬犁或电爬犁外出狩猎或欣赏北国风光,这里不仅是一处理想的狩猎场,而且是一处综合性的游乐场所,吸引了众多国际旅游者。

3. 养生胜地

养生旅游是指游人在优美的生态环境中进行的以养生为主题、以防病健身和延年益寿为目的旅游活动。它是将养生文化、养生产业和生态旅游融为一体的一种体验式旅游活动。地中海、黑海沿岸等阳光充足的海岸和阿尔卑斯山等高山林地很早就开辟有休养胜地。西班牙的地中海沿岸布满休养旅游点,被称为"阳光海岸"。中国的河北省北戴河、河南省鸡公山、江西省庐山、浙江省莫干山和广东省从化等,都是著名休养胜地。养生旅游地一般是空气清新、气候宜人、环境幽静、风景优美、水源优质、文化多样、医疗良好、交通方便的旅游景区或具有养生旅游条件的其他场所,养生旅游地的类型主要有以下几种。

1) 气候养生旅游地

良好的气候是开展养生旅游的主要条件。例如,我国庐山、峨眉山、莫干山、河南鸡公山、昆明、贵阳、青岛、大连、秦皇岛、北戴河、威海、哈尔滨、长春等已成为著名的避暑胜地,已建立起许多疗养院和老年养生基地;海南岛、深圳、北海等地则适合冬季养生疗养。

2) 园林(公园)养生旅游地

中国园林环境幽静、空气清新、景观优美,是养生旅游的极好场所,园林里每天都聚集了大量老年人进行休闲、娱乐、养生等活动。

3) 滨水养生旅游地

海滨地带拥有阳光、海滩、海水,如我国的大连、北戴河、烟台、青岛、威海、连云港、普陀、鼓浪屿、深圳、北海和三亚等地海滨,是养生旅游胜地。河流、湖泊同样可以开发多种形式的养生旅游活动,如无锡太湖工人疗养院等。

4) 山地森林养生旅游地

山地森林养生旅游地是指以山林溪谷优良的生态环境为基础,以负氧离子、绿色环境、湿润空气、适居温度、矿泉、中草药等为养生原料,形成天然氧吧、森林浴、雾浴、竹海浴、矿泉浴、文化养生、生态食疗等的养生旅游产品,如浙江天目山森林康复中心。

5) 温(矿)泉养生旅游地

矿泉具有特殊的医疗保健功能,因此世界上重要的温泉地几乎都成了疗养地和养生休闲度假区。例如,台湾北投温泉是理想的疗养、养生和度假胜地;峨眉山凭借丰富的氡水温泉和硫黄温泉,已成为享誉国内外的"温泉之都";南京汤山温泉水温常年在 60℃ 以上,是华东地区规模最大的温泉养生基地;还有庐山温泉疗养院、黑龙江五大连池矿泉疗养院等。

6) 草原沙漠养生旅游地

草原地区春夏季节有优美的风光、浓郁的草原风情,是中老年人理想的养生旅游胜地,如内蒙古草原等。广袤而神奇的沙漠也是疗养、养生、休闲旅游的基地,如吐鲁番沙疗康复中心等。夏季,人们利用沙漠的热量进行"沙疗",将身体埋入沙堆,利用沙子的热量治疗某些疾病,这是一种很有特色的疗养、养生旅游项目,对各种类型的风湿性关节炎、慢性腰腿痛、坐骨神经痛、脉管炎等疾病有显著的疗效。

7) 农村养生旅游地

空气清新、环境优美的农村适合开展休闲养生活动,如安徽的西递、宏村,江西的婺源,湖南的德夯等。我国的长寿之乡分布在历史悠久、文化底蕴深厚、环境优良的古镇和乡村。目前,全世界有6个地区被国际自然医学会认定为"长寿之乡",分别是苏联的高加索、巴基斯坦的罕萨、厄瓜多尔的比尔卡班巴、中国江苏的如皋、广西的巴马、新疆的和田。

8) 医疗养生旅游地

医疗养生旅游地主要是指依托中医学、西医学、营养学、心理学、养生学、运动学等理论知识,结合以人体生理行为特征进行的心理卫生、生活卫生、中医保健、药物康复、药物治疗、营养、理疗、娱乐、体育等手段,配合一定的休闲活动内容,进行康复养生的旅游产品,也包括康体检查类产品。例如,百年老店北京同仁堂已成为来华外国人游览和购买中成药的首选之地。目前,我国一些地区已建立起中药养生旅游基地,如亳州的"中华养生药都"、玉林的"中药养生"特色线路、广东的中医药旅游目的地和游客集散地等。

9) 运动养生旅游地

运动养生是参与性、趣味性较强的养生休闲旅游活动,能够起到放松身心、调节精神、愉悦心情和增强体质的养生作用。如中华武术、瑜伽术、乒乓球、形体训练、棋牌、器械等室内运动,高尔夫、羽毛球、垂钓、跑步、骑车等户外运动等。

10) 宗教养生旅游地

佛教寺庙和道教宫观也已开始设立养生馆和老年居士养老院。许多养生旅游线路专门组织游客到佛门听讲禅,去道院学习道教养生知识。我国主要养生旅游基地有杭州西湖、海南三亚、琼海、承德避暑山庄、湖北武当山、黑龙江五大连池、福建武夷山、牡丹江镜泊湖、江苏天目湖、浙江天台山、湖北神农架、江西三清山、四川峨眉山等。

4. 旅游度假区

旅游度假区一般建立在环境质量好、风景优美、区位条件优越的地区,以满足康体休闲为主要目的。我国旅游度假区的主要类型如下。

1) 海滨旅游度假区

海滨旅游度假区气候宜人,阳光充足,沙滩柔软,空气清新,富含负氧离子,对旅游者具有很强吸引力,有利于开展日光浴和海水浴。例如,我国的大连、北戴河、烟台、青岛、威海、连云港、普陀、鼓浪屿、深圳、北海和三亚等地都是著名的海滨旅游度假区。

2) 温泉旅游度假区

温泉度假区往往依托大中城市,建设文化浓郁的特色露天温泉和高档度假酒店,一般面向高消费游客。例如,北投温泉是台湾最大的温泉区,已成为理想的疗养、休闲度假胜地;峨眉山凭借氢水温泉和硫黄温泉,已成为享誉国内外的"温泉之都";江苏省汤山温泉旅游度假区、河南省尧山温泉旅游度假区也很著名。

3) 滨湖旅游度假区

湖泊的形、影、声、色、奇等构景要素能够给游人以美感;许多湖泊与山、林、花、草以及多种人文景观相结合,形成优美的风景名胜区;此外,湖泊还可以开展垂钓、驶船、游泳、水上竞技、品尝湖鲜等多种旅游活动,对游人有很大的吸引力,如江苏省天目湖旅游度假区、浙江省太湖旅游度假区等。

4)森林山地旅游度假区

森林山地旅游度假区环境优良,空气清新、氧气充足、负氧离子含量高,可谓天然氧吧,许多树木还能散发出各种杀菌物质。森林山地温度适宜,矿泉、中草药等资源丰富,可开展森林浴、雾浴、竹海浴、矿泉浴等旅游活动,能改善心肌功能,促进新陈代谢,改善神经功能和呼吸功能,提高人的免疫力。山地度假区可以为人们提供良好的休闲运动场所,因而受到广大游人的喜爱,如武夷山国家旅游度假区、长白山旅游度假区等。

为适应我国居民休闲度假旅游快速发展的需要,也为落实职工带薪休假制度创造更有利的条件,我国先后制定了《国民旅游休闲纲要(2013—2020年)》《旅游度假区等级划分》国家标准、《旅游度假区等级划分细则》和《旅游度假区等级管理办法》等文件。

2015年10月,经国家旅游局批准,确定了首批17家国家级旅游度假区:吉林省长白山旅游度假区、江苏省汤山温泉旅游度假区、江苏省天目湖旅游度假区、江苏省阳澄湖半岛旅游度假区、浙江省东钱湖旅游度假区、浙江省太湖旅游度假区、浙江省湘湖旅游度假区、山东省凤凰岛旅游度假区、山东省海阳旅游度假区、河南省尧山温泉旅游度假区、湖北省武当太极湖旅游度假区、湖南省灰汤温泉旅游度假区、广东省东部华侨城旅游度假区、重庆市仙女山旅游度假区、四川省邛海旅游度假区、云南省阳宗海旅游度假区、云南省西双版纳旅游度假区。此后陆续增加,分布广泛,种类丰富。

5. 野营地

野营是指人们暂时离开城市或人口密集地区,利用帐篷、睡袋、汽车旅馆或简易房屋在野外过夜,享受优美的自然景观和生态环境,具有休闲、娱乐、康体功能的旅游活动。按野营地的区位,可分为湖畔式、河边式、海滨式、高原式、草原式、山区式等营地。野营地在发达国家已相当普遍,在我国还处于发展阶段,比较成熟的野营地有北京怀柔红螺山、平谷金海湖、河北涞水野三坡、秦皇岛南戴河、上海横沙岛和深圳红枫湖等。随着房车数量的不断增加,许多野营地开办了专门为房车旅游者服务的项目,如供应水、电、食品、日用品等。

6. 主题公园

主题公园是指充分利用现代高科技手段,按某一个或几个主题,将历史的、现实的、理想的、本国的、外国的各种富有吸引力的自然或人文景观,通过艺术的表现形式展现在旅游者面前,以达到娱乐、消遣、增加知识等目的的人造景观。

人们通常认为,人造景观起源于现代西方发达国家,一般以1950年将荷兰典型城镇缩小25倍建成的荷兰马都拉丹"小人国"为开端,将1955年建成的美国迪士尼乐园作为成功的典范。深圳的"锦绣中华""中华民俗村"和"世界之窗",北京的"世界公园",昆明的"云南民族村",河北正定的"荣宁一条街",河北涿州市电影城,无锡的"唐城""三国城""水浒城""欧洲城"等中央电视台外景基地,浙江横店等影视城,北京的十三陵明皇蜡像宫,南京的秦淮河,开封的开封府和清明上河园,苏州乐园,台湾南投的九族文化村,深圳的欢乐谷,昆明的"世界园艺博览园",三亚的"南山文化旅游区"等都是大型的主题公园。

美国加州的迪士尼乐园度假区创办于1955年,占地80平方千米,建筑面积为176万平方米,是世界上第一座迪士尼乐园,也是全球最大的综合游乐场,被誉为"现代游乐场所的奇迹""儿童心目中的天堂";2005年,香港建成了迪士尼乐园;上海迪士尼乐园于2016年6月16日正式开园,是中国大陆第一个、亚洲第三个、世界第六个迪士尼主题公园。上海迪士尼乐园包含6个主题园区:米奇大街、奇想花园、探险岛、宝藏湾、明日世界、梦幻世界。六大主题园区设置有花园、舞台表演、游乐项目等,还有许多前所未见的崭新体验,无论男女老少都能在这里找到快乐的天地。在乐园的六大主题园区中,游客们能在各个主题餐厅里品尝东西方菜系的美食、特色点心和甜品。

二、现代设施旅游资源的特点

现代设施类旅游资源是指那些由人类利用现代科技和材料建造的、为旅游者提供各种服务和娱乐的设施。这类资源通常是现代化城市和旅游目的地的核心部分,可以满足不同旅游者的各种需求,是现代旅游业发展的重要基础。现代设施旅游资源具有以下几个特点。

1. 实用性

现代设施类旅游资源具有观光、游览、休闲、度假、科研等多种实用功能,可以满足人们求美、求异、求知的旅游需求,旅游者可以增长历史、建筑、美学和科学等方面的知识,并能了解一个国家或地区、民族的建筑风格与传统习俗。如体育健身设施为旅游者观看竞技赛事提供了完美场所,给旅游者带来体验、活力、健康之旅。

2. 大众性

现代设施类旅游资源通常能提供多种服务和娱乐项目,寓教于乐,满足不同游客的需求。如度假区不仅提供舒适的床铺、现代化的浴室和各种便利设施,如Wi-Fi、电视等,还提供健身房、游泳池、SPA等设施,以及各种餐饮和娱乐活动。许多主题公园和博物馆会设置互动展览和活动,让游客能够参与其中亲身体验。

3. 时代性

现代设施类旅游资源通常注重环保和可持续性,通过采用环保技术和材料减少对环境的负面影响。例如,许多度假村采用太阳能、风能等可再生能源减少碳排放量。

4. 科技含量高

现代设施旅游资源凝结了人类的智慧,反映了社会、科技日新月异的进步,具有独特的旅游吸引力。现代设施类旅游资源通常采用先进的科技和材料,为游客提供高品质的服务和娱乐体验。例如,主题公园通常会采用最新的科技和特效,为游客带来震撼的视觉和听觉效果。

任务训练

一、即问即答

1. 什么是现代设施旅游资源?现代设施旅游资源具有哪些特征?
2. 查找2个以上世界著名的博物馆(附图),并进行详细的介绍。
3. 查找大型交通设施桥梁、火车站、航空港、公路各一个(附图),并描述其主要特色。
4. 查找一个主题公园(附图),并描述其主要特色。

二、即学即用

1. 假设你将要带团去上海旅游,请你详细介绍一下上海的大型公用设施旅游资源和娱

即测即评 3-6

乐休闲设施旅游资源。

2. 湖南省某旅行社导游小王准备带团去北京旅游,如果你是小王,请你详细介绍一下北京的文化教育设施旅游资源以及体育健身旅游资源。

任务七　饮食与购物旅游资源赏析

任务导入

1. 假设你是一位旅行社的导游员,要带领旅游团品尝图 3-7-1～图 3-7-6 所示的菜肴,请向你的团队介绍这些菜肴分别属于什么菜系,并描述它们的主要特色。

图 3-7-1　葱爆海参

图 3-7-2　麻婆豆腐

图 3-7-3　清炖蟹粉狮子头

图 3-7-4　东坡肉

图 3-7-5　剁椒鱼头

图 3-7-6　北京烤鸭

2. 假设你是一位旅行社的导游员,要带领旅游团购买图 3-7-7～图 3-7-15 所示的土特产品与旅游纪念品,请你描述这些土特产品与旅游纪念品主要出自什么地方,有什么特色。

图 3-7-7　文房四宝

图 3-7-8　景泰蓝

图 3-7-9　唐三彩

图 3-7-10　景德镇瓷器

图 3-7-11　朱仙镇年画

图 3-7-12　田黄石雕

图 3-7-13　西湖龙井

图 3-7-14　苏绣

图 3-7-15　惠山泥人

任务探究

一、名菜佳肴

中国烹饪、法国烹饪、土耳其烹饪并称为世界三大饮食风味体系,也有人把以上三大风味体系命名为东方风味、西方风味和阿拉伯风味,其中中国菜历史悠久、文化内涵深厚、食用人数最多。

(一)中国主要的地方菜系

1. 川菜

1) 川菜的起源与发展

川菜即四川菜肴,是中国特色传统的四大菜系之一,也是中华料理集大成者。

川菜以取材广泛、调味多变、菜式多样、口味清鲜、醇浓并重、善用麻辣调味著称,并以别具一格的烹调方法和浓郁的地方风味闻名,融会了东南西北各方的特点,博采众家之长,善于吸收和创新。

川菜分为三派:蓉派(上河帮)、盐帮派(小河帮)、渝派(下河帮)。上河帮川菜是指以川西成都、乐山为中心地区的川菜;小河帮川菜是指以川南自贡为中心的盐帮菜,同时包括宜宾菜、泸州菜和内江菜;下河帮川菜是指以老川东地区达州菜、重庆菜、万州菜为代表的江湖菜,三者共同组成川菜三大主流地方风味流派分支菜系,代表川菜发展的最高艺术水平。川菜由筵席菜、大众便餐菜、家常菜、三蒸九扣菜、风味小吃等五个大类组成了完整的风味体系。

川菜有"一菜一格，百菜百味"之誉，在口味上特别讲究色、香、味、形，兼有南北之长，以味的多、广、厚著称。历来有"七味"（甜、酸、麻、辣、苦、香、咸），八滋（干烧、酸、辣、鱼香、干煸、怪味、椒麻、红油）之说。川菜的原料以四川地区境内的山珍、水产、蔬果为主，辅料以川糖、花椒、辣椒及豆瓣、腐乳为主。川菜的烹饪技法有煎、炒、油淋、酥炸等 40 多种，味型以麻辣、鱼香、怪味为突出特点。其中，川西成都的"麻婆豆腐"、川东重庆的"毛肚火锅"、川南自贡的"水煮牛肉"是川菜"麻辣味"三大地方代表名菜，被誉为"川菜奇葩，麻辣三花"。

2）川菜名菜

宫保鸡丁是一道闻名中外的特色传统名菜，由青辣椒、油酥花生米和鸡脯肉三者合一爆炒而成。此菜红而不辣、辣而不猛、香辣味浓、肉质滑脆，入口鲜辣，鸡肉的鲜嫩可以配合花生的香脆。传说在清代年间，曾任四川总督的丁宝桢生前封"太子少保"，人称丁宫保。丁宫保莅位后，在一次宴会上，侍者端上加有油酥花生米的青椒鸡丁，宫保大赞，问此菜何名。主人灵机一动，答曰："此菜无名，既然大人喜爱，就叫宫保鸡丁。"菜名由此而来。此菜特点为：淡白、翠绿、金黄错杂；鲜嫩、微辣、脆香俱备，用猪肉做原料也可，则名宫保肉丁。

陈麻婆豆腐又叫麻婆豆腐，始创于清朝同治元年（1862 年）。成都万福桥边有一家原名"陈兴盛饭铺"的店面，店主陈春富（陈森富）早殁，小饭店便由老板娘经营，女老板面上微麻，人称"陈麻婆"。当年的万福桥是一道横跨府河，常有苦力之人在此歇脚、打尖，光顾饭铺的主要是挑油的脚夫，这些人经常是买点豆腐、牛肉，再从油篓子里舀些菜油要求老板娘代为加工，日子一长陈氏对烹制豆腐有了一套独特的烹饪技巧，烹制出的豆腐色香味俱全，深得人们喜爱。她创制的烧豆腐被称为"陈麻婆豆腐"，小店后来也以"陈麻婆豆腐店"为名。《锦城竹枝词》《芙蓉话旧录》等书对陈麻婆创制麻婆豆腐的历史均有记述。

鱼香肉丝以泡辣椒、泡姜、大蒜、黄葱、生姜和醋炒猪里脊肉丝而成，因以鱼香调味而定名。鱼香味的菜肴是近几十年才有的，首创者为民国初年的四川厨师。1909 年出版的《成都通览》收录了 1328 种川味菜肴，其中没有一道鱼香味菜，说明鱼香味菜只能是 1909 年以后才出现的。鱼香肉丝的"鱼香"，是由泡辣椒、川盐、酱油、白糖、姜末、蒜末、葱颗调制而成的。此调料与鱼并不沾边，只是模仿了四川民间烹鱼所用的调料和方法，故名为"鱼香"，具有咸、甜、酸、辣、鲜、香等特点，用于烹菜滋味极佳。相传，四川有一户人家很喜欢吃鱼，烧鱼时要放一些葱、姜、蒜、酒、醋、酱油等去腥增味的调料。有一次女主人一个人在家，炒肉丝时，为了节约，她把之前烧鱼用剩的调料放在了这道菜中。不料，她做生意的老公突然回家了，老婆很担心他会因为菜不好吃责怪她，可是他吃了以后迫不及待地问老婆此菜是怎么做出来的。老婆这才一五一十地告诉了他：自己是用烧鱼的配料来炒肉丝，于是后来人们给这款菜取名为鱼香肉丝。

此外，川菜的代表菜还有水煮肉片、夫妻肺片、回锅肉、泡椒凤爪、灯影牛肉等；代表小吃有冷吃兔、钵钵鸡、凉粉、赖汤圆、钟水饺、龙抄手、担担面等。

2. 鲁菜

1）鲁菜的起源与发展

鲁菜源于山东的齐鲁风味，是中国传统四大菜系和八大菜系中唯一的自发型菜系，是历史最悠久、技法最丰富、最见功力的菜系，也是黄河流域烹饪文化的代表。

鲁菜讲究原料质地优良、以盐提鲜、以汤壮鲜，调味讲求咸鲜纯正、突出本味。鲁菜的汤有清汤和奶汤之分,清汤一般以鸡、鸭为主料,奶汤则加入猪骨、猪肘等高油脂肉类等,经煮沸、微煮、清哨等工艺制成,清汤清亮,奶汤纯白。

鲁菜的突出烹调方法为爆、扒、拔丝,尤其是爆、塌最具特色。爆分为油爆、酱爆、芫爆、葱爆、汤爆、火爆等。"烹饪之道,如火中取宝。不及则生,稍过则老,争之于俄顷,失之于须臾"。爆的技法充分体现了鲁菜在用火上的功夫,世人称为"食在中国,火在山东"。塌是鲁菜独有的技法,主料事先腌制或加入菜心,挂淀粉或面糊,两面塌煎至金黄色,放入调料或清汤,慢火收尽汤汁,非常入味。

鲁菜逐渐形成包括青岛在内、以福山帮为代表的胶东派,和包括德州、泰安在内的济南派两个流派,有堪称阳春白雪、典雅华贵的孔府菜,别具特色的博山菜,还有星罗棋布的各种地方菜和风味小吃。济南风味是鲁菜的主体,在山东境内影响极大。济南菜以汤菜最为著名,俗话有"唱戏的腔,厨师的汤",其清汤、奶汤制法在《齐民要术》中都有记载,济南菜讲究实惠,风格浓重、浑厚,清香、鲜嫩;胶东菜讲究用料,刀工精细,口味清爽脆嫩,保持菜肴的原汁原味,长于海鲜制作,尤以烹制小海鲜见长。孔府菜历史悠久,烹调技艺精湛,独具一格,是我国延续时间最长的典型官府菜,它对菜肴的制作极为考究,不仅要求料精、细作、火候严格、注重口味,而且要巧于变换、应时新鲜以饱其口福。山东民风朴实,待客豪爽,在饮食上大盘大碗、丰盛实惠,注重质量;受孔子礼食思想的影响,讲究排场和饮食礼仪。正规筵席中的"十全十美席""大件席""鱼翅席""翅鲍席""海参席""燕翅席""四四席"等,都能体现鲁菜典雅大气的一面。

2) 鲁菜名菜

糖醋鲤鱼是山东济南的传统名菜。济南北临黄河,黄河鲤鱼不仅肥嫩鲜美,而且金鳞赤尾,形态可爱,是宴会上的佳肴。《济南府志》上早有"黄河之鲤,南阳之蟹,且入食谱"的记载。据说"糖醋鲤鱼"始于黄河重镇——洛口镇,当初这里的饭馆用活鲤鱼制作此菜,很受食者欢迎,在当地小有名气,后来传到济南。

葱爆海参以水发海参和大葱为主料,海参清鲜、柔软香滑,葱段香浓,食后无余汁。

此外,鲁菜代表菜品还有一品豆腐、九转大肠、油爆双脆、扒原壳鲍鱼、油焖大虾、木樨肉(木须肉)等。

3. 江苏菜

1) 江苏菜的起源与发展

江苏为鱼米之乡,物产丰饶,饮食资源十分丰富。著名的水产品有长江三鲜(鲥鱼、刀鱼、鲖鱼)、太湖银鱼、阳澄湖清水大闸蟹、南京龙池鲫鱼以及其他众多的海鲜品。"春有刀鲚夏有鲥,秋有肥鸭冬有蔬",一年四季水产畜禽菜蔬连续上市,为烹饪技术发展提供了优越的物质条件。

江苏菜简称苏菜,其特点主要是:用料广泛,以江河湖海水鲜为主;刀工精细,烹调方法多样,擅长炖、焖、煨、焐,重视调汤,保持菜的原汁,风味清鲜,浓而不腻,淡而不薄,酥松脱骨而不失其形,滑嫩爽脆而不失其味。菜品风格雅丽、形质均美。

苏菜由金陵菜、淮扬菜、苏锡菜、徐海菜组成,是宫廷的第二大菜系,今天国宴仍以苏菜为主。淮扬菜选料严谨、因材施艺;制作精细、风格雅丽;口味清鲜平和,咸甜浓淡适中,南北皆宜。金陵菜口味和醇,玲珑细巧;徐州菜色调浓重,习尚五辛;苏州菜口味趋甜,清雅多姿。

2）苏菜名菜

叫花鸡又称常熟叫花鸡、煨鸡，是江苏省常熟市的一道传统名菜，它的做法是先给处理好的鸡刷上料汁，再用荷叶、猪网油及黄泥土层层包裹，最后丢进柴火堆中煨熟。此菜选用头小体大、肥壮细嫩的三黄鸡煨烤。相传明末清初，常熟虞山之麓一叫花子偶得一只鸡，苦于无炊具、调料，欲食难烹，遂将鸡粗粗加工，连毛涂上泥巴，置火堆中煨烤成熟，食之，味不同寻常。此法后经厨师不断改进，风味更佳，名声不胫而走。

清炖蟹粉狮子头是江苏扬州的一道传统名菜，属于淮扬菜；狮子头肥嫩异常，蟹粉鲜香，青菜酥烂清口，食后清香满口，齿颊留香。此菜具有补虚养身调理、气血双补调理、健脾开胃调理、营养不良调理之功效。相传，隋炀帝杨广曾带着嫔妃、大臣乘着龙舟沿大运河南下到扬州赏琼花，饱览了扬州的万松山、金钱墩、象牙林、葵花岗四大名景，非常高兴。回到行宫，唤来御厨，让他们以扬州四景为题，做出四道菜来，以纪念这次扬州之游。御厨们在扬州名厨的指导下，费尽心思，终于做出了松鼠鳜鱼、金钱虾饼、象牙鸡条、葵花斩肉四道名菜。隋炀帝品尝后，龙颜大悦，特别对其中的葵花斩肉非常赞赏，于是赐宴群臣，一时间淮扬佳肴倾倒朝野。传至唐代，郇国公韦陟宴客时，府中的名厨韦巨元也做了这四道名菜，并伴以山珍海味、水陆奇珍，令座中宾客无不叹为观止，尤其是用那巨大的肉圆子做成的"葵花斩肉"更是精美绝伦。因烹制成熟后肉丸子表面的肥肉末大多已溶化或半溶化，瘦肉沫相对显得凸起，乍一看，给人一种毛毛糙糙的感觉，有如雄狮之头。郇国公半生戎马，战功彪炳，宾客们乘机劝酒道："公应佩九头狮子帅印。"韦陟高兴地举杯一饮而尽，说"为纪念今夕之会，'葵花肉'不如改为'狮子头'"。自此，狮子头一菜流传至今。

此外，苏菜著名菜肴还有大煮干丝、三套鸭、软兜长鱼、水晶肴肉等，菜品细致精美、格调高雅。

4. 粤菜

1）粤菜的起源与发展

粤菜即广东菜，狭义指广州府菜，是中国汉族四大菜系之一，源自中原，经历两千多年的发展历程后，晚清时期已渐成熟，在国内外享有盛誉。由广府菜（即广州府菜）、潮州菜（也称潮汕菜）、东江菜（也称客家菜）三种地方风味组成，三种风味各具特色，名满全国。

广府菜是粤菜的代表，其范围包括珠江三角洲和韶关等地，自古有"食在广州，厨出凤城（顺德）""食在广州，味在西关"的美誉。菜品用料庞杂，选料精细，技艺精良，清而不淡，鲜而不俗，嫩而不生，油而不腻；擅长小炒，要求掌握火候和油温恰到好处；兼容西菜做法，讲究菜的气势、档次。潮州古属闽地，潮州菜汇闽、粤两家之长，自成一派，以烹制海鲜见长，汤类、素菜、甜菜最具特色，刀工精细，口味清纯。东江菜又名客家菜，菜品多用肉类，极少水产，主料突出，讲究香浓，下油重，味偏咸，以砂锅菜见长，有独特的乡土风味。粤菜用料广泛，选料精细，鸟、兽、虫、蛇和生猛海鲜都是席上珍品，口味讲究清、鲜、爽、滑，并随季节时令而变化，调味遍及酸、甜、苦、辣、咸、鲜。

2）粤菜名菜

烤乳猪色泽金黄、皮酥肉嫩、爽口可心，热吃，亦可冷吃。相传在很久以前，一庄户人家院子突然起火，宅院的主人匆匆赶回家，只见一片废墟，惊得目瞪口呆。忽然，一阵香味扑鼻而来。他循香找去，发现此香是从一只烧焦的猪仔身上散发出来的，再看猪仔的另一面，皮色通红，他尝后觉得味道鲜美。院子被烧毁令他伤心，但却为发现了猪肉烹饪的新方法感到欣慰。

白斩鸡又叫白切鸡、三黄油鸡,起源于广东,是粤菜传统名菜。白斩鸡是冷盘,始于清代的民间酒楼,烹鸡时不加调味、白煮而成,食用时随吃随斩。其用料为广东省清远市阳山县出品的三黄鸡,故又称三黄油鸡。后来,广东各饭店和熟食店都售卖"白斩鸡",不仅用料精细,还配以熬熟的"虾子酱油"以供蘸食。此菜色泽金黄,皮滑肉嫩,滋味异常鲜美,令人久吃不厌。

红烧乳鸽是广东省传统名菜之一,属于粤菜系,主要材料为乳鸽,特点是皮脆、肉滑、骨嫩、多汁。广东中山的红烧石岐乳鸽是国宴名菜,民间一直有"一鸽胜九鸡"的说法,红烧的乳鸽外酥里嫩,吃红烧乳鸽,大部分食客连骨头也不放过,因为经过卤煮再油炸的乳鸽是香到骨子里的。作为"光明三宝"之一,光明乳鸽有"天下第一鸽"的美誉,是深圳的美食招牌。

广东菜的著名菜肴还有烧鹅、蜜汁叉烧、广州文昌鸡、煲仔饭、广式烧填鸭、梅菜扣肉等。此外,广东点心是中国面点三大特式之一,历史悠久、品种繁多,造型精美且口味新颖,别具特色。广东粥的特点是粥米煮开花和注意调味,包括滑鸡粥、鱼生粥、及第粥和艇仔粥。广东粉为沙河粉,软中带韧,广东面以"伊府面"最为出名。广东传统的美点还有薄皮鲜虾饺、干蒸烧卖、糯米鸡、娥姐粉果、荔脯秋芋角、马蹄糕、叉烧包、蟹黄包、奶油鸡蛋卷、肠粉等。

5. 湘菜

1) 湘菜的起源与发展

湘菜又叫湖南菜,是中国历史悠久的汉族八大菜系之一,早在汉朝就已经形成菜系。湘菜制作精细,用料比较广泛,口味多变,品种繁多;色泽上油重色浓,讲求实惠;品味上注重香辣、香鲜、软嫩;制法上以煨、炖、腊、蒸、炒诸法见称。

湘菜调味的特色是"酸辣",以辣为主,酸寓其中。"酸"是酸泡菜之酸,比醋更为醇厚柔和。湖南大部分地区地势较低,气候温暖潮湿,古称"卑湿之地"。而辣椒有提热、开胃、祛湿、祛风之效,故深为湖南人民所喜爱。经过乳酸发酵的剁椒,具有开胃、养胃的作用。

湘菜以湘江流域、洞庭湖区和湘西山区三种地方风味为主,湘江流域以长沙、衡阳、湘潭为中心,是湘菜的主要代表地区。其特色是油重色浓,讲求实惠,注重鲜香、酸辣、软嫩,尤以煨菜和腊菜著称。洞庭湖区的菜以烹制河鲜和家禽家畜见长,特点是量大油厚,咸辣香软,因炖菜、烧菜、蒸菜而知名。湘西菜擅长制作山珍野味、烟熏腊肉和各种腌肉、风鸡,口味侧重于咸香酸辣,有浓厚的山乡风味。

2) 湘菜名菜

东安仔鸡是湖南传统名菜,已有1200多年的历史,因其烹制方法源于东安县而得名。菜肴的特点是色彩清新,鸡骨软肉嫩,汁少芡薄,味道酸辣,具有鲜香脆的风格。

腊味合蒸湖南南部地区冬、春季的时令名菜,菜肴用多种腊味烹制,诸味合一,选用的原料主要有腊猪肉、腊鸡肉、腊鲤鱼,特点是色泽深红、味道香醇,咸甜适口。

此外,民间湘菜代表还有辣椒炒肉、剁椒鱼头、湘西外婆菜、吉首酸肉、牛肉粉、衡阳鱼粉、栖凤渡鱼粉、金鱼戏莲、永州血鸭、九嶷山兔、宁远酿豆腐、姊妹团子、宁乡口味蛇、岳阳姜辣蛇等。官府湘菜代表菜品以组庵湘菜为代表,如组庵豆腐、组庵鱼翅等。

长沙小吃是中国四大小吃之一,主要菜品有糯米粽子、麻仁奶糖、浏阳茴饼、浏阳豆豉、臭豆腐、春卷、口味虾、糖油粑粑等。

6．闽菜

1）闽菜的起源与发展

闽菜是中国八大菜系之一，历经中原汉族文化和闽越族文化的混合而形成，发源于福州，以福州菜为基础，后又融合了闽东、闽南、闽西、闽北、莆仙五地风味。闽菜有"福州菜飘香四海，食文化千古流传"之称，以烹制山珍海味著称，在色香味形俱佳的基础上，尤以"香""味"见长，其清鲜、和醇、荤香、不腻的风格特色，在烹坛园地中独具一席。闽菜最突出的烹调方法有醉、扣、糟等，其中最具特色的是糟，有炝糟、醉糟等。闽菜中常使用的红糟，由糯米经红曲发酵而成，糟香浓郁、色泽鲜红。糟味调料本身具有很好的去腥臊、健脾肾、消暑火的作用，非常适合在夏天食用。

狭义的闽菜指福州菜，起源于福建福州闽县，后来发展出福州、闽南、闽西三种流派，即广义闽菜。福州菜淡爽清鲜，讲究以汤提鲜，擅长各类山珍海味；闽南菜（厦门、漳州、泉州一带）讲究以佐料调味，重鲜香；闽西菜（长汀、宁化一带）偏重咸辣，烹制多为山珍，特显山区风味。故此闽菜形成三大特色，一长于红糟调味，二长于制汤，三长于使用糖醋。

2）闽菜名菜

佛跳墙是一道非常有名的闽菜，相传源于清道光年间，距今已有200年的历史。此菜以18种主料、12种辅料制作而成。其中原料有鸡肉、鸭肉、鲍鱼、鸭掌、鱼翅、海参、干贝、鱼肚、水鱼肉、虾肉、枸杞、桂圆、香菇、笋尖、竹蛏等；调料有蚝油、盐、冰塘、加饭酒、姜、葱、老抽、生油、上汤等。30多种原料经过分别加工调制后，分层装进绍兴酒坛中。坛中的绍兴名酒与料调和，先以荷叶封口，而后加盖，用质纯无烟的炭火（旺火）烧沸后再用微火煨五六个小时即成。

闽菜除招牌菜"佛跳墙"外，还有鸡汤氽海蚌、八宝红鲟饭、白炒鲜竹蛏、太极芋泥、淡糟香螺片、爆炒双脆、南煎肝、荔枝肉、龙身凤尾虾、翡翠珍珠鲍等。

7．徽菜

1）徽菜的起源与发展

徽菜即为安徽菜，《徽菜标准化体系表》正式确定徽菜包括皖南菜、皖江菜、合肥菜、淮南菜、皖北菜五大风味。其中，皖南风味以徽州地方菜肴为代表，是徽菜的主流和渊源。因为徽州人常年饮茶，所以徽菜一般浓油赤酱，所谓重油、重色、重火功，芡重、色深、味浓。同时，由于徽州多山多水多食材，徽菜注重食物的本真，以烹饪山珍水产见长。烹调方法上擅长烧、炖、蒸，而爆、炒菜少，重油、重色，重火功。徽菜继承了祖国医食同源的传统，讲究食补，这是徽菜的一大特色。红烧是徽菜中的大类，而红烧的"红"，表现为糖色，对火功要求苛刻。

2）徽菜名菜

清炖马蹄鳖是徽州水产类传统名菜，选用徽州山溪沙层中生长的甲鱼，形如马蹄大小，重约四两，故称马蹄鳖。明朝初年，徽州绅士将此菜作为贡品进贡给朱元璋皇帝，深得其好感，嗣后即为珍品。早在800多年前，"清炖马蹄鳖"和"火煲果子狸"就成为徽帮烹调特色的代表作品，以"歙味双璧"之名著称于世。

无为熏鸭已有200多年的历史，色泽金黄油亮，皮润肉嫩，风味别致。无为县位于皖江之畔，据传，清乾隆三十九年，安徽无为县厨师采用先熏后卤的独特方法烹制鸭子，成菜鲜美可口，其制法与口味均独具一格，故得名"无为熏鸭"。后传至各地，清末已闻名全省，成为人们最喜爱的特色菜肴之一。

此外，徽菜还有火腿炖甲鱼、黄山炖鸽、腌鲜鳜鱼(臭鳜鱼)、问政山笋、徽州毛豆腐、徽州蒸鸡、胡氏一品锅、符离集烧鸡、李鸿章大杂烩、八公山豆腐、淮王鱼炖豆腐等名菜佳肴；主要菜式有宴席大菜、五簋八碟十大碗、九碗六、八碗十二盘、六大盆、大众和菜等；主要名宴有八公山豆腐宴、包公宴、洪武宴等。

8. 浙菜

1) 浙菜的起源与发展

浙江地处中国东海之滨，素称"鱼米之乡"，特产丰富，盛产山珍海味和各种鱼类。浙菜具有色彩鲜明、味美滑嫩、脆软清爽、菜式小巧玲珑、清俊秀丽的特点。它采用的原料十分广泛，注重原料的新鲜、合理搭配，以求味道的互补，充分发掘出普通原料的美味与营养，以炖、炸、焖、蒸见长，重原汁原味。特别是杭菜中的湖上帮和山里帮两大风味技术体系，都强调原料鲜嫩，现取现做，烹饪独到，注重本味，制作精细。浙菜中的许多菜肴以风景名胜命名，造型优美，许多菜肴都有美丽的传说，文化色彩浓郁。

浙江菜主要由杭州、宁波、温州、金华四个流派组成，各自带有浓厚的地方特色。杭帮菜重视原料的鲜、活、嫩，以鱼、虾、禽、畜、时令蔬菜为主，讲究刀工，口味清鲜，突出本味。宁波菜咸鲜合一，以烹制海鲜见长，讲究鲜嫩软滑，重原味，强调入味。温州菜素以"东瓯名镇"著称，也称"瓯菜"，瓯菜则以海鲜入馔为主，口味清鲜，淡而不薄，烹调讲究"二轻一重"，即轻油、轻芡、重刀工。金华菜是浙菜的重要组成部分，以火腿菜为核心，仅火腿菜品就达300多道。

2) 浙菜名菜

东坡肉又名滚肉，是江南地区汉族传统名菜，以猪肉为主要食材。东坡肉是以半肥半瘦的猪肉加入配料焖制而成的，成品菜的造型是码得整整齐齐的麻将块儿，红得透亮，色如玛瑙，入口软而不烂，肥而不腻。

西湖醋鱼一般选用西湖鲩鱼做原料，烹制前饿养两天，使其排净肠内杂物，除去泥土气，烹制后鱼肉嫩美，带有蟹肉味。

此外，龙井虾仁、西湖莼菜、虾爆鳝背、冰糖甲鱼、雪菜大黄鱼、腐皮包黄鱼等也是浙菜的代表菜。浙江点心中的团、糕、羹、面的品种多、口味佳，如嘉兴肉粽、宁波汤圆、绍兴臭豆腐、舟山虾爆鳝面、湖州馄饨等。

9. 京菜

1) 京菜的起源与发展

京菜又称京帮菜，是以北方菜为基础、兼收各地风味后形成的。京菜口味浓厚清鳟，质感多样，菜品繁多，四季分明，有完善、独特的烹调技法，以爆、炒、熘、烤、涮、焖、蒸、氽、煮见长。京菜特色的主要成因是北京作为全国首府，物华天宝，人杰地灵，全国各风味菜技师多汇于此，菜肴原料天南地北，山珍海味、时令蔬菜应有尽有。

"北京菜"是由北京地方风味菜，以牛羊肉为主的清真菜，以明清皇家传出的宫廷菜，做工精细、善烹海味的谭家菜，还有其他省市的菜肴组成的。山东菜对北京菜系的形成影响深远，是北京菜的基础。清真菜在北京菜中占有重要的位置，它以牛羊为主要原料，如著名的"全羊席"用羊身上的各个部位可烹制出百余种菜肴，是北京菜的重要代表；另外，"烤肉"

"涮羊肉"等历史悠久,风味独特,深受北京群众喜爱。宫廷菜在京菜中地位显著,它选料珍贵,调味细腻,菜名典雅,富有诗情画意,现今的宫廷菜多是明清宫廷中流传出来的菜肴,著名菜品有抓炒鱼片、红娘自配、脯雪黄鱼等。谭家菜是官府菜中的代表,讲究原汁原味,咸甜适中,不惜用料,火候足到,如选料精细的"黄焖鱼翅"是谭家一等代表菜,居各鱼翅菜之首。

北京菜主要特征如下:一是突出主料和主要的烹制方法,菜名朴实;二是重视色、质、味、器,兼顾形的华美,讲究实惠;三是口味讲究原味、汁浓、肉烂、汤肥,以咸香为主,味感纯正。

2)京菜名菜

北京烤鸭是具有世界声誉的北京著名菜,起源于中国南北朝时期,《食珍录》中记载的"炙鸭"就是如今大名鼎鼎的北京烤鸭。北京烤鸭以其严格的选料、精细的烤制技术、独特的风味和多样化的食用方式而闻名中外。它具有外形美观、皮酥肉嫩、肥而不腻等特点,葱花和酱料的搭配使其在中餐中独树一帜。北京烤鸭选用名贵品种的北京鸭,它是当今世界最优质的一种肉食鸭。据说,这一特种纯白京鸭的饲养起源于千年前左右,是辽金元之历代帝王游猎时偶获的纯白野鸭种,后为游猎而养,一直延续下来,并培育成今之名贵的肉食鸭种。北京烤鸭作为京菜的经典之一,其烤制方法也有多种,以便宜坊为代表的焖炉烤鸭和以全聚德为代表的挂炉烤鸭最具风味。尤其是全聚德采用枣、桃、杏等坚硬果木直接烘烤的方法,使成品颜色红润鲜亮,鸭肉更加酥脆,散发出浓郁的烘烤香味和果香。

在北京,"涮羊肉"是尽人皆知的菜品。这道佳肴吃法简便、味道鲜美,深受欢迎。因老北京用铜锅烹饪羊肉为主,该菜亦称为"吃锅子""涮大羊",所用羊肉来自呼伦贝尔大草原上的羊,肉质鲜嫩、营养丰富,是羊肉中的上品。涮羊肉肉片极薄,每斤羊肉可以切成上百片,锅中放入煮肉的原汤,并配以一些海味,再将切好的羊肉片放入锅中。熟后蘸酱食用,味道鲜美,回味绵长。

此外,京菜代表还有融入谭家菜风格的清汤燕窝、融合鲁菜风格的宫保鸡丁、清代宫廷风味的鹿茸三珍、美容养颜的水晶肘子等;北京炸酱面在中国面食中名列前甲;北京小吃如豆汁儿、卤煮等也非常有名。

10.沪菜

1)沪菜的起源与发展

沪菜即上海菜,是中国的主要地方风味菜之一。本帮菜是上海菜的别称,是江南地区传统饮食文化的一个重要流派,以浓油赤酱、咸淡适中、保持原味、醇厚鲜美为特色。常用的烹调方法以红烧、煨、糖为主,后为适应上海人喜食清淡爽口的口味,菜肴渐由原来的重油赤酱趋向淡雅爽口。本帮菜烹调方法上善于用糖,别具江南风味。

由于上海本地菜(包括苏锡菜)与外地菜长期共存、相互影响,于是在本地菜的基础上,逐渐发展成以上海和苏锡风味为主体、兼有各地风味的上海风味菜体系。沪菜具有许多与众不同的特点。

第一,讲究选料新鲜。它选用四季时令蔬菜,鱼以江浙两省产品为主,取活为上,一年四季都有活鱼供客选择,当场活杀烹制。

第二,菜肴品种多,四季有别。

第三,讲究烹调方法并不断加以改进。上海菜原来以烧、蒸、煨、窝、炒并重,逐渐转为以烧、生煸、滑炒、蒸为主,其中以生煸、滑炒为最多,善烹四季河鲜。

第四,口味发生过很大变化。上海菜原以浓汤、浓汁厚味为主,后来逐步变为卤汁适中,有清淡素雅,也有浓油赤酱,讲究鲜嫩、色调,鲜咸适口。特别是夏秋季节的糟味菜肴,香味浓郁,颇有特色。

2) 沪菜名菜

沪菜进一步具有选料新鲜、品质优良、刀工精细、制作考究、火候恰当、清淡素雅、咸鲜适中、口味多样、适应面广、风味独特等优点,主要名菜有青鱼下巴甩水、青鱼秃肺、腌川红烧圈子、生煸草头、白斩鸡、鸡骨酱、糟钵头、虾子大乌参、松江鲈鱼、枫泾丁蹄等一二百种菜肴。

(二)中国其他著名的风味菜肴

1. 宫廷菜

宫廷菜是由御膳房制作的、专供皇帝和后妃们享用的菜肴,具有"富贵、珍奇、典雅、壮丽"等特点,特别讲究色、质、味、形、器、名、时、养。宫廷菜花色多、制作精、形式美、口味佳,菜名吉祥,如"清炖肥鸭""西瓜盅"。

我国的宫廷风味菜肴主要以几大古都为代表,有南味、北味之分。南味以金陵、益都、临南、郿都为代表,北味以长安、洛阳、开封、北京、沈阳为代表。其共同特点是华贵珍奇,配菜典式有一定的规格,具有"富贵、珍奇、典雅、壮丽"等特点,特别讲究色、质、味、形、器、名、时、养。宫廷菜选料讲究,多为贡品,烹调精细,制作精湛,配料严格,突出主料本味,讲究时令和进菜顺序,菜名和宴席的名称寓意吉祥等。现北京的仿膳仍经营这种传统的宫廷风味菜点,西安也成功仿制了唐代宫廷菜,对外供应。宫廷菜的著名菜点有熘鸡脯、荷包里脊、四大抓、四大酱、四大酥、小糖窝头、豌豆黄、芸豆黄等。

2. 官府菜

官府菜出自官僚士大夫和富豪之家,在规格上一般不得超过宫廷菜,但与庶民菜有极大的差别。贵族官僚之家生活奢侈、资金雄厚、原料丰厚,这是官府菜形成的重要条件之一,另一个重要条件是民厨师与品味家的结合。一道名菜的形成,离不开厨师,也离不开品味家。现存较为完整的著名官府菜有山东的孔府菜、北京的谭家菜等。

1) 孔府菜

孔府菜拥有悠久的历史,烹调技艺精湛,独具一格,是我国延续时间最长的典型官府菜。孔府菜的形成,主要是由于孔府的历代成员秉承孔子"食不厌精,脍不厌细"的遗训,素精饮馔。孔府菜的制作极为考究,不仅要求料精、细作、火候严格、注重口味,而且要巧于变换调剂、应时新鲜,以饱其口福。

孔府菜具有以下特点:一是用料极其广泛,高至山珍海味,低到瓜、果、菜、椒或山林野菜等,都可烹制出佳蔬美味;二是做工精细,善于调味,讲究盛器,烹调技法全面;三是命名极为讲究,寓意深远,有些沿用传统名称,此类多属家常菜,有的取名古朴典雅,富有诗意。

"诗礼银杏"是孔府最早上等名菜之一。相传,孔府诗礼堂是孔子教育儿子孔鲤学诗学礼的地方。到了宋代,此处长出了两棵银杏,孔府厨师采用这里生出的白果,去壳做成菜肴,供学者食用,倍增兴味,故取名为"诗礼银杏"。

"孔府一品锅"是由皇帝赐名的一款孔府名菜。据说清朝历代皇帝常到孔府,而孔府也常带厨师进宫制作孔府佳肴,请皇太后、皇帝和娘娘品尝。清朝继承明朝品官等级制,官衔分为一至九品,一品为最高,九品为最低。清朝将孔府列为当朝一品官府。因而,皇帝为孔府用鸡、猪蹄、鸭、海参、鱼肚等各种珍贵原料烹制的汤菜赐名为"当朝一品锅",成为孔府及所有一品官府的名菜。

此外,孔府特色菜品还有烤花篮鳜鱼、寿字鸭羹等。

2)谭家菜

谭家菜产生于中国清朝末年的官人谭宗浚家中,谭宗浚父子酷爱珍馐美食,谭家女主人都善烹调,而且不惜重金聘请京城名厨学艺,不断汲取各派烹饪名厨所长,久而久之,独创一派谭家风味菜肴。谭家菜选料考究,制作精细,尤其重火功和调味的工艺特点,深受各界食客的赞赏与推崇。谭家菜有四大特点:一是选料考究;二是下料好;三是火候足;四是慢火细做,追求香醇软烂。谭家菜以燕窝和鱼翅的烹制最为有名,鱼翅的烹制方法即有十几种之多,如三丝鱼翅、蟹黄鱼翅、砂锅鱼翅、清炖鱼翅、浓汤鱼翅、海烩鱼翅等,其中,又以"黄焖鱼翅"为上乘。

3.素菜

素菜又叫素食、斋菜或斋食,是以非动物性原料(不含奶、蛋)烹制而成的各种菜肴的总称。素菜主要有寺院素菜、宫廷素菜和民间素菜三类,其主要特点是时鲜为主、清爽素净、花色繁多、制作考究、富含营养、健身疗疾。

素菜的原料一般包括五谷杂粮、豆类、蔬菜、菌类、藻类、水果、干果、坚果等。我国素菜发展到今天,品种已达8000多种,按其制作方法,大体可分为三类。

一是卷货类,用油皮包馅卷紧,淀粉勾芡,烧制,如素鸡、素酱肉、素肘子、素火腿等。

二是卤货类,由面筋、香菇等烧制而成,如素什锦、香菇面筋、酸辣片等。

三是炸货类,过油煎炸而成,如素虾、香椿鱼、小松肉、咯炸盒等。

素菜营养丰富,别具风味,入口生津,有利于人体健康。素菜主要以绿叶菜、果品、菇类、菌类、植物油为原料,味道鲜美,富有营养,容易消化。从营养学角度看,蔬菜和豆制品、菌类等素食含有丰富的维生素、蛋白质、水,以及少量的脂肪和糖类,这种清淡而富于营养的素食,对于中老年人来说更为适宜。特别是素食中蔬菜往往含有大量的纤维素,可及时清除肠中的垢腻,保持身体健康。

素菜中的罗汉全斋,由发菜、冬菇、冬笋、素鸡、鲜蘑、金针、木耳、熟栗、白果、菜花、胡萝卜、豆腐、腐竹等烩作一锅,色彩斑斓,滋味独特,口感香醇,食而不腻。

4.药膳

药膳发源于中国传统的饮食和中医食疗文化,是在中医学、烹饪学和营养学理论指导下,严格按药膳配方,将中药与某些具有药用价值的食物相配,采用中国独特的饮食烹调技术和现代科学方法制作而成的具有一定色、香、味、形的美味食品(简言之,药膳即药材与食材相配而做成的美食)。它是中国传统的医学知识与烹调经验相结合的产物,寓医于食,既将药物作为食物,又将食物赋以药用,药借食力,食助药威,二者相辅相成,相得益彰;既具有较高的营养价值,又可防病治病、保健强身、延年益寿。

5.仿古菜

仿古菜是仿照古代菜肴而制作的美味佳肴。一般指以历史文献、档案材料、古典名著中记载及考古发掘出土文物中的食品资料为依据,运用古代的、现代的烹饪技术,结合当代人们的口味研制而成的菜肴,如仿清宫菜、仿宋菜、仿唐菜、"红楼梦菜"等。

仿唐菜是指仿制以中国唐代为主,兼及隋、五代时期的菜肴,是以史籍中对隋、唐、五代菜肴的记述和出土文物中发现的唐代食品资料为依据,结合当代人们的饮食习尚,选用唐代和现代共有的原料和烹调方法研制而成的。著名的仿唐菜有辋川小样、富贵水晶虾、驼蹄羹、凤凰胎、遍地锦装鳖等。

红楼菜是指根据《红楼梦》的内容研制出的一系列菜肴。红楼菜的研制始于 20 世纪 80 年代初,研制方法大体分为 3 类:一是书中写有具体做法的菜,如茄鲞,照法仿制。二是只列有菜名或原料名而无做法的菜,如海参、鹿筋等,则结合现代烹饪技艺加以研制并定名。三是依据作者的名号和故事情节创制新菜,如雪底芹芽、怡红祝寿等。1983 年,北京中山公园的来今雨轩率先经营红楼菜,1991 年时已有北京、扬州、南京、上海、河北等地的十余家饭店、餐馆相继推出红楼菜。扬州"红楼宴"是扬州名厨在红学家和美食家的指导下,以《红楼梦》所描写的菜肴为依据创造出来的名宴佳肴,它集红楼菜之精华于一席,融观赏、品尝、谈菜为一体,给人以知识上的享受。红楼宴包括大观一品(欣赏菜)、贾府冷蝶、宁荣大菜、怡红细点、广陵茶酒等五大类。红楼菜的代表菜主要有糟鹅掌、火腿炖肘子、炸鹌鹑等。

6. 风味小吃

我国各地的风味小吃,无论在原料和制作上,还是口味和风格上都有不同的地方特色,主要有京式、苏式、粤式、川式、晋式、秦式等流派。

京式风味小吃主要有北京的豌豆黄、艾窝窝,天津的狗不理包子、十八街麻花,山东的德州扒鸡等。苏式风味小吃主要有江苏无锡肉骨头、扬州的三丁包子、镇江的蟹黄汤包、浙江的宁波猪油汤圆、嘉兴鲜肉粽子、上海的南翔小笼馒头等。

粤式风味小吃主要有广东的娥姐粉果、生滚粥,广西桂林的马肉米粉、老友面,福建的土笋冻,海南的竹筒饭等。川式风味小吃主要有四川的担担面、赖汤圆、成都夫妻肺片,云南的过桥米线等。晋式风味小吃主要有刀削面、油面等。秦式风味小吃主要有西安的羊肉泡馍、西宁的手拉面、新疆的烤羊肉串等。

(三)中国烹饪的特点

中国是文明古国,历史悠久的饮食文化具有以下特点。

1. 用料广泛,选料讲究

中国菜肴的用料是极其丰富的。从其种类上,可以说无所不包,天上的、地下的、水中的、地底的、植物的、动物的,几乎无所不用。

选料是中国厨师的首要技艺,是做好一品中国菜肴美食的基础,要具备丰富的知识和熟练的技巧。每种菜肴美食所取的原料,包括主料、配料、辅料、调料等,都有很多讲究和一定规则。

2. 刀工精细,配料巧妙

刀功是菜肴制作的重要环节,是菜肴定型和造型的关键。中国菜肴在加工原料时非常讲究大小、粗细、厚薄一致,以保证原料受热均匀、成熟一致。中国菜肴注重原料的质、色、形、味、营养的合理搭配。

3. 配料巧妙,味型丰富

中国各大菜系都有自己独特而可口的调味味型,除了要求掌握各种调味品的调和比例外,还要求巧妙地使用不同的调味方法。

4. 精于用火,技法多样

火候是形成菜肴美食的风味特色的关键之一。火候瞬息万变,没有多年的实践经验很难做到恰到好处。烹调技法是我国厨师的又一门绝技,常用的技法有炒、爆、炸、烹、熘、煎、贴、烩、扒、烧、炖、焖、汆、煮、酱、塌、卤、蒸、烤、摔、熵、熏,以及甜菜的拔丝、蜜汁、挂霜等。

5. 菜品繁多,盛器精美

我国幅员辽阔,各地区的自然气候、地理环境和产物都不尽相同,因此各地区、各民族人民的生活习惯和菜肴风格各具特色。中国菜肴的名称可以说出神入化、雅俗共赏,既有根据主、辅、调料及烹调方法写实命名的,也有根据历史掌故、神话传说、名人食趣、菜肴形象来命名的,如全家福、将军过桥、狮子头、叫花鸡、龙凤呈祥、鸿门宴、东坡肉等。

中国饮食器具之美,美在质、美在形、美在装饰、美在与馔品的和谐。

6. 讲究食疗,注重保健

药食同源是中国烹调与中医相结合形成的一套独特的食疗体系。它用中医的养生理论指导烹调操作,达到养生、食治的目的,对于科学烹调意义重大。

7. 讲究时令,注重特色

按季节而吃,是中国烹饪又一大特征。中国烹调的原料选取非常重视时令性,不同的季节使用的原料差异较大,冬天味醇浓厚,夏天清淡凉爽,冬天多炖焖煨,夏天多凉拌冷冻。这种选择与大自然的气候保持一致,对人体健康大有益处,也形成了一年四季菜肴的不同特色。

8. 中西结合,讲究创新

吸收西餐的长处、洋为中用,是提高和改进中国烹饪的方法之一。西菜注重营养搭配、清洁卫生、分食制以及某些烹调特色的优点,都可以借鉴到中国烹饪技术中来。

(四)西方主要菜肴

西方菜系主要指从西欧国家发展进化并逐渐传播到美洲发扬光大的饮食文化体系,西餐是西方菜系的主体,是西方国家主要饮食的统称,在世界餐饮发展史上占据重要的地位。西餐的显著特点是注意营养搭配,单独烹制沙司,注重肉类菜肴的老嫩程度。西餐中较为出名的有法式菜、英式菜、美式菜、意式菜、俄式菜和奥匈式菜等。法国菜是西方菜系的代表,也是世界上最受欢迎的菜系之一,其主要特点是讲究"高级食材、高级烹饪、高级调味",被誉为"美食之王"。它的口感之细腻、酱料之美味、餐具摆设之华美,简直可称为一种艺术。它的菜单通常包括前菜、主菜和甜点,其中主菜通常是肉类或鱼类,代表菜肴主要有:焗蜗牛、鹅肝、油封鸭等。意大利是另一个享誉世界的美食王国,以意大利面、比萨等传统菜肴而闻名,注重原汁原味的食材,常用的食材有橄榄油、巴马干酪、番茄等。美国美食文化多样而富有创新精神,美国汉堡、烤肉等已成为全球热门的美食。此外,由于美国是移民大国,其美食也受到了世界各地的影响,如意大利比萨、日本寿司等都在美国融入了当地的风味。

(五)中西烹饪的差异

中西烹饪的差异主要体现在以下几个方面。

1. 食材与烹饪工具

中式菜肴使用的食材更为多样化和丰富,如各种蔬菜、豆制品、海鲜、禽肉、畜肉等,以色表现菜肴特征,讲究色彩搭配。西餐则更重视质地和口感,多用食材的本色,常使用牛肉、猪肉、牛奶、黄油等。此外,中餐通常使用铁锅或砂锅等中式厨具进行烹调,而西餐则使用铝锅、烤箱等西式厨具。

2. 调味

西方烹饪侧重于使用牛油或奶油、奶酪、酱汁等来调味;而中式菜肴注重使用生姜、葱、大蒜、香菜、花椒等调味材料,也会使用豆瓣酱、辣酱油等调味料。

3. 烹饪方式

中菜注重甜咸酸辣苦;西菜讲究营养,味多平平。西餐常见的烹调方式包括烤、煎、炸、烩等,而中餐烹调方式则更加多样化,包括清蒸、红烧、炖、煨、煮等。

4. 主食差异

中餐以米饭和面食为主食,而西餐则以面包、面团和土豆等为主食。

5. 饮食礼仪

西方人在用餐时使用刀叉、高脚酒杯,饭前会饮用苏打水或柠檬水,饭后会享用甜点,人手一份,各吃各的;中国人使用筷子和汤勺用餐,饭前喜欢喝汤,饭后则喜欢喝茶。中式菜肴通常是由家庭或团体聚餐时一起分享,食物放在中心摆盘,每个人用自己的碗筷夹取食物,讲究碗碟盆盘成套有序。此外,中国饮食礼仪还包括餐桌上的座次、餐具的摆放、进食的顺序等方面的规定。

二、土特产品与旅游纪念品

(一)土特产品

1. 文房四宝

文房四宝是我国书画艺术的主要工具——笔、墨、纸、砚的总称。湖笔、徽墨、宣纸、端砚被誉为"文房四宝之首"。

湖笔产于浙江省湖州的善琏镇,历史上属湖州府管辖,故称"湖笔"。湖笔被誉为"毛颖之冠",原料精美、工艺高超,唐朝大诗人白居易就曾用"千万毛中选一豪"的诗句夸奖湖笔的精工细作。善琏的别名为"蒙溪",是为了纪念传说中的毛笔发明家——秦将蒙恬。

徽墨产于安徽省的歙县、休宁等地,历史上属徽州府管辖,故称"徽墨"。徽墨具有落纸如漆、色泽黑润、经久不褪、纸笔不胶、香味浓郁、丰肌腻理等特点,素有"拈来轻、磨来清、嗅来馨、坚如玉、研无声、一点如漆、万载存真"的美誉。

宣纸产于安徽省的泾县,历史上属宣州府管辖,故称"宣纸"。宣纸始于唐代,主要原料是皖南地区出产的清檀皮,当地的适宜水质也保证了产品的质量。宣纸白度高、拉力大、润墨性强,用来题诗作画最为理想,写字则骨神兼具,绘画则神采飞扬。再加上宣纸耐老化、寿命长,有"纸寿千年"之誉,所以我国现存的古代名家书画,少有不是得益于宣纸的。

端砚产于我国广东省肇庆东部的端溪一带,因隋代在肇庆设端州府,故称"端砚",端砚为我国四大名砚(端砚、歙砚、洮砚、澄泥砚)之首,历史上被列为贡品。端砚已有1500多年的历史,以石质坚实、润滑、细腻、娇嫩而驰名于世,用端砚研墨不滞,发墨快,研出之墨汁细滑,书写流畅不损毫,字迹颜色经久不变,端砚若佳,无论是酷暑还是严冬,用手按其砚心,砚心湛蓝墨绿,水气久久不干,故古人有"呵气研墨"之说。

2. 丝绸

中国是世界上最早载桑养蚕和缲丝的国家。中国生产的真丝、柞丝等天然丝织物,被誉为"东方绚丽的彩霞"。中国丝绸以其卓越的品质、精美的花色和丰富的文化内涵闻名于世。几千年前,丝绸从长安沿着丝绸之路传向欧洲,所带去的不仅仅是一件件华美的服饰、饰品,更是东方古老灿烂的文明。锦是丝绸的一种,因其织造工艺繁复、图案精美、色彩绚丽、质地高雅、装饰华贵而成为丝绸中的极品。南京的云锦、成都的蜀锦、苏州的宋锦被誉为三大名锦;湖南湘绣、四川蜀绣、广东粤绣以及江苏苏绣被誉为中国四大名绣。上海、江苏、浙江、四川、广东是我国主要的丝纺织工业基地,柞蚕丝以辽东半岛、山东半岛为主产区。

1) 织锦

织锦是用彩色经纬丝提花织成各种图案花纹的丝织品,产生于我国西周时期,宋代时已发展得十分成熟,明清时期形成了以成都的蜀锦、南京的云锦、苏州的宋锦和广西的壮锦为代表的四大名锦。除此之外,云南傣锦、湘西的土(家)锦、海南的黎锦等也都是极富民族特色的名锦。

蜀锦为四川省成都市特产,兴起于汉代,早期以多重经丝起花(经锦)为主,唐代以后品种日趋丰富,锦样已有数百种之多,近代蜀锦仍沿用染色熟丝织造的传统方法,质地坚韧、五彩缤纷。西南地区一些少数民族妇女用的围腰、头饰等都用蜀锦纹样作装饰。

云锦产于江苏省南京市,因其色泽光彩灿烂、美如天上云霞而得名,其用料考究、织造精细、图案精美、锦纹绚丽、格调高雅。云锦始于南朝,明清尤盛。现代只有南京生产,常称为"南京云锦"。云锦使用大量金线装饰,明丽辉煌,光彩夺目。2009年南京云锦织造工艺被列入人类非物质文化遗产代表作名录。

宋锦是江苏省苏州市丝织产品,始于北宋时期,苏州的织锦至今仍称为宋锦,因经线分面经和地经两重,故又称重锦。宋锦在图案花纹上继承了古代规矩锦的传统,主要用于装裱书画和装饰礼品。宋锦图案精美、色彩典雅、平整挺括、古色古香,可分大锦、合锦、小锦三大类。

壮锦又称僮锦,通常利用棉线或丝线编织而成,图案生动,结构严谨,色彩斑斓,充满热烈、开朗的民族格调。历经千余年的发展,壮锦形成了三类传统纹样,一是以几何装饰图案为主的连续纹样,二是以花卉为主题的复合纹样,三是以吉祥瑞兽为主题的纹样。

2) 刺绣

刺绣是以针代笔、以线晕色的艺术。中国刺绣被誉为"东方艺术明珠",苏绣、湘绣、蜀绣、粤绣并称为我国"四大名绣",有"超级绣品"之誉。

苏绣主要产于江苏苏州、南通一带,因绣工精细、针法活泼、图案秀丽、色彩素雅而著称于世,地方特色浓郁,是中国刺绣工艺的典范。双面异色、异物、异针绣的三异绣及环形绣等艺术新范深受人们喜爱和赞赏,"双面异色绣"在国际上被赞为"魔术般的艺术",双面绣《猫》是现代苏绣的代表作。

湘绣产于湖南长沙,具有构图优美、绣艺精湛、色泽鲜艳、风格豪放、神态生动等特点,有"绣花花生香,绣鸟能听声,绣虎能奔跑,绣人能传神"的美誉,成了湖南乃至中国的"艺术名片"。湘绣题材广泛,巧妙地将中国传统的绘画、刺绣、诗词、书法、金石各种艺术融为一体,以狮虎绣品为代表作,其特有的鬇毛针绣老虎栩栩如生。

蜀绣产于四川成都及郫县等地区,因构图精巧、刻画细腻、形神兼备、色彩明丽而著称,代表作有《熊猫》和《芙蓉鲤鱼》等双面绣。蜀绣常用晕针来表现绣物的质感,体现绣物的光、色、形,把绣物绣得惟妙惟肖,如鲤鱼的灵动、金丝猴的敏捷、人物的秀美、山川的壮丽、花鸟的多姿、熊猫的憨态等。它还采用"线条绣",在洁白的软缎面料上运用晕、纱、滚、藏、切等技法,以针代笔、以线作墨,绣出来的花纹线条流畅、色调柔和,不仅增添了笔墨的湿润感,还具有光洁透明的质感。

粤绣因构图饱满、繁而不乱、色彩浓郁、立体感强等特点而著称,其最大的特点就是布局满、少有空隙,即使有空隙,也要用山水、草地、树根等图案补充,显得热闹而紧凑;粤绣的另一个独特现象是绣工多为男工。金银丝垫绣是粤绣中最具特色的技法之一,代表作有"百鸟朝凤"等。

3)缂丝

缂丝是我国古代传统的高档手工艺品之一。缂丝采用"通经断纬"的手法,在木机上用小梭按图稿的图案和色彩进行挖织,正反面图案效果相同,近似镂刻,以苏州的缂丝制品为上乘。

4)蜡染与扎染

蜡染是先用蜡在织物上画出图案,然后入染,再煮沸去蜡,分为单色染和复色染两种。扎染是用线将织物按所需花型扎结,然后浸入染液中,形成特定的花纹。我国云南、贵州少数民族的蜡染、扎染制品的艺术价值很高。

3. 茶

茶、咖啡和可可是世界三大著名饮料。中国是茶的原产地,茶叶的花色品种很多。中国茶根据加工方法不同,可分为绿茶、红茶、白茶、乌龙茶、黄茶、黑茶、花茶等。

绿茶是不发酵的茶叶,经杀青、整形、烘干等工艺,茶汤绿色,香气芬芳,以杭州西湖龙井、苏州太湖碧螺春、安徽六安瓜片、黄山毛峰、河南信阳毛尖、贵州都匀毛尖、安徽屯溪珍眉、庐山云雾等最为著名。

红茶是全发酵的茶叶,其茶色红亮、香气浓郁,以安徽的祁门红茶祁红、江西的宁州红茶宁红、云南的红茶滇红等最为著名。

白茶属微发酵茶,采摘后,不经杀青或揉捻,只经过晒或文火干燥后加工,因其成品茶多为芽头、满披白毫、如银似雪而得名,如福建白毫银针、白牡丹等。

乌龙茶又称青茶,是一种半发酵茶,既有绿茶的清香,又有红茶的甘醇,以福建安溪铁观音、武夷岩茶,广东潮州凤凰茶和台湾冻顶乌龙等最为著名。

黄茶属于轻发酵茶,加工工艺与绿茶类似,只是在干燥过程的前或后增加了一道"闷黄"的工艺,茶汤纯黄,香气清醇,滋味甜爽。著名品种有湖南的君山银针、安徽的霍山黄芽、四川的蒙顶黄芽等。

黑茶又称紧压茶,发酵时间较长,松茶叶呈黑色、黑褐色,是经蒸软后压制成各种形状的再加工茶,以云南大理、四川宜宾、重庆产的沱茶,湖南安化和重庆的砖茶,云南普洱的方茶最为著名。

花茶以茉莉、珠兰、桂花、菊花等鲜花经干燥处理后,与不同种类的茶胚拌和窨制而成,以福建和苏州的茉莉花茶、安徽歙县的珠兰花茶、桂林的桂花茶等最为著名。

中国十大名茶为西湖龙井、洞庭碧螺春、黄山毛峰、君山银针、信阳毛尖、安徽祁门红茶、六安瓜片、都匀毛尖、武夷岩茶、安溪铁观音。

4. 酒

中国制酒历史源远流长,品种繁多,名酒荟萃,享誉中外。我国有 5000 多年的酿酒历史,已形成白酒、黄酒、果酒、啤酒、配制酒、乳酒六大系列,地方名酒繁多。从文学艺术创作、文化娱乐到饮食烹饪、养生保健等,酒渗透于整个中华五千年的文明史中,在中国人生活中占有重要的位置。

1) 酒和酒度

凡含有酒精(乙醇)在 0.5%～65% 的饮料酒均属酒类。酒饮料中酒精含量称为"酒度"。酒度有三种表示法。

容积百分比:以 %(V/V) 为酒度,即每 100 毫升酒中含有纯酒精毫升数。如我国茅台酒酒度为 53°,即茅台酒每 100 毫升中有纯酒精 53 毫升。

质量百分数:以 %(m/m) 为酒度,即每 100 克质量酒中含有纯酒精的克数,包括我国在内的多数国家测定标准酒度均采用 20° 测定。

标准酒度:欧美常用此法表示蒸馏酒中酒精含量。古代把蒸馏酒泼在火药上,能点燃火药的最低酒精度为标准酒度 100°。

2) 按酿造方法和酒特点总分类

发酵酒又称酿造酒。这类酒酿造后,只经过简单澄清、过滤、贮藏以后即作为成品。其特点为酒度低,一般为 3%～8%(V/V),保质期短,不宜长期贮存。

蒸馏酒用各种原料酿造产生酒精后的发酵液、发酵醪或酒醅等,经过蒸馏技术,提取其中酒精等易挥发性物质,再冷凝而制成。其特点是酒度高,一般在 30%(V/V) 以上,致醉性强。

配制酒的品种特别多,制造技术也极为不同。它是以酿造酒、蒸馏酒或食用发酵酒精为酒基,用混合蒸馏、浸泡、萃取液混合等方法,混入香料、药材、动植物、花等组成。这类酒品种差异很大,但共同特点是经过风味物质、营养物质或疗效性物质等强化。其酒精浓度通常介于发酵酒和蒸馏酒之间,一般为 18%～38%(V/V)。

3) 按酒类的酒度分类

低度酒,即酒中含酒精成分在 20%(V/V) 以下的酒类。

中度酒,即酒中含酒精成分在 20%～38%(V/V) 的酒类。

高度酒,即酒中含酒精成分在 38%(V/V) 以上的酒类。

4) 按原料分类

白酒,又分粮食白酒、薯干白酒和代粮白酒 3 种。

黄酒,又分稻米黄酒、玉米黄酒和小米黄酒 3 种。

果酒,根据原料水果不同,分成葡萄酒、梨酒、苹果酒、猕猴桃酒、山楂酒等。

5) 按酒的香型分类

白酒是由各种含淀粉或糖分的原料、辅料、酒曲、酒母、水等,经过糖化发酵后,用蒸馏法制成的 40°～65° 的高浓度酒。白酒,尤其是国家名酒,由于酿酒原料、生产工艺、设备等条件不同,会形成不同香型和风味特点。在我国,主要有酱香型、窖香型、清香型、米香型、兼香型五种。

酱香型又称茅香型,数量很少,除贵州茅台酒外,四川古蔺郎酒、湖南常德武陵酒也属此香型。采用超高温制曲、凉堂、堆积、清蒸、回沙等酿造工艺,在石窖或泥窖内发酵制成。其特点为酱香突出、幽雅细致、酒体醇厚、回味悠长,甚至盛过酒的空杯仍留有香气。

窖香型又名浓香型,以泸州老窖特曲为代表。该香型比较适合一般消费者口味,在白酒中所占比例最大。采用混蒸续渣工艺,在陈年老窖或人工酒窖内发酵制成。其特点为窖浓郁、绵柔甘洌、香味协调、尾净余长。除泸州老窖特曲外,五粮液、古井贡酒、全兴大曲、剑南春、洋河大曲、双沟大曲、宋河粮液、沱牌曲酒等也属此香型。

清香型以汾酒为代表,比较适合北方消费者的需要。采用蒸馏清渣工艺,在地缸内发酵制成。其特点为清香纯正、口味协调、微甜绵长、余味爽净。另外特制黄鹤楼酒、宝丰酒也属此香型。

米香型又称蜜香型,以广西桂林三花酒为代表。采用酱香、浓香两种香型的某些特殊工艺酿造而成。其特点为蜜香清雅醇和、入口柔绵、落口爽洌、回味怡畅。

兼香型兼有两种白酒香型的特点,所以又称混香型、复合型或其他香型,工艺独特,发酵时间长。如贵州遵义董酒、陕西西凤酒。

1952—1989 年五届全国评酒会评出国家名酒白酒共 17 种,即茅台酒(有"国酒"之誉)、泸州老窖特曲、汾酒、西凤酒、五粮液、古井贡酒、董酒、全兴大曲、剑南春、洋河大曲、双沟大曲、特制黄鹤楼酒、郎酒、武陵酒、宝丰酒、宋河粮液、沱牌曲酒。

6）黄酒

黄酒是中国最古老的饮料酒,也是中国特有的酿造酒,多以糯米为原料,蒸熟后加入专门的酒曲和酒药,经过糖化、发酵后压榨而成。酒度一般为 16°～18°,含糖、氨基酸等多种成分,具有相当高的热量,是营养价值很高的低度饮料。黄酒主要产于中国长江下游一带,以绍兴加饭酒和龙岩沉缸酒最为有名,福建的红曲酒"五月红"曾被誉为中国第一黄酒。

7）葡萄酒

葡萄酒原产于西亚地区。汉武帝建元三年(公元前 138 年),张骞出使西域,将葡萄酒引入内地。我国西北地区在唐代已用葡萄蒸制葡萄烧酒,饮葡萄酒之风非常盛行。中国最早的近代葡萄酒酿造企业是 1892 年由华侨张弼士创建的山东烟台张裕葡萄酒厂。

按加工方法,葡萄酒分为酿造葡萄酒(又称原汁葡萄酒或静止葡萄酒)、加香葡萄酒、起泡葡萄酒和蒸馏葡萄酒。

按糖分含量,分为干葡萄酒(小于 0.5%,口感无甜味)、半干葡萄酒(0.5%～1.2%,有极微弱甜味)、半甜葡萄酒(1.2%～5%,口感较甜)和甜葡萄酒(大于 5%,口感很甜)。

按色泽,分为红葡萄酒、玫瑰红葡萄酒和白葡萄酒。

红葡萄酒采用红葡萄为原料,连皮带汁发酵酿造,葡萄皮保留时间越长,酒色越红。一般来说,红葡萄酒必须经过 5～6 年才会产生丰润的味道,最短也需要 3～5 年,贮藏数十年的才会成为佳酿。它的最佳饮用温度为 15～18℃(高温)。它助消化,是烤肉类或铁扒类菜肴的最好佐餐酒。白葡萄酒采用白葡萄(黄色、绿色系列)为主要原料,只需贮藏 2～5 年即可,其最佳饮用温度为 8～12℃(冰镇),它果香芬芳,微酸爽口,是鱼贝类、禽类的最好佐餐酒。

在 1952—1984 年的四届全国评酒会上,被评为国家名酒的葡萄酒有:烟台红葡萄酒、味美思、金奖白兰地、北京中国红葡萄酒、北京特制白兰地、北京长城干白葡萄酒、河南民权白葡萄酒、天津半干白葡萄酒。

8）啤酒

啤酒是以大麦芽和啤酒花为主要原料，再加上水、淀粉、酵母等辅料，经酵母发酵而成的一种含二氧化碳的低度酒精饮料，也叫麦酒。它含有丰富的营养，如氨基酸、维生素等，有"液体面包"的美誉。

根据是否杀菌，啤酒可分为鲜啤酒（生啤酒）和熟啤酒；根据啤酒的麦汁浓度、酒精含量（质量）不同，可分为低浓度啤酒（7°～8°，2％）、中浓度啤酒（11°～12°，3.1％～3.8％）和高浓度啤酒（14°～20°，4.9％～5.6％）三种；根据颜色深浅，可分为黄啤酒（淡色啤酒或浅色啤酒）和黑啤酒（浓色啤酒或绿色啤酒）。

在1963—1984年的三届国家评酒会上，被评为国家名酒的啤酒有：青岛啤酒、北京特制啤酒和13°特制上海啤酒。

9）配制酒

以白酒、葡萄酒或黄酒为酒基，配合中药材、芳香原料和糖料等制成。在1963—1984年的三届全国评酒会上，被评为国家名酒的配制酒有：山西竹叶青、湖北园林青。

5. 瓷器和陶器

1）瓷器

中国素有"瓷器王国"之称。瓷器是由瓷石、高岭土、石英石、莫来石等烧制而成，外表施有玻璃质釉或彩绘的物器。瓷器要经过窑内的高温（1280～1400℃）烧制才能成型，瓷器表面的釉色会因为温度不同发生各种化学变化。中国历来有三大瓷都的说法，分别是江西景德镇、福建德化、湖南醴陵。

江西景德镇被誉为"瓷都"，青花瓷、青花玲珑瓷、粉彩瓷、薄胎瓷是景德镇瓷器中的四大传统名瓷。青花、釉里红、粉彩、斗彩等皆为上品，一度是中国赠予外国元首的礼品。

福建德化以白瓷塑佛像闻名，瓷质作乳白色，洁白晶莹。产品以瓶、罐、杯、盘等日用瓷器为主，兼有雕塑艺术的陈设瓷器，多用贴花、印花、堆花作装饰，畅销国外。其制作细腻，雕刻精美，造型生动，尤其是雕塑造型人物，更具备令人神往的艺术魅力。德化白瓷享有"中国白"的盛誉，其中明代建白瓷器，被誉为"东方艺术的明珠"。

湖南醴陵是世界釉下五彩瓷的原产地，也是中国"国瓷""红官窑"的所在地，陶瓷产业已有2000余年的历史，是全国三大"瓷都"之一。釉下装饰艺术是中国瓷器艺术百花苑中一枝异花奇葩，它集胎质美、釉色美、工艺美、形体美、彩饰美于一体，具有高度的美学价值和文化意义。醴陵釉下五彩瓷质地精良、润泽清雅、艳而不俗。1915年，醴陵釉下五彩瓷获得巴拿马国际金质奖章，近代醴陵瓷器因用作人民大会堂装饰用瓷器而被称为"国瓷"。

2）陶器

陶器是用黏土或陶土经捏制成形后烧制而成的器具。陶器历史悠久，新石器时代就已初见简单粗糙的陶器。陶器在古代作为一种生活用品，现在一般作为收藏工艺品。

江苏宜兴紫砂陶器质地细腻，造型美观大方，装饰纯朴淡雅，具有浓郁的民族风格，有"天下神品"之称，尤以紫砂茶壶最为出名。

唐三彩全名唐代三彩釉陶器，是盛行于唐代的一种低温釉陶器，以黄、绿、白三色为主，所以人们习惯称之为"唐三彩"。唐三彩因最早、最多出土于洛阳，也有"洛阳唐三彩"之称。洛阳出土的唐三彩马和骆驼制品生动逼真、气魄雄健、色彩瑰丽。

6. 名贵中药

中药按加工工艺可分为中药材和中成药两大类。名贵中药材有东北的人参、鹿茸,甘肃、宁夏的枸杞,山西、甘肃的党参、黄芪、麻黄,青海的大黄、冬虫夏草、羌活,云南的三七和当归,四川的麝香、贝母、杜仲,云、贵、川的天麻,广西的砂仁,山东的阿胶,台湾的樟脑,广东、海南的胖大海等。

中成药中的云南白药、蛇胆川贝枇杷膏、健民咽喉片、山西龟龄集、山西定坤丹、西瓜霜润喉片、杭州青春宝抗衰老片、西藏常觉漆木解毒丸、漳州片仔癀、大活络丹、十全十补丸、六神丸、乌鸡白凤丸、龙牡壮骨冲剂、六味地黄丸等以其独特的疗效而扬名中外。

(二) 旅游纪念品

旅游纪念品是旅游者在旅游地购买的具有一定审美价值、实用价值、旅游地民俗文化特色和纪念意义的特殊商品。它具有艺术性、实用性、纪念性、礼品性、地方性和民族性等特点。旅游纪念品可以分为特种工艺品,民间工艺品,文物商品及其仿制品、复制品三大类。

1. 特种工艺品

1) 雕刻工艺品

雕刻工艺是运用刀法技术在硬质材料上刻画出各种自然山水、人文景观等画面,融诗词、书法、绘画于一炉。按不同的原材料,雕刻工艺品主要分为玉雕、石雕、木雕、牙雕、竹雕、贝雕、椰雕、竹刻等。

中国和墨西哥、新西兰是世界三个著名的玉器工艺品产地,我国的玉雕在国际上被誉为"东方艺术瑰宝"。北京玉雕是我国玉雕之魁,扬州玉雕以"南方之秀"为主,兼有"北方之雄"的风格。苏州玉雕具有加工精巧、秀丽典雅的特点,黑龙江的玛瑙雕千姿百态、五彩缤纷。甘肃酒泉夜光杯在 2000 多年前就已生产,由祁连山优质玉雕琢而成,夜光杯薄如蛋壳、光泽透亮、造型色彩丰富、小巧玲珑,具有抗高温耐严寒、耐摔、易保管等优点。尤其是夜晚,对着皎洁月光,把酒倒入杯中,光彩熠熠,酒香扑鼻,唐代诗人王翰有"葡萄美酒夜光杯"之句。我国的玉石材料还包括江苏东海和海南的水晶、台湾和海南的珊瑚等。

牙雕以象牙或仿象牙为原料,中国的牙雕主产地有北京、广州、上海、天津、南京等。北京牙雕以人物、花卉为主,既有宫廷艺术的古朴、华贵的特征,又有民间生活的气息;广东牙雕以通花雕刻为主,精于镂空和透雕,精巧玲珑,是我国南方牙雕的代表。广州和苏州的微型雕刻象牙米也是牙雕中的珍品,手工艺人可以在一颗米大小的象牙上雕刻 10 首唐诗共 310 字,也曾在一粒米大小的象牙片上雕出世界上最小的佛像。

我国的石雕在古代基本上从属于墓葬、宗教和建筑。作为使用和摆设的石雕工艺品以浙江的青田石雕、福建的寿山石雕、浙江的昌化鸡血石雕、湖南的浏阳菊花石雕、四川广元白花石雕最为著名,青田冻石、寿山田黄石和昌化鸡血石被称为我国三大佳石。

木雕在我国非常普遍,其用途和风格各有特色。木雕以浙江的黄杨木、福建的龙眼木、江苏的红木、广东潮州的金漆木等为原料。浙江东阳被称为"木雕之乡",到处都是木雕艺人,擅用樟木雕刻多层次的高浮雕和优美的轻浮雕,其雕刻装饰和实用功能相结合,广泛用于建筑和家具日用品;广东潮州木雕精于镂空的高浮雕,主要用于装饰建筑和家具,木雕表面刷一层金漆,成为金碧辉煌、玲珑剔透的"金漆木雕";福建木雕多用龙眼木制成小件观赏品,泉州主要用樟木雕刻木偶头工艺品;湖北以木雕船最具特色;云南大理剑川木雕具有白族风格；海南以椰壳为原料雕刻的各种器皿和工艺品深受外国游客的喜爱。

竹刻以湖南邵阳和浙江黄岩的翻黄竹刻、上海嘉定竹刻、江苏常州的留青竹刻较为著名。

2）金属工艺品

景泰蓝是北京特有的金属工艺品，由铜和珐琅相结合制成，又称"铜胎掐丝珐琅"。以孔雀蓝釉最为出色，景泰蓝具有浑厚凝重、富丽典雅、金碧辉煌、美妙无比的艺术特点，蜚声海内外。它与福建的脱胎漆器、江西景德镇瓷器并称为中国传统工艺的"三绝"。

安徽芜湖铁画为中国独具风格的工艺品，是芜湖市特有的工艺美术品。铁画吸取了我国传统国画的构图法及金银首饰、剪纸、雕塑等工艺技法，以低碳钢做原料，以铁代墨，以锤代笔，经过出稿、剪、砸、烧打、上漆蜡、上框等工序和打活、钻活等工艺，精制成山水、人物、花卉、虫鱼、飞禽、走兽等各种艺术品。它将民间剪纸、雕刻、镶嵌等各种艺术的技法融为一体，采用中国画章法，黑白对比，虚实结合，另有一番情趣。

龙泉宝剑产于浙江省南部龙泉，坚韧锋利，有"斩铜如泥，吹毛断发"之美誉。

3）刺绣工艺品

苏绣、湘绣、蜀绣、粤绣并称为我国"四大名绣"，有"超级绣品"之誉。苏绣主要产于江苏苏州、南通一带，双面异色、异物、异针绣的三异绣及环形绣等艺术新葩被誉为"东方艺术明珠"。湘绣产于湖南长沙，绣品形象生动逼真，色彩鲜明，形神兼备，动静互彰，有"绣花花生香，绣鸟能听声，绣虎能奔跑，绣人能传神"的美誉，成为湖南乃至中国的艺术名片。鬅毛针绣出的老虎栩栩如生，"双面异色绣"在国际上被赞为"魔术般的艺术"。蜀绣产于四川成都及郫县等地区，以其明丽清秀的色彩和精湛细腻的针法形成了自身的独特韵味，它以软缎、彩丝为主要原料，具有针法严谨、针脚平齐、变化丰富、形象生动、富有立体感等特点。粤绣也称"广绣"，绣品主要取材于龙凤、花鸟等，图案构图饱满、均齐对称，色彩对比强烈、富丽堂皇。针法具有"针步均匀、纹理分明、处处见针、针针整齐"的特点；粤绣可分为绒绣、线绣、金银线绣三类；绣工多为男工，代表作有"百鸟朝凤"等。

4）丝织工艺品

织锦是我国古代传统的用彩色经纬提花织成带有各种图案花纹的熟丝织品。南京的云锦、成都的蜀锦和苏州的宋锦并称中国三大古锦。缂丝采用"通经断纬"的手法，以生丝作经线、熟丝作纬线，在木机上用小梭子按图稿的图案和色彩挖织，正反面图案效果相同，近似镂刻，以苏州的缂丝制品为上乘。

5）漆器工艺品

漆器是经过制胎，再髹底漆打磨、抛光、装饰而制成的一种美术工艺品。我国的漆器工艺品的制作已有六七千年的历史，将天然生漆涂在各种器物表面，制成具有透明、发亮、防腐、耐酸碱等特点的各类制品。当代漆器以北京（雕漆和金漆镶嵌）、福建（脱胎漆器）、扬州（镶嵌漆器）、成都（雕嵌填彩漆器）、山西平遥（推光漆器）、贵州大方、甘肃天水（雕填漆器）等地产品最有名。

北京漆器擅长浮雕和镂雕等技法，雕刻的人物、山水、花卉、动物层次分明，极富立体感。福建脱胎漆器产于福州，具有做工精巧细致、质地轻巧坚牢、造型美观大方、色泽鲜艳质朴等特点，被国外誉为"真正中国的民族艺术"。扬州镶嵌漆器在漆器上用贝壳镶嵌出各种优美的图案花纹，起到了很强的装饰效果，具有造型古朴典雅、纹样优美多姿、色彩斑斓绚丽等特点。

2. 民间工艺品

民间工艺品一般是指由民间艺人创造、生产的艺术品。它采用传统工艺方法,就地取材,具有浓郁的民间气息、生活情趣和地方特色。

1) 塑造工艺品

"泥人张"彩塑堪称天津一绝,以塑造戏剧人物为主。"泥泥狗"是河南淮阳广大农民用手捏制的玩具,以动物为主,吹气会发出哨声。惠山泥塑产于无锡惠山,又叫惠山泥人,造型饱满、色彩鲜艳、形态简练,富有浓郁的江南地方韵味。北京"面人汤"的面塑形体完整饱满、造型略作夸张、色彩鲜艳醒目,制作手法多样,注重神气动态,有着鲜明的风格特征。凤翔泥偶产于陕西凤翔城东六道营一带,造型夸张、色彩强烈,倍受人们珍爱。

2) 编织工艺品

编织工艺品根据原料可分为竹编、草编、柳编、藤编及金属丝、棉纱、毛线、丝绒编织等,东阳竹编产于浙江省东阳,被誉为"竹编之都"。江苏扬中的竹编工艺品大量出口;山东草编以麦秸、荷麻、玉米皮等为原料,朴素而绚丽;宁波草编以草席和金丝草帽而著称;甘肃东部的陇上草编古朴典雅;壮锦是壮族人民的编织工艺品,以棉纱和五色丝线织成。

3) 年画、工艺画

年画起源于汉代、发展于唐宋、盛行于明清,最早是由门神画发展而来的。娱乐性、寓意性、时代性和教育性是年画的传统特点。中国最著名的年画有天津杨柳青木版年画、苏州桃花坞木板年画,素有"南桃北杨"之说,杨柳青木版年画和苏州桃花坞年画均已被列入国家非物质遗产名录。此外,山东潍坊的杨家埠木版年画也很著名。

天津杨柳青木版年画:木版印绘制品,中国著名民间木版年画,约产生于明代崇祯年间,清代雍正、乾隆时期至光绪初期为鼎盛期。制作方法为"半印半画",即先用木版雕出画面线纹,然后用墨印在纸上,套过两三次单色版后,再以彩笔填绘,勾、刻、刷、画、裱等纯手工制作。其具有笔法细腻、人物秀丽、色彩明艳、内容丰富、形式多样、气氛祥和、情节幽默、题词有趣等特色。杨柳青年画通过寓意、写实等多种手法表现人民的美好情感和愿望,如年画《连年有余》,画面上的娃娃"童颜佛身,戏姿武架",怀抱鲤鱼,手拿莲花,取其谐音,寓意生活富足,已成为年画中的经典,广为流传。杨柳青年画内容取材极为广泛,诸如历史故事、神话传奇、戏曲人物、世俗风情以及山水花鸟等,特别是那些与人民生活密切关联的题材,还有带有时事新闻性质的题材等,不仅富有艺术欣赏性,而且具有珍贵的史料研究价值。

苏州桃花坞木版年画:源于宋代的雕版印刷工艺,由绣像图演变而来,到明代发展成为民间艺术流派,清代雍正、乾隆年间为鼎盛时期,每年出产的桃花坞木版年画达百万张以上。桃花坞年画兼用着色和彩套版印刷,构图对称、丰满,色彩绚丽,常以紫红色为主调表现欢乐气氛,基本全用套色制作,刻工、色彩和造型具有精细秀雅的江南民间艺术风格,以表现吉祥喜庆、民俗生活、戏文故事、花鸟蔬果和驱鬼避邪等民间传统审美内容为主,民间画坛称之为"姑苏版"。该年画曾广泛流传于江南一带和中国许多地方,而且远渡重洋流传到日本、英国和联邦德国,特别是对日本的"浮世绘"产生了重要影响,被海外媒体誉为"东方古艺之花",其代表作有《五子登科》《庄子传》《珍珠塔》等。

杨家埠木版年画:流传于山东省潍坊市杨家埠的一种民间版画,是我国民间艺术宝库中的一朵奇葩,以浓郁的乡土气息和淳朴鲜明的艺术风格而驰名中外。杨家埠木版年画始于明朝末年,繁荣于清代,至今已有400多年历史,是我国著名的三大民间年画之一。清代乾隆年间是杨家埠年画发展的鼎盛时期,当时的杨家埠村已有"画店百家,画种上千,画版数万"之说,年画销售量每年高达数千万张。作为中国黄河流域地道的农民画,杨家埠木版年画根植于民间,年画题材形式新颖多样,从大门上的武门神、影壁墙上的福字灯、房门上的美人条、金童子到房间内的中堂、炕头画;从窗户两旁的月光画、窗户周围的窗旁、窗顶,乃至院内牛棚禽圈上的栏门槛,大车、粮囤上都有专用张贴的年画,真可谓无处不及、无所不有,把农家院落里里外外打扮装饰得节意浓郁、喜气洋洋。

4)内画壶

北京、河北、衡水、山东博山的内画壶很有特色,艺人在透明玻璃小壶的内壁用特制的竹笔或毛笔蘸色反画出各种人物、山水、花鸟等图画,是一种观赏与实用功能结合的袖珍工艺品,其中的鼻烟壶备受中外游客欢迎。

5)风筝

风筝由中国古代劳动人民发明于东周春秋时期,距今已有2000多年的历史。相传墨翟以木头制成木鸟,研制3年而成,是人类最早的风筝。后来鲁班用竹子改进了风筝的材质,直至东汉蔡伦改进造纸术后,坊间才开始以纸做风筝,称为"纸鸢"。到南北朝时,风筝开始成为传递信息的工具;从隋唐开始,由于造纸业的发达,民间开始用纸来裱糊风筝;到了宋代,放风筝成为人们喜爱的户外活动。2000多年来,高超的风筝工艺与悠久的中国传统文化融合,风筝不再是最初简单的纸鸢,人们放飞的不仅仅是飞翔的梦想,还有对美好生活的向往。于是,神话故事、花鸟瑞兽、吉祥寓意成了中国传统风筝最常表现的内容。北京、天津、南通、潍坊是我国四大风筝产地,潍坊每年都举办国际风筝节。

6)民间剪纸工艺品

民间剪纸是一种流传于民间、用剪刀或刻刀在纸上剪刻成各种图案的手工艺品,它具有"千剪不断、万刻不落"的特点,已有四五千年的历史。北方剪纸具有豪放粗犷、简洁优美、构图匀称的特点,题材以花卉、鸟兽、民间传说为主,如山东黄岛剪纸。南方剪纸清新典雅、细巧秀丽,喜用江南水乡景色题材。

3. 文物商品及其仿制品、复制品

文物商品具有陈列、装饰、收藏、馈赠价值,是一种特殊的纪念品。一般包括书画、瓷器、古钱币、古铜镜、旧玉器、古砚、古墨、古书、旧碑帖、偶像、旧珐琅、旧钟表、旧乐器等一些陈旧、古朴的物品,各地文物商店都有出售。

仿制品和复制品是对以上文物商品进行仿制和复制的作品,这些作品虽名仿制和复制品,但其技艺精湛,仿古似古,有的甚至可以达到以假乱真的地步。

（三）重要的购物场所

1. 步行街

步行街是指在交通集中的城市中心区域设置行人专用道后逐渐形成的商业街区。步行街有着无数的商店、餐厅、咖啡厅、美容美发店以及各种娱乐场所,能够满足不同人群的需求,它是购物、娱乐、旅游不可或缺的一部分。前往步行街,可以看到不同文化的街头艺人带来精彩的演艺表演;可以品尝到国内外各种美食,从地方小吃到豪华餐厅都有。在步行街,可以购买到最新的时尚商品、家具、化妆品和各种小玩意儿;步行街的环境一般较好,清爽、宽敞的街道、漂亮的街道设计以及各类商业场所的建筑风格各不相同,让人喜爱。中国著名的步行街主要有上海南京路步行街、北京王府井步行街、哈尔滨中央大街、西安大唐不夜城步行街、武汉江汉路步行街、重庆解放碑步行街、成都春熙路步行街、广州北京路步行街、沈阳中街步行街等。

2. 购物中心

购物中心是指将多种零售店铺、服务设施集中在一个建筑物内或一个区域内,向消费者提供综合性服务的商业集合体。这种商业集合体内通常包含数十个甚至数百个服务场所,业态涵盖大型综合超市、专业店、专卖店、饮食店、杂品店以及娱乐健身休闲场所等。

购物中心是20世纪50年代以来在西方国家兴起的一种商业组织形式。战后,西方国家城市居民为逃避拥挤的交通和城市污染,纷纷迁居城郊,为满足此类富裕居民的需要,购物中心应运而生。它一般由投资者根据实际需要,在统一规划、设计的基础上兴建,然后招商租赁,所有承租的商店共同使用公共设施,分担公共支出,彼此既互相联系,又相互竞争。根据购物中心的建筑、设施和形态的不同,国际购物中心协会又将购物中心细分为"摩尔"(即Mall,停车场与店铺间有一定的距离,通常在整体建筑的地下或外围,而店铺间有专门的步行街连接,如区域型、超区域型购物中心)和带状中心(店铺前各有停车场,店铺间通常没有专门的步道连接,如邻里型、社区型等)。国外著名的购物中心主要有迪拜购物中心、新加坡乌节路购物中心、纽约时代广场、伦敦自由广场购物中心、巴黎春天百货、东京银座购物中心等。

20世纪80年代以前,我国没有购物中心,常见的主要是各种类型的供销社、百货大楼。90年代中期,随着上海港汇商城、广州天河城、北京国贸中心的陆续建成开业,我国开始拥有一批业态复合度较高、规模面积较大且经营较成功的真正的购物中心。2011年年底,全国大型购物中心数量达到2795家,国内购物中心呈现蓬勃发展的势头,近年来每年新建数量近300家。根据我国《购物中心等级评价标准》(编号:T/CECS 514—2018),购物中心质量等级从高到低依次划分为五星、四星、三星、二星、一星五个等级。其中,五星级购物中心不论是设计规划、硬件设施,还是运营管理、消费体验都代表着世界级水平。中国著名的购物中心主要有北京三里屯太古里、上海恒隆广场、广州太古汇购物中心、重庆万象城、深圳海岸城购物中心、合肥银泰中心、杭州湖滨银泰in77、西安大悦城、成都远洋太古里、长沙IFS等。

3. 特色市场

特色市场是指专门经营某类特色商品的购物场所。福建石狮服装城、江苏常熟的服装市场、广东虎门的服装市场是常年供应四季服装的大型批发市场,经营的服装规格齐全,式样繁多,吸引了全国各地的厂商和顾客;北海"南珠宫"是专门经营珍珠的市场,这里的珍珠颗粒大、圆润晶莹;南京夫子庙以古玩字画和地方名点小吃著名;上海豫园以经营各色小商品、工艺品和精美小吃为特色;北京琉璃厂古文化街以古玩字画而闻名中外,荣宝斋经营的木版水印字画、中国字画、文房四宝很有特色;江苏南通有闻名于世的家纺市场,经营各种家庭纺织用品;浙江义乌是全国最大的小商品批发市场之一,经营的小商品品种繁多、价格合理,服务周到,吸引了世界各国和地区的客商前来采购;江苏丹阳眼镜市场主要经营眼镜架、眼镜片、成品眼镜、电脑验光仪器、查片仪器、眼镜专用工具和眼镜配件等几千个品种,已成为目前东南亚地区最大的眼镜集散地之一,和北京眼镜城、广州眼镜城并称为中国三大眼镜批发市场;北京潘家园旧货市场是全国最大的旧货市场,经营各种文物书画、文房四宝、瓷器及木器家具等,共有 3000 多个摊位,全国各省市都有人在此设摊经营,许多少数民族也在此经营本民族的产品,这里的商品五花八门,吸引着大批中外游人前来挑选自己喜爱的各种物品。

许多国家都有著名的特色市场,如巴黎第十区的"天堂街"小胡同,每家店铺都专门经营各式晶莹剔透的水晶玻璃制品,其中水晶玻璃酒杯造型各异,深受游人喜爱。

4. 现代商场

现代商场具有各类商品齐全、装饰美观、购物环境轻松、设备先进、服务周到、管理有序等特点。其销售的商品种类齐全,商品明码标价,一般采用柜台和自选相结合的售货方式。现代商场有娱乐、餐饮设施,实行购物、娱乐、餐饮一条龙服务。随着中国商业的快速发展,商场、购物中心等大型商业的购物环境也发生很大变化,各种商品的陈列丰富多彩,各个品牌空间装饰精致而有特色。

现代商场的主要特点如下。

(1) 商场的品牌定位明确。商场所经营商品的定位决定着商场的发展方向,商业环境要与高端品牌的陈列相一致,高雅、华贵,使顾客一进入商场即有一种高档商业空间、高端的购物享受、高品位的生活体验,如北京银泰中心、北京金宝汇购物中心等。

(2) 集购物、餐饮、娱乐、休闲于一体。商场往往位于交通便利的区域,一般是该地区的地标建筑,融合了当地的历史与文化。

(3) 商城有明亮的灯光照明。商店的门面入口部分要照得明亮,突出商场形象,给人良好的第一印象,要注意商场环境照明与商品局部照明、重点照明的关系,达到既有气氛又能强调商品的目的。

(4) 有顾客休息和小坐的空间。商业区内布置充足的休息区,不仅能让消费者有足够的休息空间,同时还能稳定商场的人流量。

(5) 有方便快捷的结算服务和标识。现代商场的标识使顾客可以很便捷地找到要去的场所;现代商场的结算方式有网络式结算、刷卡消费,并有集中的收款台、VIP 会员式的服务台。收款台、服务台设计造型要新颖、美观,位置明显、便于顾客查找,并应设置 ATM 机,便于顾客提取现金。

(6) 有非常干净、整洁的盥洗空间。要提供非常有艺术感并装修高档的卫生间,使人们在感到方便的同时也能体验到商场环境的品位和身临其境的现代生活享受。

(7) 有舒适的室内温度和通风设备。健康环保的生态环境是现代商业的必备条件。

(8) 有方便而充足的停车空间。商场要使驱车前往购物的顾客没有停车之忧;商场需提供方便的出租车等候空间,便于顾客来往出行。

5. 特色店铺

特色店铺是指那些历史较久、招牌显赫、名扬天下的老字号,或特色突出、具有销售优势的店铺,或与著名历史人物、事件相关的店铺。如建于 1928 年的天津劝业商场。我国各地涌现出的一大批著名老字号商店,成了所在城市商业文化的代表。如北京"全聚德"烤鸭店已有 150 多年的历史,其"烤鸭全席"堪称一绝,创建于清初的北京同仁堂药店,老北京的王麻子剪刀布店,已有 300 多年历史的"王致和"豆腐乳,"中国丝绸第一品牌"瑞蚨祥绸布店,上海老介福呢绒绸缎店、老城隍庙珠宝首饰行、老凤祥银楼,杭州胡庆余堂药店,徐州老同昌茶庄,绍兴咸亨酒店等都是闻名中外的老字号名店。这些老字号企业以其独特的产品或服务赢得了广泛的声誉和口碑,不仅代表着传统的文化,还为人们提供了优质的商品和服务,进一步推动中华文明的传播和发展。

任务训练

一、即问即答

1. 列出你熟悉的名菜(附图),并描述它们的主要特色。
2. 查找著名的土特产品或旅游纪念品(2 个以上,附图),并进行详细的介绍。

二、即学即用

即测即评 3-7

1. 上海某旅行社导游员小王将要接待一个来自湖南的老年旅游团,假如你是小王,请你详细介绍一下上海南京路步行街的老字号店以及风味小吃。
2. 北京某旅行社导游员小王将要接待一个来自广东的摄影旅游团,假如你是小王,请你详细介绍一下北京王府井步行街的特色以及风物特产。

项目四

旅游资源审美

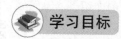 学习目标

素质目标

1. 树立正确的审美观念，具有较高的审美修养和高雅的审美品位；

2. 具有保护自然、珍惜环境的环保意识，具有热爱祖国大好河山的情怀，具备文明旅游的素质；

3. 拥有强烈的民族自豪感和文化自信，具有文化传承意识和创新精神。

知识目标

1. 掌握自然旅游资源和人文旅游资源的美学特征；

2. 了解旅游资源的审美意义；

3. 掌握旅游资源的审美方法。

能力目标

1. 能够描述各种自然旅游资源的主要美学特征；

2. 能够描述各种人文旅游资源的主要美学特征；

3. 能够运用适当的方法对各种自然旅游资源和人文旅游资源进行鉴赏。

思维导图

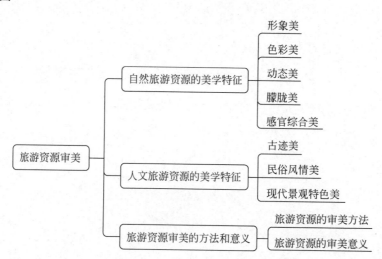

抛砖引玉

中国特色社会主义进入新时代,不断满足人民日益增长的美好生活需要,建设美丽中国已经成为时代发展的主旋律。在物质条件不断得到满足的基础上,对"美"的追求已经是一种更深层次的内在需求。旅游与美密不可分,旅游涉及审美的一切领域。著名学者叶朗指出:"旅游,从本质上说,就是一种审美活动。"旅游是现代社会引人注目和追求的潮流与时尚,已经成为人们生活与社会行为方式的重要组成部分,越来越多的人加入了旅游者的行列中,踏上了领略名胜之美的征途。中国风景名胜集中国大地上的自然美和人文美之精华,能给人以美感、熏陶、认知、遐想、舒畅等高层次的精神文化享受!"读万卷书,行万里路",旅游是我们与大自然和人类社会的一种交流方式。我们选择旅游,以阅读大地和解析人类社会的名义,领略、欣赏和感受中华风景名胜之美。

中华风景名胜主要具有"娱目欢心""山水比德""感物造文""润色鸿业"的文化功能,而且山清水秀之所,空气清新,生态环境优美,令居者精神愉悦、健康长寿。让我们暂时卸下繁重的社会压力,轻松地置身于天穹之下、大地之上,徜徉于青山秀水和人文胜迹之间,带着新奇、冲动、激情与渴望,以轻松自在的心情行走、观看、攀登、体验、遐想、抒发、宣泄及交流。去尽情感受那大自然的美好,去用心阅读那令人回肠荡气的人文历史画卷,从而使我们的精神得以净化,境界得以提高,心灵得以慰藉,这是何等奇妙而丰富的精神文化享受。

任务一　自然旅游资源的美学特征

任务导入

湖南某旅行社导游员小王接待了一个来自广东的中学生研学团,同学们感觉图4-1-1～图4-1-15所示的旅游景观非常美,且各具特色。假设你是小王,请向同学们介绍这些旅游景观。

1. 这些旅游景观分别属于什么类型的自然旅游资源?有什么主要特色?

2. 这些旅游景观美在何处?说出你的观赏感受。

图4-1-1　飞瀑

图4-1-2　广西漓江

图4-1-3　云南石林

图4-1-4　华山

图4-1-5　竹林

图4-1-6　草原

图 4-1-7　张掖七彩丹霞

图 4-1-8　火焰山

图 4-1-9　九寨沟

图 4-1-10　江南烟雨

图 4-1-11　朝霞

图 4-1-12　迎客松

图 4-1-13　飞鸟

图 4-1-14　香山红叶

图 4-1-15　牡丹

任务探究

　　神奇的大自然为我们提供了丰富多彩的自然旅游资源,比如神奇的地貌、奇特的山水、变化莫测的气象、生机勃勃的生物等。千变万化的自然旅游资源向旅游者展现出了绚丽多姿的美学特征,使旅游者在旅游活动中产生物我两忘、精神振奋的感受。不同的自然旅游资源所呈现的美学状态、美学特征各不相同。

一、形象美

　　形象美主要是指名山大川等自然景观的总体形态和空间形式的美。一般是由名山大川的地貌、生物、水文、气候等要素在不同的地理环境中形成的总体特征。形象美是自然旅游资源最显著的特征。形象是自然旅游景观的空间呈现形式的外在表现,主要由景观物体的线条、大小、高低、造型等要素组成。形象是景观的美学元素,是自然旅游景观形式美的最基本、最单纯、最外显的审美语言符号。景观形象美是旅游审美主体第一时间的第一审美知觉。从古至今,各类审美主体对名山大川的审美形象做了传承式的审美评价,概括起来主要有雄壮、秀丽、奇特、险峻、幽邃、旷远等形象美。

（一）雄壮美

凡是"雄"的事物，往往规模宏大、气魄非凡、高大而有压顶之势，具有动人心魄的气势，给人以雄伟、壮丽的美感，使人产生仰慕、自豪、惊叹、崇敬、振奋的激情和豪情，催人奋进。

很多高山给人以雄壮之感，如五岳之首的泰山号称"天下之雄"，崛起于华北大平原之东缘，凌驾于齐鲁丘陵地之域上，相对高度达 1300 多米，大有通天拔地之势。尤其是泰山的南坡，因有东西向断层，泰山骤然上升，山势陡峻，更有依天壁立之感，气势尤为雄伟。站在泰山之巅，自然让人发出"会当凌绝顶，一览众山小"的感慨。

水体也能产生浩气激荡的美感，如贵州的黄果树瀑布是黄果树瀑布群中规模最大的一级瀑布，瀑布高 77.8 米、宽 101 米，是世界著名大瀑布之一，以水势浩大著称，形成了雄伟的瀑布景观。而位于非洲赞比西河中游的维多利亚瀑布，瀑布宽 1700 多米，最高处 108 米，主瀑布被河间岩岛分隔成数股，泻入宽仅 400 米的深潭，产生了巨大的压力，大片的飞沫喷雾飞腾而起，瀑布的声浪可远及 10 千米外，有"咆哮的云雾"之称，足见其雄壮之势。钱塘江大潮汹涌澎湃，气势壮观，被誉为"天下第一潮"，以每年农历八月十八的潮头为最大，北宋苏东坡咏赞钱塘秋潮为"八月十八潮，壮观天下无"。每年的农历八月十八前后，是观潮的最佳时节，吸引成千上万的旅游者前来观赏。

（二）秀丽美

秀美是自然旅游资源中常见的美学特征，凡是有山有水有花有草的地方，就有秀美的特色存在。秀美通常是指气候适宜的地方，植物生长茂盛，植被覆盖率高，生机盎然，景观形态柔和优美。我国南北风光常被冠以"北雄南秀"的特点，主要就是由于我国南方多烟雨且植物繁茂。潺潺的小溪，婉转的鸟鸣，婀娜的花朵，修长的垂柳等景色都具有秀丽的阴柔之美。

峨眉山地处四川盆地的西南边缘，山形绮丽，山体虽高大，但轮廓线流畅柔美，以秀著称。峨眉山植被丰茂，色彩翠黛雅丽，终年不枯，山上下很少有岩石裸露的峭崖，几乎全都披着浓郁的"绿装"。幽深曲折的沟壑之间无气势浩大的巨瀑洪流，唯见涓涓小溪，因此峨眉山享有"天下秀"之誉。

杭州西湖山水秀丽，被誉为"人间天堂"。西湖周围环山，山多不高，湖山依傍。清澈的湖水，美丽的山峦，还有各种各样的植被，构成了西湖秀丽优美的山水画卷。"桂林山水甲天下"，其美就美在山水之秀。桂林的山婀娜多姿而又清秀婉约，象鼻山、独秀峰、叠彩山、芦笛岩、七星岩等景点都是桂林山色至秀至美的代表。漓江的水平缓曲折，蜿蜒有型，清澈透明，加之两岸竹林婀娜多姿，山水相映成趣，给人"舟行碧波上，人在画中游"的美好感受。

（三）奇特美

凡是"奇"的事物，或因其量少难觅，或因其特色突出、形态特异，或因其构成出人意料之情景。独具一格的形态能激发人的美感，给人以非同一般的感受。如以"四奇"著称的黄山，有"天下奇观"之誉的张家界，有"天然雕塑博物馆"之称的云南石林。

黄山被誉为"天下第一奇山"，以奇松、怪石、云海、温泉"四奇"闻名于世，其山上的松树多而奇，且无不例外地都扎根于奇峰怪石之中，可谓"无峰不石，无石不松，无松不奇"。黄山松以其顽强的生命力在削壁悬崖上、险峰裂隙中生根立足，只要有一点生息的空间便会蓬勃地孕育出苗壮的生命，它们或立、或卧、或仰、或盘屈倒挂、或异体同干，越是在险峻之处，越长得奇伟秀美。

张家界武陵源旅游区的自然风光以峰称奇,其间有奇峰3000多座,如人如兽、如器如物,形象逼真,气势恢宏,有"奇峰三千,秀水八百"之美称。1992年1月,旅游区因其奇特的石英砂岩大峰林被联合国列入《世界自然遗产名录》。云南石林风景名胜区经亿万年地质变迁,形成了闻名遐迩的喀斯特地质奇观,大自然2亿7000万年的鬼斧神工造就了美丽神奇的石林,万千石峰拔地而起,奇峰罗列,形态万千,被誉为"上帝的盆景""大自然的雕塑博物馆"。

此外,海市蜃楼和佛光等神奇的自然现象也常常带给人们变幻莫测的奇特之美。

(四)险峻美

险峻美主要体现在山形、山势上,其特点是坡度特别大,山脊高而窄。高挺而陡峭称为"险",常令人心惊胆寒,但往往越险越激发人们的好奇心,越险越另有一番天地,可谓无限风光在险峰;从美学角度来看,险也是一种美,险峻美激励人们不畏险阻、百折不挠、奋力进取。三峡中的西陵峡、黄山的"鲫鱼背"、庐山的"龙首崖"都是"险"的代表。

华山以"险"著称,自古即有"华山天下险"之说。鸟瞰华山,犹如一方天柱拔起于秦岭诸峰之中,四壁陡立,几乎与地面成九十度角。华山由一块完整硕大的花岗岩体构成,是一座断层山,悬崖峭壁,不易攀登,由于太险,在唐代以前很少有人登临。唐代道教兴盛,道徒开始居山建观,逐渐在北坡沿溪谷而上开凿了一条险道,形成了"自古华山一条路"。华山西峰、东峰、南峰是三大主峰,三峰拔地而起,如刀一次削就,人称"天外三峰"。华山险道众多,有凌空架设的长空栈道,三面临空的鹞子翻身,以及在峭壁绝崖上凿出的千尺幢、百尺峡、老君犁沟等。

龙首崖位于江西庐山风景区内五老峰南麓,海拔约1400米,高峻奇险,绝壁陡起,下临神涧,崖顶至崖脚呈方柱形,宽约50米,高约150米,直插云霄,好似一硕大的撑天方柱,顶部向外突出,似石龙昂首,故得名龙首崖。

(五)幽邃美

所谓"曲径通幽","幽"包含了曲折、深邃、隐蔽、寂静、清净等特征,通常指幽深、幽静、幽暗、清幽等。茂密的森林,小径蜿蜒曲折,树木参天,光线斑驳,山谷幽深,峰峦叠嶂,溪流潺潺等景色会给人以幽邃之感。幽邃美使人超然物外、潜心静思,最宜养性怡情。

自古以来,人们以"幽"字来概括四川青城山的特色。青城山深藏于岷江峡谷之中,群峰环绕起伏,林木葱茏幽翠,碧绿成荫,山路曲折静谧,泉水潺潺入耳,享有"青城天下幽"的美誉。青城山优美的自然环境和密林茂盛的植被,给人一种远离尘嚣、避世隐居的幽静感觉。青城山空翠四合,峰峦、溪谷、宫观皆掩映于繁茂苍翠的林木之中。道观亭阁取材于自然,不假雕饰,与山林岩泉融为一体,体现出道家崇尚朴素自然的风格。青城之幽素为历代文人墨客所推崇。唐代"诗圣"杜甫来到青城山写下了"自为青城客,不唾青城地。为爱丈人山,丹梯近幽意"的佳句。1940年前后,当代国画大师张大千举家寓居青城山上清宫。他寻幽探胜,泼墨弄清彩,创作作品逾千幅,篆刻图章一方,自号"青城客"。

(六)旷远美

凡是"旷"的事物,皆因人的视线没有受到阻隔,放眼四望无际涯。广袤的平原,浩瀚的戈壁,辽阔的原野,宽阔的水面,或登高远望而一览无余的景观,都是旷美的典型。

青海湖被誉为"高原明珠",是中国最大的内陆湖泊之一,其辽阔的湖面、湛蓝的湖水和周围的雪山相映成趣,构成了宁静、恢宏的旷远景色。呼伦贝尔大草原是内蒙古草原的一颗明珠,被誉为"北国江南",在这片辽阔的草原上,牛羊悠然自得地吃草,蓝天白云下,宛如一幅辽阔、宏伟的画卷,形成了典型的"天苍苍,野茫茫,风吹草低见牛羊"的辽阔草原风光。此外,"大漠孤烟直,长河落日圆"的大漠风光也带给人们辽阔、旷远之美。

旅游资源的形象特征常常不是孤立存在的,而是有机结合、相得益彰的。很多著名景点景区的形象美都是综合多种形式而存在的。比如黄山集名山之长,兼有泰山之雄伟、华山之险峻、衡山之烟云、庐山之飞瀑、雁荡山之巧石、峨眉山之清凉。

二、色彩美

色彩是物体的基本属性之一,色彩美是人们最易感受而无须其他条件限制的一种美。自然旅游资源的色彩美主要是由树木花草、鸟兽虫鱼、山川湖海、烟岚云霞及阳光等构成,万象纷呈,极其丰富。色彩在构景中起着非常重要的作用,有时还是主要的吸引力所在,是旅游景观进入人们审美世界的第一感觉,是获取形式美感不可或缺的要素。比起形态来,色彩的审美意味更浓、更普遍、更复杂、更具有独立的审美价值。杏黄、苔绿、鸦青、琥珀等五彩缤纷的自然色彩,最易给旅游者带来欢乐、幸福和赏心悦目的美感,令人振奋和神往。自然旅游资源的色彩可以分为山色、石色、水色、天色、生物色等。

色彩是视觉审美的重要对象,是对景观欣赏最直接、最敏感的接触。不同的色彩在不同国家和地区具有不同的象征意义,而欣赏者对色彩也极具偏好性,即色彩同形态一样也具有"感情"。心理学家研究表明,不同的颜色可以引起不同的情绪和反应:红色表示快乐、热情,它使人情绪热烈、饱满,激发爱的情感;黄色表示快乐、明亮,使人兴高采烈,充满喜悦之情;绿色表示和平,使人的心里有安定、恬静、温和之感;蓝色给人以安静、凉爽、舒适之感,使人心胸开朗。色彩既是旅游景观的外在表现,又是旅游审美主体的重要审美心理因素,这双重原因决定着色彩在旅游景观构美要素中的重要作用。

(一)山色

山色是指因覆盖植被或冰雪的山体遇到气象变化时,由近及远显现出不同颜色。一般近山绿而远山蓝,越远越淡,山体郁而山头银,越高越朦胧。秋天的九寨沟,山峦层林尽染,山色之美,仿佛是大自然的调色盘,各种颜色交织在一起,如同浓墨重彩的油画。日本的富士山山麓和山坡上生长着各种植物,是一片绿色海洋;雪线之上白雪覆盖,晶莹剔透,在阳光照射下,五彩缤纷,景色迷人。桂林的石灰岩峰林景观,近看不如远眺,逆光胜过顺光,薄云淡雾时,最为美妙。

(二)石色

石色是指不同岩性的岩石其颜色不一。岩石的地理生成条件不同,会呈现出黄、褐、红等多种色彩,如美国科罗拉多大峡谷像一块缤纷的调色板,丹霞地貌中的山石红如朝霞。武夷山属典型的丹霞地貌,红色岩石组成的群山高耸入云、壁立千仞,巨厚的红色岩层让人赏心悦目。新疆火焰山山脉呈东西走向,横亘于吐鲁番盆地中,山长100多千米,最宽处达10千米,海拔500米左右,山体颜色以橘红、棕红色砂岩和泥岩为主,每当盛夏,红日当空,山体在烈日照射下,砂岩灼灼闪光,宛如滚滚烈焰。

（三）水色

水本是无色透明的液体,但因其有固、液、气三态,而使大自然的水千姿百态。固态的冰川、白雪形成银装素裹的世界;气态的水形成许多著名的云雾景;液态水由于所含矿物质及水体自身的洁净程度不同,或受阳光、天色等因素的影响也会呈现出不同的色彩。四川黄龙风景区的彩池是其"五绝"之一,由于池中的碳酸钙在沉积过程中与各种有机物和无机物结成不同质的钙华体,加上光线照射的种种变化,导致池水呈蓝绿、海蓝、浅蓝等不同颜色。彩池层层相连,由高到低呈梯田状排列,宛如盛满了五彩颜料的水彩板,艳丽奇绝。

（四）天色

天象景观充满了色彩美,主要有霞光、月色、佛光等。当阳光穿过大气层时,不同天气和时间会出现不同颜色的朝霞、晚霞、彩云和雾霭景观。泰山四绝之一的"晚霞夕照"是指当雨过天晴,天高气爽,夕阳西下时,漫步于泰山极顶可见朵朵残云如峰似峦,一道道金光穿云破雾,直泻人间;云峰之上均镶嵌着一层金灿灿的亮边,闪烁着奇珍异宝般的光辉,可谓"谁持彩笔染长空,几处深黄几处红""清泉泻万仞,落日御千峰"。佛光看上去像是一个五彩的光环,照在云雾表面的阳光经过衍射和漫反射作用将人影投射到云彩上,云彩中细小冰晶与水滴会形成独特的圆圈形彩虹。气象气候变化产生的景观色彩,主要是由四季变化带来的不同景色。自然景观的四季色彩美可以归纳为春翡、夏翠、秋金、冬银。

（五）生物色

生物色是指生物的体色,几乎所有的生物都具有一定的颜色,有些色彩单一,有些则色彩丰富,并形成各种各样的条纹和花斑。植物的茎、叶、果、花,动物的皮毛等都有不同的色彩,形成了五彩缤纷的旅游景观。植物有丰富的色彩,其色彩的神奇集中体现在鲜花上,如青海湖的油菜花、苍山洱海的山茶花、峨眉山的杜鹃花、日本的樱花等。每年7—8月,千亩翠绿亮黄的油菜花环绕着青海湖尽情绽放,到处金黄一片,微风摇曳,美不胜收。树叶也会随着季节的变化而呈现不同的色彩,如岳麓山的绝美红枫"霜叶红于二月花"、北京香山的红叶等。北京香山每到秋天,漫山遍野的黄栌树叶红得像火焰一般,霜后呈深紫红色。这些黄栌树是清代乾隆年间栽植的,经过200多年,逐渐形成了拥有10万余株的黄栌树林区。动物的色彩也极具美学价值,如洁白无瑕的北极熊、腹白背黑的企鹅、金黄色的金丝猴等。

三、动态美

动态美是指物体运动时所呈现的美,飘落的雪花、绵绵细雨、摇曳的花、飘落的花瓣等都呈现出动态的美。动与静是相对而言的,静中有动,动中有静。静态有静态的美处,而动态更有动态的妙处。风动、水动、云动、雾动等动人心弦,猿猴、飞鸟、爬虫、游鱼增添了大自然的美色。世间万物无不在运动,飞瀑、流水、风吹林动、流水飘烟、飞禽走兽等都使自然景观展示出动态美,给人活泼、有朝气之感。如"飞流直下三千尺,疑是银河落九天"展现了瀑布凌空而出、喷涌飞泻的动态之美。

四、朦胧美

朦胧美是指因对象隐隐约约、半为感受半为想象所产生的美感。一般是由于光线不足,距离远,能见度低,烟雨飘忽,美色没有完全显露出来,让人有种看不透、摸不着的感觉,给人虚无缥缈、若隐若现的美感,"犹抱琵琶半遮面""欲拒还迎"的景观能引起观者许多遐想。云漫黄山、雨注西湖、雾锁山城、月笼林梢、杏花烟雨等堪称朦胧之美的经典画面。"山色空蒙雨亦奇"描写的是西湖周围的群山在雨幕笼罩下显出的迷迷茫茫、若有若无的朦胧美。位于湖南省郴州市东江湖下游的雾漫小东江,全长 12 千米左右,每年的 4—10 月,因温差效应,江面上会升起层层薄雾,雾气缭绕,漫盖在小东江的江面,景色优美,犹如仙境,吸引着无数的摄影人前往。

五、感官综合美

视觉、听觉、嗅觉、味觉、触觉组合在一起形成了人类的感官系统。感官综合美是指通过视觉、听觉、嗅觉、味觉、触觉感受到的美丽和舒适感,能帮助人们更好地感受美,得到旅游审美的全身心的愉悦和满足,从而获得心灵的安宁和愉悦。自然景观中,瀑落深潭、惊涛拍岸、溪流山涧、泉泻清池、雨打芭蕉、风吹松涛等不仅带给人们视觉的冲击,也给人以赏心悦目的音乐般的美感享受。久居城市的人们,一旦深入山林,闻到芳草、花香,吸到新鲜空气,顿觉得肺腑清净、全身透亮、精神振奋。

任务训练

一、即问即答

1. 什么是自然旅游资源的形象美?它有哪些表现形式?
2. 什么是自然旅游资源的色彩美?它有哪些表现形式?

二、即学即用

1. 湖南某旅行社导游员小王将要接待一个来自广东的中学生研学团,如果你是小王,请为同学们选出 6～8 张湖南省的典型自然旅游景观图片,并分析这些自然旅游景观的美学特征。

即测即评 4-1

2. 湖南省某旅行社销售小王准备向广东的游客推介湖南省的旅游资源,如果你是小王,请选择一处湖南省的自然旅游资源景观,运用所学知识与技能,完成以下任务。

(1)分析该旅游景观的类型和主要特色(附图说明)。

(2)描述该旅游景观的美学特征(附图说明)。

任务二　人文旅游资源的美学特征

任务导入

湖南某旅行社导游员小王接待了一个来自广东的中学生研学团,同学们感觉图 4-2-1～图 4-2-21 的人文资源各具特色。假设你是小王,请向你的团队描述这些旅游景观。

1. 这些旅游景观分别属于什么类型的人文旅游资源?
2. 请说出这些人文旅游资源美的地方,并谈谈你的观赏感受。

图 4-2-1　太和殿

图 4-2-2　长城

图 4-2-3　北京中轴线

图 4-2-4　天坛

图 4-2-5　拙政园

图 4-2-6　颐和园

图 4-2-7　福建土楼

图 4-2-8　开平碉楼

图 4-2-9　苗族吊脚楼

图 4-2-10　乔家大院砖雕

图 4-2-11　徽州木雕

图 4-2-12　斗拱

图 4-2-13　苏仙岭三绝碑

图 4-2-14　旋子彩画

图 4-2-15　上海豫园

图 4-2-16　侗寨风雨桥

图 4-2-17　苗族芦笙表演

图 4-2-18　黎族服饰

图 4-2-19　香港

图 4-2-20　澳门

图 4-2-21　上海浦东

任务探究

　　人文旅游景观是指人类创造的具有文化价值和艺术欣赏价值、对旅游者有吸引力的各种事物和现象。它可以是历史的遗留物,也可以是今人创造的景观;可以是有形的古建筑,也可以是无形的民俗表演。相比于自然旅游景观,人文旅游景观具有更加丰富的文化内涵,其旅游价值更多表现为主观性、潜藏性。在旅游审美活动中,旅游主体从中获得的信息量要多于自然旅游景观,审美体验和审美享受则是渐进式的。

一、古迹美

(一) 布局美

　　人文景观的布局美主要体现在整体的风格特征上,各种景观在系列组合、空间安排、比例尺度和风格形式等诸多方面体现出调和、整齐、对称、均衡、节奏、韵律和多样统一的布局美。这一点在我国古代的宫殿、庙宇、寺院、陵墓、园林等建筑上表现尤为突出。

　　中国古代建筑基本分为两种平面布局方式:第一种是庄严雄伟、整齐对称,第二种是曲折变化、灵活多样。举凡帝王的京都、皇宫、坛庙、陵寝、官府的衙署厅堂、王府、宅第,宗教的寺院、宫观以及祠堂、会馆等,大多采取第一种形式,在组合布局方面,多以群体式组合建筑为特征,从单间到单体建筑、到院落、再到建筑群组等,通过多层次而富于变化的形式突显中国建筑的宏伟壮观,整体结构整齐一致,给人以秩序感、条理感与节奏感,同时给人一种特定的庄重古朴的美感。其景观建造也是本着"源于自然,高于自然"的原则,尽量体现自由随意的变化,达到"虽由人作,宛自天开"的独特效果。我国古代建筑还很讲究对比、对称,建筑保持了严格的对称、均衡美,有一条明显的中轴线,在中轴线上布置主要的建筑物,在中轴线的两旁布置陪衬的建筑物。以北京的寺庙为例,它的中轴线上最前有影壁或牌楼,然后是山门,山门以内有前殿、后为大殿(或称大雄宝殿),再后为后殿及藏经楼等;在中轴线的两旁布置陪衬的建筑，整齐划一、两相对称，如山门的两边有旁门，大殿的两旁有配殿，其余殿楼的两旁有廊庑、配殿等。工匠们运用烘云托月、绿叶托红花等手法，衬托出主要建筑的庄严雄伟。这类建筑，不论建筑物的多少、建筑群的大小，从一门一殿到两进、三进以至九重宫阙，一般都采用此种布局手法。同时为增强气氛、确保安全，核心建筑之前往往会沿轴线设置多重连续的院落。如北京故宫宫城内以三大殿为中心，左右对称安置了文华殿、武英殿、东西六宫、慈宁宫、宁寿宫等，并以午门、太和门、乾清门、神武门等分隔，形成多进院落。

第二种布局方式则与之相反，不求整齐划一，不用左右对称，因地制宜、相宜布置。举凡风景园林、民居房舍以及山村水镇等，大多采用这种形式。其布局的方法是按照山川形势、地理环境和自然的条件等灵活布局。例如民居甚至寺庙、官衙，凡位于山脚河边者，总是迎江背山而建，并根据山势地形，层层上筑。这种布局原则，适应了我国广大地区的不同自然条件和多民族文化特点、风俗习惯的需要，几千年来一直沿用，并有科学的理论基础。北京四合院的"四"字表示东南西北四面；"合"是围在一起的意思。四合院由四面的房屋或围墙圈成，建筑布局按南北中轴线对称地布置房屋和院落，适合以家族为中心的团聚生活。徽派民居是指以高深的天井为中心形成的内向合院，四周高墙围护，雨天落下的雨水从四面屋顶流入天井，俗称"四水归堂"，反映了徽商"肥水不流外人田"的心态。

中国古典园林更是布局灵活，变化曲折的代表建筑，非常注重景观的空间布局和位置选择，看似无规则、实则有矩。如此的空间营构，不仅拓展了有限的空间，而且富于诗性的韵律，给人以含蓄、意味深长的审美感受。通常运用对比、呼应、引导、借景等手法，巧妙地组织空间，引导观者的视线和路径，营造出一种深邃而富有层次的空间感。例如，把大、小悬殊的两个空间放在一起，当人由小空间进入大空间时会产生错觉，借助小空间的对比，将大空间衬托得比实际面积更大。留园与拙政园入口部分的长而狭曲的夹弄与园内疏朗淡雅的山水景色形成对比；狮子林入口则用方正对称的院落，排列整齐的银杏、松柏，庄严肃穆的祠堂与园内千姿百态的山石，自由活泼的曲池形成对比。在园林内部，运用空间回环相通、道路曲折变幻的手法，使空间与景物渐次展开，峰回路转，萦回环绕，拉长游程，扩大人们心理上的空间感。如拙政园中部的"柳荫路曲"廊，从"见山楼"到"别有洞天"不过百米，蜿蜒于柳荫之下、曲水之滨、山石之间的曲廊，使园景在曲中变化，突破了空间的局限性，使空间富于变化，达到"一峰则太华千寻，一勺则江湖万里"的神奇境界，创造出"咫尺山林，多方胜景"的艺术空间。

(二) 结构美

中国传统古建筑是我国宝贵的历史文化遗产，是中国历史上形成和发展的一种建筑风格，它以木材为主要材料，以榫卯结构为基础，以斗拱为特征，以屋顶为装饰。中国传统建筑与以砖石结构为主的世界其他所有建筑体系都不同，是唯一以木结构为主的体系。巧妙的框架式结构是中国古代建筑在建筑结构上最重要的特征之一，木构架结构易于通过巧妙的组合显现建造物的结构美和装饰美。首先，木结构体系的适应性很强，它以四柱、二梁、二枋构成一个称为"间"的基本框架，间可以左右相连，也可以前后相接，又可以上下相叠，还可以错落组合，或加以变通形成八角、六角、圆形、扇形或其他形状。其次是中国古建筑的榫卯结构，榫头和卯眼相互咬合，使木材之间紧密连接，它不需要钉子或胶水等辅助材料，既牢固又灵活，较少受地震和气候变化的影响。榫卯结构是中国传统建筑的核心技术，它体现了中国人的智慧和创造力，也反映了中国人的和谐和团结精神。斗拱是中国传统建筑的标志性元素,是指在柱子和横梁之间设置的一种用来支撑和装饰的构件,它由斗栱和拱枋组成,形成了一种曲线美,它不仅增加了建筑的稳定性和空间感,还富有变化和层次,展现了中国人的艺术和审美水平。

屋顶是中国传统建筑的重要组成部分,它有多种形式和风格,如单檐、重檐、歇山、攒尖、悬山、庑殿等,各有其特色和象征意义。屋顶不仅起到遮阳、防雨、隔热的作用,还能够表达建筑的功能、等级和气势。屋顶构架分为抬梁式和穿斗式,两者都可以在不改变构架体系的前提下将屋面做成曲线,并在屋角作出翘角飞檐,还可以作出重檐、勾连、穿插、披搭等式样。

民居建筑是传统古建筑中的重要组成内容,不同地理环境和人文情况造就了我国丰富多样的民居建筑面貌,留下独有的文化烙印和生动的民俗色彩。北京四合院是一种以正房、倒座房、东西厢房围绕中间庭院形成平面布局的北方传统住宅,以砖木结构、外观规矩、中线对称为特点,是北京传统文化和民俗的代表。云南"一颗印"是云南昆明地区汉族、彝族普遍采用的一种住屋形式,由正房、耳房和入口门墙围合而成,这种民居的主要特色是土木结构,筒瓦铺顶,两层楼体建筑,天井围中央,高墙小窗,防风、防火、防盗,因正方如印而得名。陕西窑洞是中国西北黄土高原上特有的传统"穴居式"民居,分为土窑洞、石窑洞、砖窑洞等,已有4000多年的历史,其特点是砖土结构、坚固耐用、冬暖夏凉。栏杆式建筑是一种典型的少数民族巢居式建筑,现多为广西中西部、云南东南部、贵州西南部等多地特色民居,多为竹木结构、上下两层,具有占地面积少、居住空间大、一房多用、防潮防震的特点。吊脚楼是西南地区苗族、壮族、布依族等少数民族特有的建筑形式,主要分布在贵州、云南、湖南等地区。吊脚楼最基本的特点是正屋建在实地上,厢房除一边靠在实地和正房相连外,其余三边皆悬空、靠柱子支撑。吊脚楼高悬地面的结构有很多优点,既可通风干燥,又能防毒蛇、野兽,楼板下还可放杂物,具有鲜明的民族特色。围龙屋是广东、福建、江西、台湾等省的一种典型客家民居建筑,极具岭南特色,是客家文化的重要象征,被众多国内外专家誉为"东方璀璨的明珠""世界上的民居建筑奇葩",这种建筑多为土木结构,整体布局多为大圆形,多依山而建,屋宇层层叠叠,具有坚固、安全、封闭的特点,极具合族聚居性。碉楼是一种特殊的中国民居建筑,因形状似碉堡而得名。它具有很强的地域性,以广东开平碉楼最为典型。开平碉楼的兴起与开平市的地理环境和过去的社会治安环境密切相关。开平市地势低洼、河网密布,而过去水利失修,每遇台风暴雨,常有洪涝之忧;加上其所辖之境,社会秩序较为混乱。因此,清初即有乡民建筑碉楼作防涝防匪之用。

中国古代园林中有山有水,有厅、堂、廊、亭、榭、楼、台、阁、馆、斋、舫、桥、墙等建筑,如江南地区园亭等建筑翼角起翘,以其舒展、柔美的曲线将整个建筑屋顶塑造为"如鸟斯革,如翚斯飞"的形象,都是人文景观结构美的体现。

(三)装饰美

装饰美是中国传统建筑的重要特征,它体现了中国人丰富多彩的生活和情感,也展示了中国的文化和历史底蕴。人文景观的装饰艺术美往往要达到整体布局合理有序、彼此呼应、疏朗风韵的效果。中国古代建筑的斗栱、彩画、雕刻、砖雕、瓦当、灯笼、对联、格纹、门钉、字画和色彩等,既有实用的功能,又有装饰和美化的作用,还具有象征意义。如汉代出现的瓦与瓦当,既起到防水又起到装饰屋顶的作用。这些瓦当的装饰题材有云纹、四神纹、文字纹等,多样而富有变化。南北朝后琉璃的使用配合高、浅浮雕的纹样,增加了建筑的色彩与气氛,同时也反映了建筑的等级与功能。北京故宫的台基,四周通常围有栏杆,栏杆有拦板、望柱和望柱下的排水口,经加工后,栏板和望柱上附加了浮雕装饰,望柱柱头做成各种动物、植物或几何形态,排水口雕刻成动物的螭头,使整座台基富有生气。

彩画同样是中国古建筑装饰中的重要组成部分,多设在檐下及室内的梁枋、斗拱、天花及柱头上。彩画最初的功能是为了保护建筑物,后来才逐渐突出其装饰性。明清时期的彩画种类有和玺彩画、旋子彩画和苏式彩画,其中最能代表彩画精湛技艺的是苏式彩画,最典型的莫过于北京颐和园中的长廊彩画。彩画的构图与构件形式配合密切,色彩极为丰富,以红、黄、绿色为主。在中国传统的审美观中,黄色象征尊贵、庄重,是帝王的专用色,能够显示皇权的威严;红色代表乐观喜庆;绿色是生命色,使人精神愉快,生机勃发。

雕刻也是中国建筑的一道独特风景线,是中国古建筑中最常出现的装饰物,可以分为木雕、石雕与砖雕。砖雕作品以其质朴典雅的风格和强烈的艺术效果,引起人们的审美情趣。雕刻的手法多样,如高浮雕、浮雕、阴线刻、凹面刻、减地平面阴刻等。砖雕用以装饰民居住宅、园林、官邸、祠庙的大门与墙面。自宋代以来,砖雕就成了上至皇宫、下至民间普遍流行的建筑装饰。明清时期,砖雕的发展达到鼎盛阶段,无论是官方建筑还是民居,都广泛采用砖雕进行装饰。木雕用于梁柱额枋门窗,以神话传说、戏曲故事、历史人物、动物花鸟为题材,采用圆雕、浮雕、透雕等手法,画面层次分明,细腻严谨,可称为独特的工艺品。砖雕与木雕使用在民间建筑上的效果尤为突出,如被誉为"天上取样人间造,雕艺精湛世上绝"的晋商王家大院,以石雕、木雕、砖雕等形式来体现主人的高尚情操、文化修养以及美好愿望,大院内砖雕、木刻、彩绘到处可见,所谓"建筑必有图,有图必有意,有意必吉祥",题材广泛,寓意吉祥。

如果说雕刻艺术将古建筑修饰得玲珑而精致,雕梁画栋、彩绘壁画把古建筑装饰得富丽堂皇、光彩照人,那么匾牌楹联、名人书画则使古建筑显得更加高贵典雅、诗意盎然。殿堂庙宇亭台楼阁的门柱上,总会看到左右两边字数相等、对仗工整的诗句——楹联,这一形式与唐诗的繁荣有关,在我国已有上千年的历史。彩绘壁画、雕刻、匾牌楹联等装饰物,使古建筑意境更为深远,内涵更为丰富,使建筑艺术与绘画艺术、书法艺术和文学艺术融为一体。如中国书法以汉字为表现对象,以笔、墨、纸、砚"文房四宝"为表现工具,是以流动的线条来传导人类情感思绪的艺术,以篆、隶、楷、行、草五大书体为字体基础,将法度、笔力、形美、意境、气韵有机结合,体现出时代性和个性化。楹联、匾额、碑碣、石刻等都是以书法的形式存在于风景名胜之中,如黄山清凉台的石刻"灵幻奇秀""天然画图""群峰摩天"等,使优美的自然风景更添品位。

此外,植物纹样与动物纹样是中国古建筑中最常出现的装饰图案。植物纹有松、柏、桃、竹、梅、菊、兰、荷等装饰素材,动物纹主要有龙、凤、麟、虎、狮以及鸟、虫、鱼等,这些纹样不仅具有一定的形式美感,还被赋予了一定的象征意义,诸如吉祥、富贵、高洁、长寿等。在中国古建筑中常能见到将动植物等多种形象组合在一起的纹样,如松和鹤的组合寓意为"松鹤长寿",牡丹和桃的组合象征着"富贵长寿",两只狮子在一起代表"事事如意"等。除此之外,古代建筑中还有各式各样的器物图案如琴、棋、书、画、山水、人物,以及各种代表人物的饰物如笛子、宝剑、尺板、莲花、掌扇、道情筒、花篮、葫芦八件器物的装饰形象。作为中国古代建筑装饰题材,这些形象始终具有很大的生命力。

（四）历史意境美

历史意境美是指人文旅游资源在给人以愉悦的享受之外，还会表现出带有历史意味的体验。有的历史景观包含某个历史发展阶段的特征，有的则反映出古代劳动人民的智慧。现代人置身先辈们创造出的氛围之中时，不仅会怀古思旧，还会得到某种精神体验和情感上的升华。比如当旅游者踏入"万园之园"圆明园遗址，看到仅留的残垣断壁时，心中自然鄙视清政府的无能，升腾起爱国热情。再如面对雄伟壮观的万里长城时，游人无不为我们祖先的血汗和智慧所震撼，它不仅是人类建筑史上罕见的古代军事防御工程，更是中华民族坚不可摧的意志和力量的象征，是中华民族的骄傲，也是全人类的骄傲。

古人留下的历史文化气息蕴藏于古代的宫殿、园林，甚至帝王陵墓之中，要靠人用心去体会，才能产生历史的意境美。比如站在岳阳楼上，远望长江，与"衔远山，吞长江，浩浩荡荡，横无际涯，朝晖夕阴，气象万千"的千古绝唱就融为一体。园林是建筑与艺术的结合，它追求的就是诗情画意。中国的许多庙宇建在环境幽静的山林中，颇有超然脱俗之感。从本质上说，中国园林是思想情趣与景象、观赏与实用有机统一的结果，它借助池水、石桥、荷花、叠石、走廊等小品，再加上山林背景的衬托，使人产生"画里移舟，诗边就梦"的感受，这种感受能够超越时空的界限。"天下名山僧山多"，中国的许多庙宇建在环境幽静的山林之所，四大佛教圣地均在风景宜人的山林之中，庙宇隐约于群山之中，飞檐翘角于树木之内，幽静宁寂，给人以独特的美感和异趣，颇有超然脱俗之感。

二、民俗风情美

人文景观中的民俗民风、生活方式、传统礼仪与社会人文环境等因素彼此协调，构成了综合性的风情美。我国是一个多民族国家，56个民族共同创造了悠久的历史和灿烂的文化。各民族的服饰饮食、婚葬嫁娶、待客礼仪、节庆游乐、民族工艺、建筑形式等各有特色，构成了我国丰富多彩的民俗文化景观。这些民俗文化现象以其丰富的内容、浓厚的地方色彩、鲜明的民族特点，吸引着大量的国内外游客，构成我国民俗旅游开发的丰富资源，具有极高的旅游价值。北京的天桥、杭州的西湖、南京的秦淮河、德国的莱茵河、法国的塞纳河，历来都是游客体验民俗风情的著名景区。

"百里不同风，千里不同俗"，由于历史条件、地理环境不同，每个民族都拥有区别于其他民族的民俗风情，对旅游者有很强的吸引力，如云南丽江宁蒗县泸沽湖畔的纳西族人的民俗。距离越远，差异越大，吸引力也越大。在以热带海滨风光著称的美国夏威夷，游客不仅可享受到海水、阳光、海滩、空气等海滨风光，而且可以领略到波利尼西亚民族的风情，如吉他弹唱、土著表演、草裙歌舞、工艺美术、土著人的日常生活等，这些异地自然风光和人文景观都能给游客以无穷的美的享受，令人难忘。在张家界，游客不仅可以欣赏到绝美的石英砂岩地貌景观，还可以体验土家族的摆手舞、毛古斯舞等；在安徽黄山，游客除了赏玩徽州山水外，还可以体验采茶、舞灯等当地特色民俗活动。

首先，中国的传统节日是展现民俗风情的重要窗口。例如，春节是中国最重要的传统节日，也是家庭团聚和亲朋好友相聚的时刻，在这一天，人们穿着红色的衣服，吃年夜饭，放鞭炮迎接新年的到来。此外，中秋节和清明节等也是中国人民传统的重要节日，有着不同的习俗和风情。

其次,中国的民俗活动也独具魅力。例如,舞龙舞狮是中国民间表演艺术的重要形式之一。舞龙舞狮在中国各地都有,每年的春节庆祝活动中都能看到这一寓意着吉祥的表演。此外,中国的民间音乐、舞蹈和戏剧等也各具特色,通过表演艺术的形式展现出了中国民族的文化自信和传统风情。走进苗寨,只有真正体验苗族的拦门酒、拦路酒、打酒菜时,才能真正感受苗家人性格的旷达;坐上陕西农家窑洞的热炕,才能深切体会北方农村热诚淳朴的待客之礼;坐一坐四川的茶馆,乘一乘黑龙江的雪橇,吃一吃西安的羊肉泡馍、云南的过桥米线才可体验当地的社会生活。

最后,中国的民俗风情还体现在日常生活中。中国人民有着许多传统的习俗和礼仪,如过年时给长辈拜年、结婚时的婚礼仪式等。此外,节庆活动也是民俗文化的重要组成部分,具有鲜明的特色,到云南住竹楼,点篝火,与当地少数民族进行歌舞联欢;到蒙古草原上骑马奔驰,品尝手抓羊肉和奶茶……对游客有着令人神往的吸引力,旅游者也就体验了一种入乡随俗的美感,通过参与来了解和观赏特定的人文景观,得到更多的人生经验和审美体验。

三、现代景观特色美

现代人文景观以现代城市风貌为主要代表。鳞次栉比的高楼大厦、四通八达的高速公路、五光十色的繁华商业街、令人赏心悦目的文化氛围等构成了现代都市的风貌。作为人们游览的景观,最能代表城市景观的是标志性建筑,它代表着一定时期内当地建筑科学和艺术的最高成就。广州塔是广州的标志性建筑之一,塔身高达 600 米,是世界上最高的塔之一,塔身的设计富有现代感和科技感,每到夜晚,塔身上的灯光都会熠熠生辉,为整个城市增添了一份亮丽。多彩贵州城是一座集旅游、文化、商业于一体的综合建筑,设计中融入了大量的贵州地方特色元素,如苗族的传统建筑元素、贵州的山水元素等,这座建筑充满了独特性和地方特色,是贵州的新名片。帝国大厦是纽约最具代表性的建筑之一,其独特的尖塔形象成了纽约的标志,游客可以乘坐升降机到达观景台,尽情欣赏城市的美景。天津永乐桥摩天轮是一座跨河建设、桥轮合一的摩天轮,也是世界上唯一一建在桥上的摩天轮,直径为 110 米,轮外装挂 48 个 360°透明座舱,可同时供 384 人观光,能看到方圆 40 千米以内的景致,所以被人赞为"天津之眼"。北京大兴国际机场因其独特的建筑设计、高效的运营和丰富的功能成了北京的新地标,不仅提供了便捷的交通服务,还展现了北京作为国际航空枢纽的地位。法国巴黎的香榭丽舍田园大街,向世人展示了风情万种的浪漫气息;上海的外滩有着"万国建筑博览群"的美誉,集中了各色欧美风格的建筑,也反映了上海的开放和中西方文化的汇集。商业景观、交通景观、游乐景观也在不同的城市中体现出不同的特色。上海的南京路有"中华商业第一街"之称,热闹繁华,人流如潮;淮海路则以典雅、幽静的风格表现高格调的商业文化。俄罗斯莫斯科地铁车站规模宏大,富贵华丽,站站风格迥异,也已成为莫斯科的旅游景观,每年吸引数以万计的旅客前来观光游览。中国国家大剧院是代表中国最高水平的艺术表演场所,其设计充满了现代感和艺术感,外部的弧形墙面上有大量的金属面板,犹如一颗璀璨的钻石镶嵌在市中心;内部设施完备,能满足各类大型演出的需求。

任务训练

一、即问即答

1. 什么是人文旅游资源的古迹美？它有哪些表现形式？

2. 什么是现代景观特色美？它有哪些表现形式？

二、即学即用

即测即评 4-2

1. 湖南某旅行社导游员小王将要接待一个来自广东的中学生研学团，请为同学们选出湖南省的 6～8 张典型的人文旅游景观图片，并分析这些人文旅游景观的美学特征。

2. 湖南省某旅行社销售小王准备向广东的游客推介湖南省的旅游资源，如果你是小王，请选择湖南省的两处人文旅游资源景观，运用所学知识与技能，完成以下任务。

（1）分析这些旅游景观的类型和主要特色（附图说明）。

（2）描述这些旅游景观的美学特征（附图说明）。

任务三　旅游资源审美的方法和意义

任务导入

湖南某旅行社导游员小王接待了一个来自广东的摄影团，正在带领旅游团游览图 4-3-1～图 4-3-9 所示的旅游景观。假设你是小王，请向你的团队讲述这些旅游景观。

1. 这些景观是什么旅游资源？有什么美学特征？

2. 你会运用哪些审美方法引导游客对这些旅游资源进行审美？怎样才能欣赏到这些美景？

图 4-3-1　吉林雾凇

图 4-3-2　黄山迎客松

图 4-3-3　三清山奇石

图 4-3-4　香山红叶

图 4-3-5　钱塘江大潮

图 4-3-6　蜀南竹海

图 4-3-7　岳阳楼

图 4-3-8　爱晚亭

图 4-3-9　秦始皇兵马俑

任务探究

　　旅游资源丰富多彩,能够形成神秘的意境,引发人无尽的遐思,给人以无穷的乐趣和审美体验,令人在享受美感的同时,达到高层次的精神审美需求。对旅游资源的欣赏,由于年龄、职业、经历、爱好、品性、社会实践、文化程度及对旅游的需求、动机的差异,每个人获得的感受也不相同。不管个体的差异有多大,都需要掌握一定的旅游审美方法,这样才能忘却人世间的纷争、物欲,融入审美对象之中,达到物我两忘、神与物游的审美境界。

一、旅游资源的审美方法

(一) 时间变化法

　　在绚丽多彩的景观美中,有些景观美是相对固定的,不随着时间的流逝而发生明显的变化,如寺庙、陵寝、建筑。但人文景观中的民俗节庆受时机的制约,如端午赛龙舟、蒙古那达慕大会、国际烟花节等。许多自然景观受时机的影响更为明显,随时间、天气、季节的变化展示出不同的自然美。我国季风气候显著,自然景观随季节交换而有"春翡夏翠秋金冬银"的差异。

　　一般而言,我国北方地区的大部分山水风景最宜夏季观赏。越往南,山水风景的观赏季越长,至华南地区,四季皆宜。但南方地区一些千米以上的高山,如黄山、庐山等,也最宜夏季观赏。因为夏季雨水多,山中多云雾,景色丰富多变,兼具避暑之效。"春山艳冶而如笑,夏山苍翠而如滴,秋山明净而如洗,冬山惨淡而如睡",这是"山有四时之色"。

　　"春英夏荫,秋毛冬骨"是四季不同山景的审美特征。连池塘水都有春绿、夏碧、秋青、冬黑四时不同的审美特征。季节不同,美景也颇不相同,美的享受滋味也千变万化。对特定的旅游资源来说,有其最佳的欣赏季节,如选择风和日丽、春暖花开的季节最能体验西湖美景的妙处;不到农历八月十八,看不到钱塘江大潮的壮观景象。"北有香山,南有栖霞",红叶只有在秋天的香山、栖霞山才最美;看雾凇要到冬日吉林松花湖的滨江两岸,树枝上结成两道晶莹的树挂。景观有季节变化,也有朝暮的区分。避暑胜地北戴河海滨,在一天之内、一夜之间,日出日落,潮涨潮落,风雨阴晴,表现出不同的姿态美。

　　此外,晴雨的变化对景物的欣赏也有影响。春暖花开、艳阳高照的西湖以春天为最好,此时桃花盛开,嫩柳披金,苏堤白堤,美不胜收,而西湖的断桥残雪只能在冬天才能欣赏到。

(二) 动静结合法

　　动静结合法是指欣赏旅游资源时,将动态观赏与静态观赏相结合。动态观赏为旅游审美活动中广泛应用的方法之一,是指人在游览中沿着一定的风景线,或徒步,或乘车,或坐船,于移动过程中欣赏玩味包罗万象、流动变幻的风光胜景。观赏者要身临其境,调动全身感官,全身心地置于风景之中,这种身临其境、目睹实景的观赏产生的美感是一种强烈而立体的感受。特别是山水有机组合的景观,坐船观景,方能体会"人在画中游"的佳境。要在游览三峡的过程中获得最佳感受,必须坐上船,顺着长江漂流而下,依在船头才能领略李白的"朝辞白帝彩云间,千里江陵一日还。两岸猿声啼不住,轻舟已过万重山"的生动描绘。游千岛湖、游桂林山水等景观都要动态观赏。在游览古典园林时,动观是必不可少的方式。游园的魅力不在开端,也不在结尾,而在于游的过程,时而山峰凝翠,时而楼台高耸,感受疏密相间、虚实相生的空间变幻,领略"咫尺山林,多方胜境"的奥妙,体验峰回路转、曲径通幽的乐趣。在园林游览中,要选择一条合适的观赏路线,依次而行,顺序而现,才能领略造园者在空间布局方面的匠心,感受园林空间起承转合的种种变化。

　　静态观赏是指旅游者在一定位置上进行的一种欣赏活动,旅游者或面对风景,或缓慢地移动视线,仔细玩味其中的奥妙。静态观赏是一种选择性极强的观赏方法。需要指出的是,动观与静观是相辅相成的。事实上,动中求静、静中求动、动静结合的观赏方法,也符合旅游者在游览过程中的节奏。旅游过程有动有静,停留在最佳观赏点,仔细玩味才能体会到其中的妙处,比如黄山的巧石,在桃花坞中可看到"梦笔生花""笔架峰""骆驼石""老翁钓鱼";在曙光亭可以看到"仙人下棋""仙人背包""丞相观棋";在清凉台可以观"猴子石"等。面对古典园林,静观可以神凝气寂,不仅能感受到景物的外在美,而且能让人玄思冥想,领悟景物所寄寓的无穷意味,得其神韵。所以在园林设计中,往往设置许多观赏点,让游者驻足小憩、静观细赏,如苏州留园的濠濮亭、扬州瘦西湖的吹台等或建于池岸石矶之上,或凸入水中,十分适宜闲坐静观。

(三) 距离角度转换法

　　在旅游过程中,以适当的距离和角度欣赏旅游资源,获得的审美感受最美妙。审美距离包括审美主体与审美对象间的空间距离、视觉距离和审美主体的心理距离。空间距离与审美效果直接相关,"不识庐山真面目,只缘身在此山中"就是最好的写照。三峡的神女峰在黛色参天、云雾缭绕的远景中,宛如一位风姿绰约的美丽神女,有位外国游客被神女峰的俏美吸引,找来望远镜想仔细欣赏一番,却只看见几块普通石头,大失所望。有些景物宜远观全景,有些则宜近看。北京西山的红叶,观其全景,确有"漫山红遍,层林尽染"之感;而观富贵牡丹则要仔细观赏,细细品味,才觉"国色天香"之意。视觉距离因隔雾看花,而有种朦胧美。"马上看壮士,月下看美人",距离增强了美感。在欣赏园林时,把握景物整体的美要远观,体会细微之处需近观。心理距离在审美中也很重要,带着考察任务爬上黄山,肯定不能进入纯粹的审美状态,感受不到黄山之美。"横看成岭侧成峰,远近高低各不同"讲的是视角和方位不同,景观也不同。正面观赏指旅游者站在主景的正对面观赏主景的正貌,如中国古建筑的中轴线对称分布特点宜从正面观赏;而对某些景观进行侧面观赏时,可以突出部分特征,对衬托和强化主景有一定作用;平视能极目远眺,使人心旷神怡;仰视使人有"山外青山楼外楼"之叹,有高耸入云之景,令人惊心动魄;俯视则能饱览全景,将美景尽收眼底。

(四) 联觉想象法

　　联觉想象法是将心理学范畴的原理运用于旅游资源审美中的一种特定方法。它能把对旅游景观的感知和旅游者的审美经验联结起来,让人从深层次了解旅游资源审美的内容。

李白《静夜思》中的"床前明月光,疑是地上霜。举头望明月,低头思故乡",就是由皎洁的月光联想到了洁白的霜,由明月联想到遥远的故乡,使审美形象更为鲜明生动,感知内容也充分扩充。唐代诗人韩愈把漓江山水比喻成"江作青罗带,山如碧玉簪",正是运用想象力把水看成罗带、把山看成玉簪,此后,罗带玉簪成了窈窕淑女的代名词。而要观赏神女峰,只有当船行到一定位置时远眺并展开想象的翅膀方能见神女身姿,否则将一无所获。黄山上的奇松被人们想象为"迎客松""陪客松""送客松",妙趣横生,惟妙惟肖,充分体现了旅游资源审美活动中的想象作用。

站在西安秦始皇兵马俑的深坑边,面对雄伟壮观的马队、车队和武士时,旅游者能想象出当年"秦王扫六合,虎视何雄哉"的威武场面和秦始皇一统天下的盛况;毛泽东把北国风光写成"山舞银蛇,原驰蜡象",让人的视觉联动、产生错觉,似乎能感到山峰在飞,奇妙的想象力给人以神奇的感受。在旅游活动中,无论是"仙人指路"还是"猴子观海",都是原始的材料经过想象加工之后,景物活现起来,带有了生命色彩,因此能够长久不衰。可见,联想可以在物与物的类比中生成,也可以在物与事、物与人的联系中得到深化,使景物显示出新的意境,如挺拔的青松成为坚贞不屈人格的象征。

(五)心物交融法

心物交融法是指观赏者在旅游审美中由景导情,通过想象把人与景物相互交融,达到"神与物游""天人合一"的境界。情景交融是旅游审美中令人陶醉的境界,"登山则情满于山,观海则意溢于海"。不同的景观会触发不同的情感反应,这称为"触景生情"。它的特点为"因物起兴",即客观的旅游景观所具有的形式特征在相当的程度上影响着审美主体的情感形态和内容。柔美的旅游景观给人的心理刺激较平和,让人产生一种调适和谐的美感。在审美过程中,借助移情可以使审美对象带有审美主体的情感色彩,如"寒山一带伤心碧"是诗人将获得的感情反射到了审美对象上,这就是"寓情于景",是一种主动参与创造景观美的活动。"醉翁之意不在酒,在乎山水之间也",令欧阳修陶醉的不是美酒,而是琅琊山的美景,这就是心物交融的表现。景物审美追求的不仅仅是情感,更是内在的生命。

二、旅游资源的审美意义

(一)摆脱烦恼,愉悦心情

随着生产力的高速发展、竞争加大,生活节奏也越来越快,人们已不仅仅满足于低层次的生理需求,开始追求高层次的精神生活。人们希望获得尊重和友谊,为实现自我而奋斗。人在现实生活中会有许多烦恼和苦闷,又无法摆脱繁杂世事。而沉醉于大自然的美景、留恋于清幽园林的人们会自然地忘却烦恼,感受人生的乐趣、生命的激情。

(二)陶冶情操,修身养性

人格的自我完善和品德的完美造化,自古以来就是人们不断追求的目标,而旅游资源审美在潜移默化中对人的情感、道德、信念、意志产生了重要影响。美学通过自由随意、动情感人的"情感方式",在赏心悦目的情境中把人的感性冲动、生理欲望、意志情绪等纳入审美形式之中,让人心悦诚服地接受情感的规范和引导,从而使心灵得到净化,达到"启真导善"的目的。"启真"是指通过启发诱导使其认清规律的真理,"导善"是以情感教育来美化心灵、健全人格。

孔子提出"知者乐水,仁者乐山。知者动,仁者静"的山水比德论,水的清澈象征人的明智,水的流动体现着智者的探索精神;山的安稳体现出仁者的敦厚,山蕴藏万物、可以施惠于人,正如仁者的品质。水,滋润着万物而无所私,似德;它所到之处给大地以生机,似仁;它由高向低流,舒缓湍急皆循其理,似义;它奔腾澎湃,怒冲千山万壑,似勇;它有深有浅,浅可流行,深者不测,似智。君子所具有的无私、勇敢、宽容、大度、正直等品德,都可以通过对水的观赏和审美而领悟到。

旅游资源审美不是追求"耳目娱欢",而是"山川与予神遇",追求的是一种遗世独立的精神境界,而不是拘泥于具体的外在形态;它追求的是生命气息和韵律的体验,而不是通过简单感受旅游资源所激发出的情感反应。大诗人陶渊明那种"采菊东篱下,悠然见南山"式的审美心胸,就具有这种精神风采。

(三) 启迪灵感,培养创造力

旅游者对自然美的欣赏和领悟,是在创造性的想象和联想基础上形成的。如对奇峰异石的"象形性想象",黄山上的姿态各异的石头本来既无意义也无感情,可在富有想象力的人看来,这些石头有的成为"天狗望月",有的成为"丞相下棋",有的变成"金鸡叫天门",使冷漠的自然刹那间充满人情味,审美活动得到深化。幻想性想象通过大胆的幻想和夸张,来强化对景观的某种感受或某种景观的特征,把人们带入精神旷达的审美境界。旅游的审美过程是一个充分自由而随意的个性发展过程,旅游者可以根据自己独特的心理体验来形成各自的美感,独立地塑造和发挥自我个性和心理,培养自己的创造力。人类的许多创造发明都受到大自然的启迪。

(四) 美化生活,提高审美能力

生活中,人们要有澄清虚怀的审美心胸,要注意培养自己的审美品性。审美能力高的人从细微的变化、普通的景物中也能体味出无穷的意味;而审美感受力弱的人,即使面对绝佳的风景也无动于衷,常常觉得毫无意味,一无所获。所以要从纯正的心境中获得较高的审美价值,就需要培养超越尘世的思想情怀,与高尚而细腻的审美能力。

提高审美能力,一方面要提高自己的文化素养,另一方面更要积极实践,投入旅游资源审美活动中,使自己的感官适应景观中对称、均衡、节奏、韵律等美的活动形式,形成对这些活动模式的敏锐的选择能力和敏感的沟通能力,加速陶冶内心的情感体验模式和意蕴领悟反应,达到物我两忘、天人合一的境界。

(五) 体现旅游资源魅力,增强保护意识

旅游资源审美需要审美主体唤醒的不仅仅是情感,而且是审美主体精神的升华和心灵的净化。只有这样,作为审美客体的旅游资源的魅力才能得到体现。事实上,审美客体的美要靠作为审美主体的人去发掘、保护、开发。在市场经济快速发展的今天,发展旅游业在许多地方已成为赚钱的代名词,大家蜂拥而上,开发一切旅游资源,只要有一点价值的都不放过,名为旅游开发实为破坏旅游资源与环境。

这里讲到的破坏,不仅包括对旅游资源的直接损害,还包括旅游资源环境质量的恶化,过度的开发利用造成与周围环境、气氛不协调。如杭州西湖的美要细细品味,但在摩肩接踵的人潮之中,人的审美想象可能要大大地降低。所以对旅游资源环境的保护是一个重要问题,直接影响到旅游资源审美,甚至对旅游景区的声誉也有很大影响。

旅游美学研究的目标之一就是创造人与自然的和谐关系,达到自然、经济、社会、全面的可持续发展。只有在旅游开发中重视旅游资源的美学原则,将其运用于规划和管理之中,从整体上指导旅游资源的开发与建设,才能使旅游资源朝着符合审美需求的方向迈进。

任务训练

一、即问即答

即测即评 4-3

1. 欣赏下列诗句,说说它们反映了什么审美方法。

(1) 忽如一夜春风来,千树万树梨花开。

(2) 朝辞白帝彩云间,千里江陵一日还。两岸猿声啼不住,轻舟已过万重山。

(3) 不识庐山真面目,只缘身在此山中。

(4) 山舞银蛇,原驰蜡象。

(5) "仙人指路"。

(6) 欲把西湖比西子,浓妆淡抹总相宜。

2. 简述旅游资源审美的实践意义。

3. 结合具体例子,试述旅游资源的审美方法。

二、即学即用

1. 假设你是山东某旅行社导游员小王,正带领广东的摄影团游览泰山,请说出泰山旅游景观的类型和主要特色(附图),这些景观可以运用哪些方法欣赏?

2. 湖南省某旅行社销售小王准备向广东的游客推介湖南省的旅游资源,如果你是小王,请选择湖南省的自然旅游资源景观与人文旅游资源景观各两处(附图),分析其美学特征,说说用什么方法可以感受到它们的美。

旅游资源调查、评价与开发

 学习目标

素质目标

1. 具有热爱祖国大好河山的情怀;

2. 具有科学开发、文明旅游和可持续发展的意识;

3. 具有严谨的求实精神,具备团结协作、吃苦耐劳的职业素养。

知识目标

1. 理解旅游资源调查的意义、内容与形式;

2. 掌握旅游资源调查与评价的原则与方法;

3. 掌握旅游资源开发的原则、方式与程序;

4. 理解旅游资源与旅游环境保护与建设的意义;

5. 掌握旅游资源与旅游环境被破坏的原因及保护对策。

能力目标

1. 能够对特定区域内的旅游资源进行调查和分析,并形成调查报告;

2. 能够初步设计旅游资源开发的程序;

3. 能够深刻认识旅游资源开发与保护的关系。

思维导图

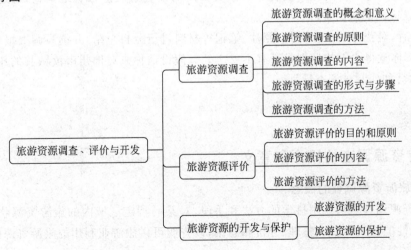

抛砖引玉

仰天湖大草原景区是国家 AAAA 级景区,位于湖南省郴州市北湖区仰天湖瑶族乡境内,保留着原始、淳朴的瑶族风情,是集观光、休闲、度假、娱乐于一体的旅游度假胜地,先后获得"国家 5C 级营地""湖南省级旅游度假区""南方最美高山草原休闲露营地"等称号。

2020 年,按照国家 AAAAA 级景区标准,北湖区启动对仰天湖大草原景区的开发建设项目。仰天湖大草原景区的开发遵照习近平总书记的重要指示,"像保护眼睛一样保护生态环境,像对待生命一样对待生态环境",秉承"建设一个景区,保护一方生态,助力一地发展,带动一方致富"的开发理念,生态修复工作卓有成效,草原覆盖率从 2019 年的 62% 提高到 2022 年的 90%,生态修复与资源开发并重,打造了"绿水青山就是金山银山"的郴州样板。2021 年国庆节,仰天湖大草原景区参观数量达日均 1.2 万人次;2022 年暑假,景区日均入园人次达 38.6 万,成为郴州人气最旺的景区之一;第十届中国旅游产业发展年会现场发布了"2023 中国旅游产业影响力案例"名单,郴州市仰天湖大草原景区入选"休闲旅游目的地创新发展典型案例"。

仰天湖"出圈"的过程,实际上也是保护和开发的过程,通过引进有实力的、专业的团队来开发景区,全面修复了自然环境,很大程度上完善和提升了设施水平。通过系统治理,湖面比原来扩大了好几倍,当地的牛和马得到了规范化管理,成立了合作社,逐渐开发成旅游项目,老百姓的利益和市场主体的利益有机融合,带动了旅游业发展、基础设施建设和周边乡村振兴。

任务一　旅游资源调查

任务导入

小王是旅游管理专业的一名学生,他决定对湖南省郴州市汝城县的旅游资源进行调查,他的思路如下。

1. 为了避免先人为主,无须查阅任何资料,而是通过亲戚朋友找到 3～5 位汝城县本地人进行访谈,并保留采访录音。

2. 结合访谈获得的信息,挑选一个汝城县内的知名景区进行实地调查,通过拍照的方式记录下景区内的旅游资源。

3. 最后,对获得的录音资料、照片、笔记等材料进行分析总结,并撰写调查报告。

思考:你觉得小王的计划是否有不妥之处?假设请你来对郴州市汝城县的旅游资源进行调查,你会如何制订调查计划?

任务探究

一、旅游资源调查的概念和意义

(一)旅游资源调查的概念

旅游资源调查是指运用科学的方法和手段,对某一特定区域内的旅游资源状况进行有目的、系统性的收集、记录、整理、分析和总结,以查明可供旅游业利用的旅游资源的现状,为合理开发旅游资源打下基础。需要注意的是,旅游资源调查既包括对未开发旅游资源的调查,也包括对已开发旅游资源的调查。

(二) 旅游资源调查的意义

旅游资源调查的主要目的是查明可供利用的旅游资源状况,系统而全面地掌握旅游资源的数量、质量、性质、特点、级别、成因、时代及价值等,为旅游资源评价、分级分区、开发规划和合理利用等做好准备,为旅游业发展提供决策依据。因此,旅游资源调查这项工作的重要意义主要体现在两个方面。

一方面,全面、有效、及时的旅游资源调查是旅游资源评价与开发的基础。完全不经过旅游资源调查就直接进行旅游开发,无异于盲人摸象,往往会走向错误的方向。同时,随着一定区域内的时间、自然环境、生产水平、科技发展、文化等因素的变化,可供旅游业利用的旅游资源也会产生变化,因此在进行具体旅游项目的开发调研时,通常需要通过旅游资源调查获取最新的数据和信息,为旅游资源评价和开发工作提供直接且准确的数据。

另一方面,旅游资源调查工作是旅游管理部门日常工作的重要组成部分。旅游资源调查所获得的基础信息对区域经济发展和旅游管理具有重要的参考价值,定期开展旅游资源调查工作还能帮助旅游管理部门动态、系统地掌握旅游资源的开发现状,检测旅游资源的保护情况。

二、旅游资源调查的原则

为了确保旅游资源调查真实、可靠,应遵循以下原则。

(一) 真实性原则

真实性原则要求调查者必须尽一切可能保证调查获得的数据贴近现实状况。因此,旅游资源调查者必须亲临现场进行考察、测量、拍照、录像、记录,将现场的资源状况全面、如实记录下来,以确保信息真实可靠。需要注意的是,调查者通过其他渠道搜集、整理取得的有关旅游资源的文献、报告、图表等文字资料或统计资料,只能作为田野调查的参考,要经过实地核对才能确认其能否准确无误地反映资源现状。

(二) 准确性原则

在对旅游资源的性质、特点、级别、成因、价值、分类进行调查分析时,必须尊重客观事实,不能虚构、夸大、曲解从现场拿到的数据,坚持科学分析方法,确保数据准确无误。因为旅游资源调查是旅游资源开发决策的依据,旅游资源调查的准确性将直接影响旅游资源开发决策的科学性。

(三) 创新性原则

旅游资源调查既要全面掌握可供现阶段开发利用的所有旅游资源,也要善于发现可供未来利用的旅游资源,这要求调查者关注旅游发展趋势和新业态。如近些年来受欢迎度呈上升趋势的定制旅游、研学旅游、宠物旅游、虚拟旅游等旅游方式在一定程度上拓宽了旅游资源的调查范围,只有开发出更具有创新性的旅游景区和旅游产品,才能更好地满足旅游者不断发展的个性化需求。

三、旅游资源调查的内容

为了查明旅游资源现状,必须对以下几方面的因素进行调查。

(一)旅游资源所在区域环境条件调查

在进行旅游资源调查工作时,首先要对调查覆盖的区域有一个全面的、整体的认识,主要包括对旅游资源所在区域内的自然环境、人文环境以及政策法规环境等。

1. 自然环境调查

自然地理环境的地域差异性是形成自然旅游资源的基本条件。人类活动所及的岩石圈、生物圈、水圈和大气圈,均可以形成各种不同类型的旅游资源。一定地域或一定地点地表圈层各组成要素的相互作用,构建了独具地方特色的自然景观。调查旅游资源必须了解该区域的自然环境。

(1)调查区概况:包括调查区的名称、所在区行政归属与区划、范围和面积。

(2)地质地貌要素:通过调查、记载调查区岩石、地层、地质构造、地形地貌的分布特征、发育规律和活动强度,大概了解调查范围的总体地质地貌特征。

(3)水体要素:调查包括地表水与地下水的类型和分布,季节性水量变化规律和特征,可供开采的水资源,已发生和可能发生的水灾害及其对旅游资源的不利影响等。

(4)气象气候要素:调查包括调查区的年降雨量及其分布,气温、光照、湿度及其变化,大气成分及其污染情况,气候类型、特色及其变化规律等。

(5)动植物要素:调查包括调查区总体的动物和植物的特征与分布,具有观赏价值的动物与植物的类型和数量,特定生存环境下存在的珍稀动物与植物,调查其分布数量、生长特性和活动规律,了解可供游人观赏的客观条件和防护措施等。

2. 人文环境调查

人文环境是形成人文旅游资源的基本条件。经济、社会、历史和文化多层面、多角度共同作用,产生了一个区域的历史遗存,形成了区域间的社会文化差异,构建了带有独特审美价值的社会文化现象,创造了满足游客需求的人工建筑,成了重要的人文旅游资源和宝贵的精神财富。

(1)历史沿革:主要了解调查区域的发展历史。包括建制的形成,行政区划的调整,发生的历史事件,重要名人及其活动、经历对当地历史景物的影响等。

(2)经济环境:主要了解调查区域的经济特征和经济发展水平。包括经济简况、国民经济发展状况、国民生产总值、工农业生产总值、国民收入、人口与居民、居民收入水平、消费结构与消费水平、物价指数与物价水平、就业率与劳动力价格范畴等。

(3)社会文化环境:主要了解调查区域的学校、邮电通信、医疗环卫、安全保卫、民族分布、职业构成、受教育程度、文化水平、宗教信仰、风俗习惯、社会审美观念、价值观念、文化禁忌以及采用新技术、新工艺、新设备的情况等。同时还应调查当地的旅游氛围和接受新事物的能力。

3. 政策法规环境调查

政策法规环境调查应主要了解调查区内影响和制约旅游资源开发、管理的有关方针、政策。例如地区经济政策的连续性与稳定性,社会经济发展规划,对外政策的调整变化,旅游机构的设置变动以及资源法、旅游法、环境保护法、旅游管理条例和旅游管理措施等的执行情况。

（二）旅游资源存量调查

1. 类型调查

由于旅游资源的复杂性，搜集到的信息和数据往往难以直观反映旅游资源的情况。因此，调查者通常需要按一定的分类标准，将调查区域内的旅游资源进行归类，以便清楚地掌握旅游资源的具体情况。在实际的调查活动中，则会根据调查区域的实际情况和调查者需要的信息类型灵活选择不同的分类标准，并进行适当的补充、修改。

例如，在调查云南省传统村落旅游资源时，结合云南省当前传统村落保护发展的实际需求与国内外旅游消费结构升级趋势，将传统村落旅游资源分为"特色产业型""景观特质型""历史文化型""民族文化型""边境民族地区型"和"中产（化）人群休闲型"6 个主要类型与18 个亚类（见表 5-1-1）。

表 5-1-1 云南省传统村落旅游资源类型

主要类型	亚 类	资 源 特 征
特色产业型	农业生产主导型	农业经济具有一定规模，为本村经济发展的主要动力。或种植特色农产品，包括茶叶、花卉、小粒咖啡、中药材、热带水果等
	手工业生产主导型	手工业经济活跃并具有独特的工艺技术，有传承人并入选非物质文化遗产，能带动大部分村民参与
景观特质型	自然景观特质型	村域或视野范围内具有独特的自然生态景观，包括天然景观，如红土地、大江大湖、高山草甸、雪山、湿地，也包括人为景观，如连片梯田、大面积人工花海等
	人文景观特质型	经人为建设形成人文景观的，包括传统建筑群、宗教建筑群、古道、石刻等类型
历史文化型	戍边文化型	以中国近代以前南迁戍边人口作为起源，具有戍边历史功能与文化遗留
	古道文化型	依托古代贸易通道兴起的各类古道（如茶马古道、南方丝绸古道）驿站发展形成
	抗战文化型	曾是抗战战场、抗日军队驻地等，与近代抗战密切相关并保留较多遗址遗迹，有革命教育意义
	遗址文化型	有重要古城、古村、古墓葬等遗址，并具有科研或观光价值
	名人文化型	有重要历史文化名人，对本村影响深远，并保留与名人相关遗迹
	宗教文化型	仪式、艺术等具有云南原生或次生型宗教信仰特色，并有较高历史研究价值
	其他文化型	因其他特殊或罕见的文化（如"贡萨"制、家族公社等制度文化）影响而兴起的传统村落
民族文化型	单一民族聚居型	人口以某一少数民族为主要构成，且该民族特色物质资源和非物质文化得到较完整保留
	多民族混居型	由两个或两个以上个数的民族混合定居，能够体现民族和谐团结特征

续表

主要类型	亚 类	资 源 特 征
边境民族地区型	跨界民族型	临近国境线,人口与邻国毗邻地区村落同源,文化风俗相近,民间经济社会往来密切
	其他边境民族型	临近国境线,主要受地形地貌等因素的长期影响,与邻国毗邻地区交往较弱
中产(化)人群休闲型	文艺创作型	吸引国内国外摄影师、作家、画家、音乐家等文化艺术创作群体开展活动,形成浓郁文艺创作氛围并带动村落空间更新和经济发展。通常有一定规模的外来常住人口从事文艺创作,并以具有专业知识和较强职业能力的中产人群为主
	度假康养型	主要吸引国内国外中产化人群消费,带动地区初步形成高品质度假、康养等业态
	户外运动型	作为登山、野营、溯溪、漂流等户外运动的举办地,吸引户外运动爱好者聚集的村落

2．成因调查

调查区内有各种不同类型的旅游资源,尤其是富有当地特色的旅游资源,在开展资源调查时,要了解其形成原因、发展历史、存在时限、利用的可能价值,自然与人文相互依存的因果关系。

3．规模调查

调查区内旅游资源数量的多少、规模的大小、级别的高低,直接影响到资源的水平和再次开发的程度。规模调查包括资源类型的数量、分布范围和面积,世界级自然遗产与文化遗产,国家级文物保护单位、风景名胜区、自然保护区和旅游度假区,省级文物保护单位、风景名胜和森林公园,县级文物保护单位、森林公园和风景名胜等。

4．组合结构调查

进行组合结构调查,要了解调查区旅游资源的组合结构,包括自然景观与人文景观的组合、自然景观内部的组合、人文景观内部的组合。资源组合的形式与结构多种多样,例如,水与其他旅游资源要素的组合有:山水组合、水峡组合、水洞组合、水瀑组合、水树组合、水与渔船组合、水与船工民风组合等。

5．开发现状调查

旅游资源包含已开发态、待开发态和潜在态三种形态。开发现状调查包括:旅游资源目前的开发状况、项目、类型、时间、季节、旅游人次、旅游收入、消费水平以及周边地区同类旅游资源的开发比较、开发计划等。

（三）旅游资源开发条件调查

1．旅游要素调查

旅游要素调查包括对行、住、食、游、购、娱六要素和邮电通信、医疗服务、保险业务等其他接待服务设施的调查。

（1）交通调查包括公路、铁路、水路、航空交通状况,旅游汽车、出租车、景点缆车、高架索道、观光游船等设施,车站、码头、港口的数量和质量,交通工具与景区的距离、行程时间、路面质量、运输承受能力等。

（2）住宿调查包括饭店、旅馆、汽车旅馆、供膳寄宿旅馆、别墅、农舍式小屋、度假村、野营帐篷、游船旅馆等多种住宿设施的规模、数量、档次、功能、分布情况、接待能力、床位数、房间数、客房出租率、营业收入、固定资产、利润总额等。

（3）餐饮调查包括餐馆的规模、数量、档次、分布情况、特色小吃、特色菜品，卫生状况和服务质量等。

（4）其他服务设施调查包括零售商店、购物中心、购物广场、旅游商品专卖商店与专柜、高尔夫球场、影剧院、影视厅、音乐厅、娱乐中心、艺术中心、理发美容厅、咨询服务中心、会议中心、邮电通信、医疗服务、保险业务等的数量、分布、服务效率、服务人员素质、服务频率等。

2. 客源市场调查

客源市场调查包括对旅游者数量、旅游收入、旅游动机等的调查。不仅要调查现在的客流量和客容量，而且要客观分析、准确预测旅游资源开发后可能达到的客源量和客流量。

3. 邻近资源及区域内资源的相互关系调查

调查分析邻近资源与区域内资源的相互联系以及其产生的积极和消极影响，调查分析区域内资源在不同层次的旅游区域中的地位。

四、旅游资源调查的形式与步骤

（一）旅游资源调查的形式

1. 按旅游资源调查需解决的问题划分

1）概查

概查是指对特定区域或特定类型旅游资源的概略性调查或探测性调查，通常是为了发现问题而进行的一种初步调查，是在调查者对所要调查的问题不太清楚、无法确定需要调查哪些具体内容和重点时而采用的调查类型。因此它的主要目的是寻找问题及问题的症结所在，为进一步深入调查做准备。概查通常可以采用较为简单的方法，多以定性为主，后续的分析建立在对第二手资料分析整理的基础上，不必制定严密的调查方案，尽量节省时间，以求迅速发现关键问题。这种方式的优点是周期短、收效快；主要缺点是信息损失量大，容易导致旅游资源评价的偏差。

2）普查

普查是指在一定的空间范围内基于一定的目的对旅游资源进行详细的、全面的调查。空间范围可以大到全国、全省，小到一个景区、一个景点；调查的旅游资源可以是某一类型，也可以是所有类型。这种方式的信息损失量小，但耗时长、耗资大，并且需要较高技术水平的支持。

2022年，为深入贯彻落实《"十四五"旅游业发展规划》（国发〔2021〕32号）关于组织实施旅游资源普查的安排部署，进一步摸清旅游资源家底，提高保护利用与管理水平，促进旅游业高质量发展，文化和旅游部决定在总结试点经验的基础上，全面开展旅游资源普查工作。普查对象为全国范围内能对旅游者产生吸引力，可以为旅游业开发利用，并可产生经济效益、社会效益和环境效益的各种事物和现象。

3）详查

旅游资源详查能够对调查区内旅游资源做更加深入的了解,掌握更为透彻的微观资料。详查一般在概查和普查的基础上进行,除了对调查对象的景观类型、特征、成因等进行深入调查之外,还要对景观的地形高差、观景场地、最佳观景位置、对进入的游览路线及其与环境的关系诸方面进行实地勘查、测量。详查往往带有研究性和规划性,要求每个调查对象都应该有具体数据控制,对重点问题及地段要进行专题研究与论证,对关键性问题提出规划性建议,详查结果要编制成景观详图或具体材料图件以及详细的文字报告。

2. 按旅游资源调查的对象划分

1）典型调查

典型调查是根据旅游资源调查的目的和任务,在对被调查对象进行全面分析的基础上,有意识地选择一个或若干具有典型意义或有代表性的单位进行调查研究,借以认识同类现象总体情况的调查方式。

2）重点调查

重点调查是在调查对象中选择一部分对全局具有决定性作用的重点单位进行调查,以掌握调查总体基本情况的调查方式。

3）抽样调查

抽样调查是按照调查任务确定的对象和范围,从全部调查总体中抽选部分对象作为样本进行调查研究,用所得样本结果推断总体结果的调查方式。

（二）旅游资源调查的步骤

1. 室内准备阶段

1）成立调查小组

根据旅游资源调查区的情况,由承担旅游资源调查工作的部门或单位如旅游局、科研机构、调查机构等负责,成立由专家或具有历史文化、旅游管理等知识的专业人员与当地政府的领导和工作人员组成的旅游资源调查评价考察队。

2）收集整理现有资料

全面收集和阅读前人有关本区和邻区的自然和人文环境及旅游资源等方面的相关资料,并进行系统的整理与分析,作为野外调查的参考;收集适当比例尺的地图,根据地图反映的旅游资源分布、类型、数量的大致情况,设计旅游资源调查表和社会调查问卷,并把相关的注意事项编制成并行的书面文件。

3）制订调查工作计划

调查的工作计划和方案,由调查小组负责人根据所承担的旅游资源调查的要求,结合资料收集整理反映的具体情况,编写出计划任务书。内容包括所需完成的任务、目的要求、将采用的工作方法、技术要求、工作量、人员配备、工作部署安排、所需设备、器材和经费等,并提出预期成果。

2. 野外调查阶段

野外调查是指通过各种调查方法获得调查区域内旅游资源详尽的第一手资料和有关邻近旅游资源、客源市场资料。这一阶段主要是通过对各种旅游资源的测量、记录、校核、验证等手段验证已有的资料,并进一步补充新的资料。实地调查分为普查和详查两个阶段,主要

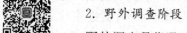

旅游资源单
体调查表

方法有实地勘察、座谈访问、问卷调查等,在详查阶段需要对每一调查单体分别填写一份旅游资源单体调查表,但实际应用时会根据调研区的实际情况对调查表进行调整,并且需要在室内准备阶段完成调整工作。

3. 整理总结阶段

整理总结阶段主要是对所获得的材料进行汇总分析,根据调查情况完成旅游资源地图的编制,并编写旅游资源调查报告。旅游资源调查报告主要包括以下内容。

(1) 前言。主要包括调查工作任务来源、目的、要求、调查区位置、行政区划与归属、范围、面积、调查人员组成、工作期限、工作量和主要资料及成果等。

(2) 调查区旅游环境。主要包括调查区的自然、社会和经济地理环境状况,以及邻近地区的旅游点、区的情况资料。

(3) 调查区旅游资源状况。主要包括旅游资源的类型、分布、成因、特色、功能、结构、开发现状等,要附有旅游资源分布图、旅游资源分区图、重要景观照片及与之密切相关的重大历史事件、名人活动、文化作品等类的资料。

(4) 旅游资源评价。包括旅游资源评价的内容、采取的方法、取得的结论。

(5) 旅游资源保护与开发建议。主要分析调查区旅游资源开发利用的现有条件、现状、存在的问题与今后开发利用的指导思想、战略策略及应采取的相应措施等。

(6) 主要参考文献与资料。

(7) 附图,包括旅游资源图或优良级旅游资源图。

五、旅游资源调查的方法

(一) 资料统计分析法(间接调查法)

资料统计分析法是通过搜集地理环境、社会经济状况、旅游资源等各种现有信息数据等第二手资料,并对其加以系统整理,从中摘取与资源调查项目有关的内容,进行统计、分析和研究的调查方法。一个旅游资源区是由多种旅游景观类型和环境要素组成的,旅游资源调查是一项系统、复杂、工作量巨大的工作。因而在进行实地调查之前,首先应收集现有资料,主要包括本区和邻区旅游资源、地理环境、社会环境、经济状况等方面的资料;然后对资料进行统计、分析整理,以形成对调查区域内旅游资源的笼统印象。

(二) 实地调查法

实地调查法是指调查人员通过实地观察、调查、测量、记录、描绘、摄像等方式获得调查区旅游资源的第一手资料,以形成对调查区旅游资源的直观、全面的认识,从而确定旅游资源区的旅游特色、旅游价值等。

(三) 区域比较法

不同区域的旅游资源景观美感各异,因此在进行旅游资源调查过程中,可以采用区域比较法,将两地或多地不同类型或同类型资源加以比较、评价和分析,从而找出调查区旅游资源的一般特征和独特特征,以便开发利用。

(四) 座谈访问法和问卷调查法

座谈访问法和问卷调查法这两种调查方法是旅游资源调查中常用的辅助方式。座谈访问有走访和开座谈会两种方式,调查对象应具有代表性,它对于配合实地勘察、扩大资源信息有重要意义。有些收集不到的材料,可以通过座谈访问得到,甚至会由此发现独特的民间文化艺术,从而加深对旅游资源的认识,取得更好、更活的资料。问卷调查则可以通过行政渠道发给有关单位和部门或个人填写、集中收回,也可以在实地调查时发给旅游者或当地居民填写、分散收回,以此收集有关旅游资源、旅游市场的动态信息。

(五)观察调查法

与座谈访问方法不同,观察调查法以观察人们的行为、态度和情感为主。它是不通过提问或者交流而系统地记录人、物体或者事件的行为模式的过程。当事件发生时,运用观察技巧的调查员应见证并记录信息,或者根据以前的记录编辑整理证据。这种方法使用较少,使用观察调查法需要满足几个前提:首先,所需要的信息必须是能观察到或能通过观察的行为中推断出来的;其次,所观察的行为必须是重复的、频繁的或者是可预测的;最后,被调查的行为是短期的、可获得结果的。

(六)遥感技术调查法

遥感技术调查法是指通过卫星或航测图片,经处理、加工、判读、转绘,对调查区的旅游资源进行有选择的调查工作。这种方法不仅视野宽阔、立体感强、地面分辨率高,可以发现野外调查不易发现的景物,尤其是可以在人迹罕至、山高林密、险坡、常规方法无法穿越的地区进行调查和检测管理;而且可以节约人力、物力、时间,提高工作效率。

(七)物探技术调查法

可用于旅游资源调查的现代科学技术手段一般包括遥感技术和物探技术两种。遥感技术具有信息量大、覆盖范围广、方位准确性高、节约时间、现势性强等优点,目前已被广泛应用于各个领域,其中包括旅游资源调查。而物探方法则对于尚未挖掘的地下文物的了解非常有用。

(八)3S技术调查法

3S技术是遥感(RS)、地理信息系统(GIS)和全球定位系统(GPS)技术的集成。3S技术调查法是指用航空或航天遥感手段对地面情况进行测量观察而获得地学信息;用全球定位系统对各旅游景观、景点实行准确定位,以确定其位置、范围、大小、面积、体量、长度等;用地理信息系统在计算机上建立旅游区的空间数据库,对旅游资源进行调查、评价及动态管理。这种方法具有信息量大、覆盖面广、方位准确性高、所需时间短、费用较少、现势性强等优点。在旅游资源调查中,应尽量充分运用各种现代科学技术手段,提高调查的准确性、精确性和科学性,需要能够运用专门知识和先进技术设备能力的人员,进行信息判读、解译和选择。

任务训练

一、即问即答

1. 简述旅游资源调查的原则。
2. 简述旅游资源调查的步骤。

即测即评 5-1

二、即学即用

1. 湖南省郴州市苏仙岭位于郴州市东 1.5 千米，是一处集神话传说、秀丽风光和名胜古迹于一体的风景胜地，号称"天下第十八福地"。苏仙岭从山麓到山顶有桃花居、白鹿洞、三绝碑、景星观、苏仙观等观赏游览处。假设你要对苏仙岭风景区进行一次旅游资源调查，请设计出调查的内容、形式和方法。

2. 以某地的旅游资源为调查对象，设计出旅游资源调查的主要内容，选择你认为合适的方式和方法，并说明理由。

任务二　旅游资源评价

任务导入

小王是一名旅游管理专业的学生，她和几名同学组成调研小组，利用暑假的时间对湖南省郴州市的苏仙岭、东江湖、仰天湖、莽山这四个景区的旅游资源进行了调查，小组成员们在实地调查时，常常对同一景区的旅游资源优劣产生不同意见。

1. 小组成员小李认为这是因为没有采用统一的评价标准，应该设计一个评分表，对四个景区的各项资源进行打分后，再评判其优劣。

2. 但小王却认为，打分的过程很烦琐，只要大家在实际体验后，把这四个景区的旅游资源进行综合对比，就可以确定不同景区旅游资源的优劣。

思考：小李和小王的想法有道理吗？如果让你来对这四个景区的旅游资源进行评价，你会采用什么样的方法？

任务探究

一、旅游资源评价的目的和原则

（一）旅游资源评价的目的

旅游资源评价是指在旅游资源调查的基础上进行的深层次研究工作，是从合理开发利用和保护旅游资源及取得最大的社会经济效益的角度出发，采取一定的方法，对一定区域内旅游资源本身的价值及外部开发条件等进行综合评判和鉴定的过程。通过评价旅游资源，可以达到以下目的。

1. 确定旅游资源质量水平

通过对旅游资源种类、组合、结构、功能和性质的评价，可以确定旅游资源的质量水平，评估旅游资源在旅游地开发建设中的地位，为旅游地的规划、开发、改造和扩展等提供科学依据。

2. 利于分级管理旅游资源

通过对旅游资源质量品位的鉴定，能够为国家和地区进行旅游资源分级规划和管理提供系统资料和判断对比标准。具有世界意义的旅游资源地，经过申报批准后可以作为世界级遗产来进行管理；依次还有国家级、省级和地县级等旅游资源管理级别。

3. 便于合理有序开发旅游资源

通过区域旅游资源以及开发利用条件等进行综合评价,可以确定出不同旅游地以及不同旅游资源的建设顺序、步骤和重点等,从而为制定合理的旅游规划方案奠定基础。

(二) 旅游资源评价的原则

1. 客观性原则

评价旅游资源要从实际出发,实事求是地评价它的价值高低、大小、好坏和功能,充分应用地学、美学、历史学、地理学等多方面的理论知识,认识旅游资源的价值,做到既不任意夸大,也不无限缩小,力求进行客观评价。

2. 科学性原则

开展旅游资源评价时,要有科学的态度,符合客观科学的标准,对旅游资源的形成、本质、属性、价值等核心内容做出科学的解释和恰如其分的评价。在评价旅游资源时,应尽量将经验化的定性分析法和精确性的定量分析法结合起来,使旅游资源评价结果更趋科学、合理,为旅游规划、开发和管理提供更加可靠的依据。

3. 全面性原则

旅游资源的形式和价值都是多方面的。就价值而言,有观赏、文化、社会、科学、经济、美学等价值;功能有观光、科考、娱乐、休闲、健身、医疗、探险、商务等。旅游资源评价涉及旅游资源开发的自然、社会、经济环境和投资、区位、客源等开发条件,所以评价时既要对旅游资源的数量、规模、特色、价值、功能等进行评价,还要对旅游资源所处的环境和开发条件进行评价,从而综合得出评价结果。

4. 效益性原则

旅游资源评价是为旅游规划与开发服务的。评价应依据可持续发展理论、旅游人类学理论等,确保旅游规划与开发能够取得良好的经济效益、社会效益和生态效益,统筹考虑其综合效益。首先,旅游开发不能单纯追求经济效益,还应考虑旅游规划与开发带来的社会效益和生态效益。其次,旅游评价既要考虑正面效益,还要估算可能带来的负面效益。最后,旅游评价还要考虑旅游规划与开发给当地社区及居民、旅游开发者、旅游社会团体、游客等旅游利益相关主体的利益协调和平衡。

5. 精简性原则

旅游资源评价以大量的一手资料作为评价基础,资料数量庞大、种类繁多,在评价时必须对其分门别类,分别描述,同时语言应精炼直白。

二、旅游资源评价的内容

(一) 旅游资源的自身价值评价

1. 旅游资源的性质和特色

不同的旅游资源具有特定的性质,不同性质的旅游资源的利用价值和功能、开发利用方向不一样,评价时必须对其性质加以明确。同时,不同区域的旅游资源的特色不一样,而旅游资源的特色是衡量旅游地吸引力大小的重要因素,也是一地旅游开发发展的生命线和产生效应的内力,是旅游资源开发的可行性、超前性的重要决定条件之一。

2. 旅游资源的价值和功能

旅游资源的价值包括旅游资源的美学观赏价值、历史文化价值、科学价值。美学观赏价值主要指旅游资源能提供给旅游者美感的种类和强度,主要是对旅游资源的美学特征进行评价;历史文化价值主要评价旅游资源的历史久远性、独特性、保存完好性等;科学价值主要分析评价旅游资源的自然科学或社会科学研究价值、科学知识普及与教育功能和所反映的现代科学技术成就、对不同专业科教工作者进行研究考察的价值。

不同价值的旅游资源具有不同的旅游功能,如美学观赏价值高的旅游资源,其旅游功能主要是观光旅游等,而历史价值和科学价值高的旅游资源,其旅游功能主要是科学考察和文化旅游等。一般而言,如果一项旅游资源有两种或两种以上的旅游功能,能开展多种旅游活动,吸引的游客群体就会较多,其旅游价值就较大。可以看出,旅游资源的功能是关系到旅游地开发规模、市场导向、资源开发前景及其保护的重要因素。

3. 旅游资源的数量、密度和地域组合

旅游资源数量是指旅游区内可观赏景观的多少;旅游资源密度则是指这些景观资源的集中程度,可以用单位面积内景观的数量来衡量。旅游资源只有具有良好的地域组合,即在一定地域上较集中,并具有多种类型资源协调布局和组合,才能形成一定的开发规模;当旅游资源分布形成一定的线型、环闭型或马蹄形时,就具有了一定的旅游线路开发可能性。

4. 旅游资源的环境容量

旅游容量又称旅游承载力或旅游饱和度,是指在一定时间条件下,一定旅游资源的空间范围内的旅游活动容纳能力。一般用容人量和容时量来衡量。容人量是指旅游资源所在单位面积所容纳的游人数,与旅游单体的规模有关;而容时量是指欣赏该旅游资源所需花费的时间,与该旅游资源的特色、特性、利用程度有关。旅游资源景观数量越多、规模越大、场地越开阔、景点布局越复杂、游程越长,它的容人量和容时量就越大,反之则越小。

(二)旅游资源开发利用的环境条件评价

1. 区位环境

区位环境评价包括旅游资源所在地区的地理位置、旅游资源分布区与另一旅游资源分布区之间相互联系的区位;也包括旅游资源所在区的交通区位,旅游资源能否成功开发和发展要看交通条件方便与否,旅游资源所在区交通便利,才能让旅游者"进得来、散得开、住得下、出得去"。

2. 自然环境

旅游资源所处地区的地形、地貌、气温、降水、植被、水文、土壤等环境要素,对资源开发前景影响较大。如地质、地貌脆弱的地区,可能有地震、滑坡、泥石流等自然灾害发生;又如干旱、半干旱地区水源不足,空气和水质严重污染等地区,都会对游客产生影响,进而影响资源的开发。所以,在进行旅游资源评价时,须对自然环境及其要素进行综合分析,并根据环境要素的作用机理和影响范围、深度、速度等,预测旅游环境的演化状况和后果。

3. 经济环境

旅游资源所在地区的经济环境是指旅游资源所在地区的经济发展状况,主要包括旅游资源所在地区的经济实力、劳动力条件、基础设施、城镇发展水平、居民收入水平等因素。旅游资源所在区拥有较强的经济实力是旅游资源开发的必要条件,可以保证开发的资金来源;而较好的劳动力条件则可以满足旅游开发所必需的人力资源,城镇发展水平、基础设施、居民收入水平等因素将影响到旅游开发的效益,在评价时应予以注意。

4. 社会环境

旅游资源所在地区的社会环境是指旅游资源所在地区的社会状况,包括当地居民的社会风俗、宗教信仰、对旅游者的态度等。友好的人文氛围是旅游目的地人文形象构成中的重要环节,同时也是旅游目的地重要的旅游吸引要素之一;如果当地居民对旅游者不友好,甚至敌视,则会降低旅游目的地的吸引力,也会阻碍旅游资源的开发与建设。

5. 客源环境

旅游资源所在地区的客源环境主要是分析旅游资源所能吸引的客源范围、最大辐射半径、吸引客源的层次及其特点以及因季节变化形成的旅游淡旺季。旅游资源的规模等级不同,客源市场指向不一,有国际性、全国性、地区性之分,应做出客观实际的评价。

三、旅游资源评价的方法

旅游资源评价的方法有很多,总体可以分为定性评价和定量评价这两大类。

(一)定性评价方法

定性评价方法也叫经验法,主要通过评价者(旅游者或专家)的感知或是根据旅游体验后的印象得出描述性评价,一般用好坏、强弱、优差等抽象的评语来判定旅游资源价值的大小,这种评价结果很难反映旅游资源之间的局部差异。定性评价简单易行,容易操作,但不可避免地存在较大的片面性,更难以对不同区域的评价结果进行比较研究。定性评价方法有很多,这里主要介绍以下几种。

1. "三三六"评价法

"三三六"评价法是一种常见定性评价方法,是由卢云亭提出来的,具体是指"三大价值""三大效益""六大开发条件"。

(1)三大价值是指旅游资源的历史文化价值、艺术观赏价值、科学考察价值。

① 历史文化价值属于人文旅游资源范畴。主要从旅游资源的类型、年代、规模和保存状况及其在历史上的地位展开评价。另外,许多风景名胜区的题记、匾额、楹联、诗画、碑刻等也是珍贵的历史文化艺术。可见,古迹的历史意义是评价历史文物价值的主要依据。一般来说,越古老、越稀少、越珍贵;越出于名家之手,其历史意义越大。

② 艺术观赏价值主要是指客体景象的艺术特征、地位和意义。自然风景景象的属性和作用各不相同。其种类愈多,构成的景象也愈加丰富多彩。主景副景的组合,格调和季相的变化,对景象艺术影响极大。若景象中具有奇、绝、古、名等某一特征或数种特征,则旅游资源的景象艺术水平就高,反之则低。例如,华山以险为绝,泰山以雄为奇,庐山瀑布最为著名。

③ 科学考察价值是指景物的某种研究功能,在自然科学、社会科学的研究和教学上有特点,为科教工作者、科学探索者和追求者提供现场研究场所。我国有许多旅游资源在中国和世界具有高度的科学技术水平,获得了中外科学界的赞誉。如古都西安附近秦始皇陵发

现的兵马俑,规模之大,壮观之举,都是史无前例的,被人们称为"世界最大的地下军事博物馆""世界第八奇迹",是研究历史、雕塑、军事、美术的科学园地。

(2)三大效益是指旅游资源开发之后的经济效益、社会效益、环境效益。

(3)六大开发条件是指旅游资源所在地的地理位置和交通条件、景象地域组合条件、旅游环境容量、旅游客源市场、投资能力、施工难易程度等六个方面。

2."六字七标准"评价法

黄辉实提出从资源本身和资源所处环境两个方面对旅游资源进行评价。旅游资源本身评价采用六字标准,即美(旅游资源给人的美感)、古(有悠久的历史)、名(具有名声或名人有关的事物)、特(特有的、别处没有的或少见的稀缺资源)、奇(给人带来新奇的感受)、用(有应用价值)。旅游资源所处环境评价则采用季节性、环境污染状况、与其他旅游资源之间的联系、可进入性、基础结构、社会经济环境、客源市场等七项标准进行。

3.一般体验性评价

一般体验性评价是旅游者根据亲身体验对某一个或一系列的旅游资源(地)就其整体质量进行定性评估,常用方式是旅游者根据亲身体验在问卷上对有关旅游资源作出评估,得到一个评价序列。这种评价多由传播媒介或行政管理机构发起,且局限在已经接待游客的旅游地,如2023年伦敦世界旅游交易会期间面向全球发布的"2023年中国十大旅游目的地必去城市"榜单。这类评价的目的大多在于宣传和推销,评价的结果可以提高某些旅游地的知名度,客观上会对旅游需求的流向产生诱导作用,其显著特点是评价的项目很简单,局限于少数知名度较高的旅游地,无法用于一般类型或尚未开发的旅游资源。

(二)定量评价方法

定量评价是根据一定的评价标准和评价模型,以全面系统的方法,将有关旅游资源的各评价因子予以量化,使其结果具有可比性。较之定性评价,结果更直观、更准确。但是定量评价难以反映旅游资源的动态变化,难以表达一些无法量化的因素,且评价过程较为复杂。主要有以下几种方法。

1.单因子评价法

单因子评价法是指评价者在进行旅游资源评价时,集中考虑某些起决定作用的关键因素,针对确定的旅游活动进行适宜性评价或优劣评价。这种评价的基本特点是运用了大量的技术性指标,多见于对自然旅游资源的评价,如旅游湖泊、地形适宜性、海滩和海水浴场、气候、溶洞等。如美国滑雪旅游资源评价标准是运用单因子评价法制定的比较成熟的标准(见表5-2-1)。

表 5-2-1　美国滑雪旅游资源评价标准

决定因素	评估标准与记分			
雪季长度	6个月(6)	5个月(5)	4个月(4)	3个月(2)
积雪深度	>1.22m(6)	0.92～1.22m(4)	0.61～0.92m(2)	0.6m以下(1)
干雪	3/4季节(4)	1/2季节(3)	1/4季节(4)	0季节(1)
海拔	>762.5m(6)	457.5～762m(4)	152.5～457.5m(2)	45.5～152.5m(1)
坡度	很好(4)	好(3)	一般(2)	差(1)
温度	>10℃(3)	−17.8～6.7℃(2)	<−17.8℃(1)	—
风力	轻微(4)	偶尔变动(3)	偶尔偏高(2)	易变(1)

2. 多因子综合评价法

多因子综合评价法是把所有景观的构景要素综合起来,对某一旅游地或旅游区进行总体评价。

1)"八度指标"评价法

卢云亭等在研究项目《旅游特色资源价值体系和应用研究》中提出"八度指标"评价法,即利用旅游资源的规模度、古悠度、珍稀度、奇特度、保存度、审美度、组合度、知名度八个度量指标,对旅游资源进行评价(见表5-2-2)。

表5-2-2　"八度指标"评价法

综合值/分	规模度	7.5	世界之最(7.5)、中国之最(4.5)、省内之最(2.25)、地区之最(1.25)
	古悠度	5.9	非常悠久(5.9)、很悠久(3.54)、较悠久(1.77)、悠久(0.59)
	珍稀度	18.7	世界罕见(18.7)、中国罕见(11.22)、省内罕见(5.62)、地区罕见(1.87)
	奇特度	18.0	非常奇特(18.0)、很奇特(10.8)、较奇特(5.4)、奇特(1.8)
	保存度	4.1	非常完好(4.1)、很完好(2.46)、较完好(1.23)、完好(0.4)
	审美度	15.2	非常美(15.2)、很美(9.12)、较美(4.56)、美(1.52)
	组合度	10.0	非常好(4.1)、很好(2.46)、较好(1.23)、好(0.4)
	知名度	20.6	世界知名(20.6)、中国知名(12.36)、省内知名(6.18)、地区知名(2.06)

2)综合评分法

综合评分法计算灵活方便,但具有一定的主观臆断性。魏小安是我国研究较早的研究者,他把旅游资源分解为6个评价项目(资源要素构成种类、各要素的单项评价、要素的组合情况、可能容纳的游客量、人文资源的比较、开发的难易程度),再给各具体项目进行评分。

评分的方法有两种方式:其一是等分制评分法,是指把上述6个项目看作同等重要,即各占1/6,而每一项目又可以分解为若干因素,根据这些因素对该项目的满足程度分别打分,一般为100、80、60、40和20五个等级,然后将6个项目的得分相加,总分和平均分越高,资源价值越大。其二是差分制评分法,是指根据所评价项目重要性的不同,给出不同的占分比例,即权重,评分时,首先将各评价项目的初始得分进行加权处理,求出各项目的最后得分,加总后就可以得到各地的总分。总分越高,资源价值越大。

3)模糊评价法

模糊评价法基于模糊数学的理论,给每一个评价因素赋予评语,将该因素与系统的关系用0~1之间连续值中的某一数值来表示。其具体工作程序是:建立评价因素集→确定模糊关系→分组综合评价→总体综合评价。

模糊评价法最具代表性的研究成果是罗成德(1994)运用模糊评价法以地表岩石、构造、侵蚀速度、地貌组合、旅游环境、知名度、愉悦感或奇异感7项因子对旅游地貌资源进行打分,对峨眉山、张家界等10个景区(点)进行评价。首先,建立聚类因子模糊评分标准,根据旅游地貌资源方程,对7个自变量因子赋分;其次,对于峨眉山、张家界等10个景区(点)按7个指标分等定分;再次,建立模糊相似矩阵,计算模糊等价关系矩阵;最后,进行模糊聚类,对模糊等价关系矩阵取不同置信水平进行聚类,根据不同的取值范围,可将旅游景区(点)的旅游地貌资源综合评价分为若干等级。

4)层次分析法

层次分析法是美国著名的运筹学家Thomas L. Saaty于1973年提出的一种系统分析

方法。它将复杂问题中的各种因素划分出相互联系的有序层次,使之条理化,再根据对一定客观现实的判断,就每一层次指标的相对重要性给予定量的表示,利用数学方法确定各因子重要程度的定量结果,并根据排列结果,分析和解决问题。

层次分析法的具体步骤:一是因素分解,确定层次结构模型;二是选择评价指标,构造判断矩阵,具体视内容和要求而定;三是确定权重,建立评价体系,通常采用公众调查和专家团判断相结合的方法;四是处理结果,包括层次排列的一致性检查、计算综合评价系数和计算机处理等。

5)国家标准中的旅游资源评价标准

根据《旅游资源分类、调查与评价》(GB/T 18972—2017),旅游资源评价可以按照该标准中的旅游资源分类体系(见表 1-2-1)对旅游资源单体采用打分评价方法,旅游资源评价项目和评价因子用量值表示。实际应用时,需要根据评价对象的特点对评价标准进行合理化调整。

例如,在对江西省上饶市婺源县进行文化旅游资源评价时,参照国家标准中的评价原则,结合多因子综合评价法,从文化资源要素价值、文化旅游资源影响力与文化旅游资源环境程度三个方面对婺源县文化旅游资源进行评价并评分赋值,并赋予各个因素相应的分值和比重,形成文化旅游资源等级评价指标及评分标准体系(见表 5-2-3)。

表 5-2-3 文化旅游资源等级评价指标及评分标准

目标层	综合评价层	评价因子层	评分赋值层
婺源县文化旅游资源	资源要素价值(50分)	观赏游憩使用价值(12分)	一般(1~3分)、较高(4~6分)、很高(7~9分)、极高(10~12分)
		历史文化科学艺术价值(12分)	地区意义(1~3分)、省级意义(4~6分)、国家级意义(7~9分)、世界级意义(10~12分)
		珍稀奇特程度(10分)	个别(1~2分)、少量(3~5分)、较多(6~8分)、大量(9~10分)
		规模、丰度与概率(8分)	一般(1~2分)、较好(3~4分)、良好(5~6分)、优良(7~8分)
		完整性(8分)	重大变化(1~2分)、明显变化(3~4分)、少量变化(5~6分)、完整(7~8分)
	资源影响力(30分)	知名度和影响力(12分)	地区品牌(1~3分)、省级品牌(4~6分)、国家级品牌(7~9分)、世界级品牌(10~12分)
		适游期(10分)	超过100天(1~2分)、超过150天(3~5分)、超过250天(6~8分)、超过300天(9~10分)
		使用范围(8分)	40%游客参与(1~2分)、60%游客参与(3~4分)、80%游客参与(5~6分)、全部游客参与(7~8分)
	资源环境程度(20分)	环境保护(12分)	严重污染(1~3分)、中度污染(4~6分)、轻度污染(7~9分)、已有保护(10~12分)
		环境安全(8分)	严重隐患(1~2分)、中度隐患(3~4分)、轻度隐患(5~6分)、已有保障(7~8分)

共有因子评价问答评价项目表

《旅游资源分类、调查与评价》(GB/T 18972—2017)中,根据对旅游资源单体的评价结果,还可以将旅游资源评价划分为五个等级(见表 5-2-4),其中得分小于或等于 29 分则未获

表 5-2-4　旅游资源评价等级与图例

旅游资源等级	得分区间/分	图例	使用说明
五级旅游资源	≥90	★	(1) 图例大小根据图面大小而定,形状不变;
四级旅游资源	75～89	■	(2) 自然旅游资源(表 1-2-1 中主类 A、B、C、D)使用蓝色
三级旅游资源	60～74	◆	图例,人文旅游资源(表 1-2-1 中主类 E、F、G、H)使
二级旅游资源	45～59	▲	用红色图例
一级旅游资源	30～44	●	

　　注:五级旅游资源称为"特品级旅游资源";五级、四级、三级旅游资源通称为"优良级旅游资源";二级、一级旅游资源通称为"普通级旅游资源"。

等级旅游资源。

几种常见
旅游资源
的评价

(三)几种常见旅游资源的评价

　　旅游资源的评价方法多种多样,不同类型的旅游资源有不同的评价标准。例如山地旅游资源评价、石景旅游资源评价、水景旅游资源评价和生物景观旅游资源评价等。

任务训练

一、即问即答

即测即评 5-2

　　1. 简述旅游资源评价的原则。
　　2. 简述旅游资源评价的内容。

二、即学即用

　　湖南省郴州市万华岩景区是联合国教科文组织国际岩溶地质科普教育基地,国家地质公园、国家级风景名胜区、AAAA 级旅游景区、全国十大旅游名洞。景区位于湖南省郴州市西南方向 12 千米,是一处大型正在发育中的地下河溶洞,全长约 10 千米,属典型的岩溶地貌(喀斯特地貌),湖光山色、地质遗迹、民俗传说、摩崖石刻群、古兵备(洞堡)遗址及惊险刺激的溶洞漂流等旅游资源丰富,具有美轮美奂、景物奇异、惊险刺激、人文鼎盛四大特点。

　　万华岩洞内景观精彩纷呈,钟乳累累,如禽若兽,拟人状物,惟妙惟肖,气势磅礴,别具一格。其中镇洞之宝"水下晶锥"全球仅两例,是世界罕见的溶洞奇观,美国洞穴研究基金会于1988 年联合多国科研专家来万华岩科考探险后盛赞"万华岩是一个漂亮的洞穴,可与世界上任何一个最壮丽的洞穴相媲美"。假设需要你对万华岩景区进行旅游资源评价,请从本节所学的评价方法中任选一种进行评价。

任务三　旅游资源的开发与保护

任务导入

　　火山是在地球演化漫长的历史时期中形成的地质自然遗产,是非常宝贵的资源。火山资源包括地质矿产资源、地热温泉资源以及观光旅游资源等。火山资源及其景观地貌具有非常高的美学价值、重要科学考察和研究价值,已经引起我国乃至世界地理专家的重视和关注。

乌兰哈达火山群位于内蒙古高原中部地区,属乌兰察布市察哈尔右翼后旗行政管辖,占地约 400 平方千米,是内蒙古高原北部唯一的全新世火山喷发地质地貌遗迹。乌兰哈达火山群以其独特性与稀有性著称,是一座天然火山博物馆。美丽的火山锥、熔岩流、堰塞湖、无边的大草原,构成了一幅迷人的风景画,吸引着无数国内外的火山爱好者。中国地质大学的专家曾对乌兰哈达火山群进行了详细的考察和研究,认为这是一片还没有被宣传炒作、保持着自然状态的火山,地质学界称赞其为"保存完好、举世罕见的火山群"。乌兰哈达景区还有地热温泉、熔岩流、熔岩河、熔岩湖等景观。悠久的历史,迷人的景色,秀丽多姿的火山锥,独特的造型使乌兰哈达火山群名扬全国。由于处于农牧业交界带,农耕文化和游牧文化的碰撞与融合促成了丰富多彩的地域民风民俗,也铸就了悠久的察哈尔历史和文化,例如每年农历五月十三日,传统的祭敖包、那达慕大会都会在这里举办。

但是,乌兰哈达火山群所在的乌兰察布市察哈尔右翼后旗地区经济比较落后,思想观念陈旧,旅游开发与保护的理念不足,美丽而独特的火山群旅游资源及其价值未得到很好的开发,反而成为一些不法分子开采矿石、破坏火山地质、牟取暴利的温床。

假设现在请你参与乌兰哈达火山群的旅游开发工作。

1. 请你初步判断乌兰哈达火山群是否具备旅游开发的价值?

2. 请查找相关资料,了解乌兰哈达火山群的开发现状,并谈谈存在哪些问题?

3. 通过对资料的分析,你对乌兰哈达火山群的旅游开发和保护有哪些建议?

任务探究

一、旅游资源的开发

(一)旅游资源开发的概念

旅游资源开发的概念有狭义和广义之分。狭义的旅游资源开发是指单纯的旅游资源利用的技术;广义的旅游资源开发是指在旅游资源调查和评价的基础上,以发展旅游业为前提,以市场需求为导向,以旅游资源为核心,有组织、有计划地对旅游资源加以利用,发挥、提高和改善旅游资源对旅游者的吸引力,使得潜在的旅游资源优势转化为现实的经济优势,并使旅游活动得以实现的技术经济活动。通常所说的旅游资源开发是指广义上的旅游资源开发。

换言之,旅游资源开发的实质是以旅游资源为"原材料",通过劳动加工,使其成为具有旅游使用价值的旅游吸引物。它包括对各类旅游资源根据其观赏价值、文化价值、科学意义、经济效益、社会效果及环境位置、交通条件等因素进行择优开发、合理布局,还包括旅游供给设施、市政工程、公用事业设施的兴建、管理和接待机构的建立,以及人员的培训等一系列配套设施的建设。

(二)旅游资源开发的原则

1. 保护资源原则

旅游资源开发的目标之一是尽可能保障当地旅游资源的可持续发展,保护旅游资源是开发旅游资源的前提,随心所欲地开发必然使旅游资源遭到损害,环境、意境受到破坏,而旅游资源一旦遭到破坏,有的将需要相当长的时间才能恢复,有的将无法恢复。因此,在开发建设过程中,必须将保护工作放在首位。首先,要采取有效措施保证旅游资源本身在开发过程中不被破坏,将人为损耗降低到最低点;其次,要严格控制环境污染,适应自然,注意环境的保护和生态平衡;最后,旅游资源开发必须注重社会文化影响,切实遵守旅游目的地的政策法规和发展规划,切不可危及当地居民的文化与伦理、社会道德和社会生活,维护良好的社会环境。

2. 突出特色原则

旅游资源的核心功能是其对旅游者具有吸引力,吸引旅游者离开居住地前往异地进行旅游活动。旅游资源的特色越突出,个性越鲜明,垄断性越强,就越能吸引旅游者,而同质化严重的旅游资源是缺乏对旅游者的吸引力的。因而,在旅游资源开发过程中,要特别注意保留和发现旅游资源的特色,寻求与其他旅游资源的差异,突出本地特色,发挥本地优势,把最能体现当地特色的旅游资源作为重点开发对象,尽最大可能突出旅游资源的地域特色、时代特色、艺术特色和习俗特色。同时,在旅游资源开发过程中应尽量保持自然和历史形成的原始风貌,尽量真实地反映当地文化,突出民族特色和地方特色。当然,旅游资源开发的特色性并不是单一性,在突出特色的基础上,应围绕重点项目,不断增添新项目,丰富旅游活动内容,满足旅游者需求的多样性。

3. 市场导向原则

旅游资源开发的根本目的是把旅游产品推向市场、供应给旅游者,因而在开发旅游资源之前,一定要进行市场调查、市场细分和市场预测,准确掌握旅游市场的需求和竞争状况及其变化规律,结合资源现状和特色寻求与其匹配的客源市场,确定目标市场,以目标市场需求为导向,确定旅游资源开发的主题、规模和层次,有计划地进行旅游资源开发。不过,旅游资源开发虽然是根据旅游者的需求来进行的,但并不意味着符合旅游者需求的旅游资源都可以进行开发,如涉及国家法律不允许的、会让旅游者面临危险或有害于旅游者身心健康的旅游资源,就应该受到限制或禁止开发。

4. 综合开发原则

旅游资源在开发过程中,必须全面考虑旅游资源的价值、功能、规模、空间布局、开发难易程度、市场状况等诸多因素,围绕重点项目进行综合开发,形成系列产品和配套服务,丰富旅游活动内容,延长游客停留时间,提高经济效益,从而把旅游资源开发引向深度和广度发展。另外,旅游资源开发必须与所在地区的总体开发密切结合,尤其是要与当地的国民经济发展和城乡建设相结合。因为以吃、住、行、游、购、娱等旅游服务和设施相配套的旅游服务体系受制于区域社会经济的发展情况,区域经济和城乡建设直接影响旅游地开发的外部环境和内部条件。

(三) 旅游资源开发程序

1. 旅游资源调查与评价

开发与利用旅游资源,首先要认识和熟悉旅游资源,因而对其进行全面的调查和准确的分析评价是旅游资源开发的前提。旅游资源调查的内容主要包括旅游资源的类型、数量、分布、景观特色和个性等。对自然景观类旅游资源,应科学解释其成因及演变;对人文旅游资源,应查清其历史渊源及文学艺术价值等。要在旅游资源调查的基础上,结合旅游资源开发利用的要求,对调查区域旅游资源的质量、品位、等级、价值、开发条件等作出全面、综合的评价,分析该地旅游资源的特色、吸引力强弱,写出评价报告,为旅游资源的开发利用提供可靠依据。

2. 旅游资源开发的可行性研究

通过考察和收集有关资料,初步分析项目的可行性,主要对市场和产品情况进行评估并作出判断。具体包括三方面的内容。

(1) 经济可行性分析。经济可行性分析主要包括市场分析和投资效益分析。市场分析要求对旅游市场的需求和发展趋势进行预测和分析。通过分析旅游资源开发可能吸引的旅游客源地,明确客源市场分布,从而分析旅游客源地可能产生的旅游客源类型、数量、特征、消费水平以及开发地周围一定距离内有无竞争的同类旅游产品等,进而对客源市场的需求和客源市场的大小进行预测。投资效益分析主要进行投资条件分析、投资环境分析和投资效益评估,对建设方案、开发规模、建设周期、回收效益等进行评估概算,确定投资开发的先后顺序,选择那些投资效益较好的旅游资源优先开发。

(2) 技术可行性分析。技术可行性分析主要是分析旅游资源开发的技术要求和施工难度,并对一定时期内的劳动力条件、施工条件、施工技术和工作量进行评估,提出每一项工程建设的经济技术指标,确保技术过关、资金节省、效益提高。

(3) 社会环境可行性分析。社会环境可行性分析主要是分析当地居民对旅游开发的观念和态度、当地政府对旅游开发的支持力度、有关法律政策对旅游业发展的规定、旅游活动的开展可能对当地社会文化带来的影响、当地旅游环境容量状况、旅游活动可能给旅游资源和环境造成的破坏程度。

3. 旅游资源开发定位

旅游资源开发定位的目的是将开发区域的营销策略与竞争者的区分开来,制定一种能更好地为目标市场服务的营销策略。具体而言,是指旅游资源开发者为适应旅游者心目中的某一特定地位而设计旅游资源的开发方案及营销组合的行为。大致包括以下几方面的工作:首先根据旅游资源的特色和市场竞争状况找出一组具有吸引力的市场机会;其次对市场机会进行比较分析,选择出自己的目标市场,制定出包括资源功能、形势、促销、营销渠道等内容的旅游资源定位策略;最后通过媒体把旅游资源定位观念传递给目标市场。

4. 旅游资源开发方案设计

在旅游资源调查与评价的基础上,根据旅游资源开发的原则和市场定位策略,确定旅游资源开发的内容,拟定旅游景区(点)的空间布局、功能分区和总体构图,最终制定出旅游资源开发设计的总体方案。主要任务和内容如下:其一,确定旅游资源开发的性质、内容、主题、规模、范围、特点及规划期实现的方向和目标;其二,规划区内基本结构与总体项目布局、功能分区,综合部署各项旅游项目与配套基础服务设施;其三,对规划区组成诸物质要素和分区进行具体的布局与设计,使旅游资源总体形象与特征得以充分体现,实现艺术的再创造和旅游功能体系的有机结构;其四,拟定规划区开发建设保护的具体措施,制订分期建设计划,并进行投资和经济效益的预测。

5. 旅游资源开发项目的实施与管理

制定好旅游资源开发规划设计方案之后,就进入到开发的具体实施和经营管理阶段。实施和运营管理阶段是对规划方案的落实和检验阶段,在整个开发程序中占据举足轻重的地位。因此,规划方和投资方都应根据市场信息反馈和需求结构的变化,不断加深对旅游资源的价值与旅游功能的认识,深度挖掘旅游目的地的特色和内涵,积极推广品牌战略,优化旅游设施与服务系统,持续培育适销对路的旅游产品,形成旅游资源开发的良性循环,从而促进旅游业的蓬勃发展。

(四) 旅游资源开发模式

1. 按资源类型划分的旅游资源开发模式

1) 自然类旅游资源开发模式

自然类旅游资源的开发一般要尽量突出资源的本色,在保障旅游者可进入以及环境保护设施达到要求的前提下,尽量减少和避免人为的干扰性建设以及资源地的城市化倾向,使之源于自然、体现自然。而自然、人文相互交融的旅游资源,往往由人类对大自然的长期作用打上了深深的烙印,这类旅游资源的开发应在突出自然美的基础上,深入挖掘其文化底蕴,做到情景交融、自然美和人文美相得益彰。

2) 文物古迹类旅游资源开发模式

我国是世界历史文明古国,文物古迹类旅游资源极为丰富。开发文物类旅游资源,主要着眼点应在于历史文物古迹的修缮、整理、保护,并向游人说明和展示其历史价值之所在。文物古迹类旅游资源的魅力在于其历史性、民族性、文化性和科学艺术性,其开发应从展现旅游资源的历史价值、科学价值、艺术价值、民族文化价值、美学价值、稀缺性价值等方面入手,着重反映和展示旅游资源所代表的历史时期的政治、经济、文化、社会、文学艺术等的发展水平及其历史意义,着力打造特色鲜明、主题突出的文物古迹类旅游产品。文物古迹类旅游资源是在漫长的历史长河中逐渐形成的,具有不可再生性。一旦受到破坏,将永远消失,因而在开发中一定要坚持"保护第一,可持续利用第一,在开发中保护,在保护中开发"的原则。

3) 社会风情类旅游资源开发模式

与其他旅游资源地开发的方式不同,社会风情类旅游资源的开发利用更强调参与性、动态性和体验性,要尽可能地使旅游者参与到旅游地的社会活动和民俗仪式中去,让他们能够亲身体验当地的社会风情、民族习惯,可以通过举办各种富有当地特色的旅游活动吸引旅游者。这里需要指出的是,这类旅游资源的开发一定要保持当地风情的原汁原味,不能单纯为了商用目的而改变或同化当地的民风民情。

4) 现代人工吸引物类旅游资源开发模式

现代人工旅游吸引物一般具有参与性娱乐、演艺体验、观光游览、休闲游乐等旅游功能。建造人工旅游吸引物投资大、周期长,且要和周围的环境、已有建筑物相互协调,是一种难度较大的旅游资源开发模式。它需要在地点选择、性质与格调确定、产品定位、市场定位、规模体量、整体设计等方面进行认真细致的调研,并要特色突出,个性鲜明,在某一方面具有垄断性,注意大众化、娱乐性和参与性。

2．按旅游地经济划分的旅游资源开发模式

1）经济不发达地区的开发模式

经济不发达地区可进入性差、缺少资金，所以，要优先解决旅游交通问题；另外，区域旅游资源结构无法一步建设到位，只能逐步开发，逐渐完善旅游资源结构层次。区域旅游开发模式应抓住调查开发、规划实施、保障供给与滚动发展这四个关键环节。首先，用以资源为导向的方法调查，确立该地区优势旅游资源类型，规划并建立景区及各景区的名胜景点；其次，在开发的基础上，建立滚动发展与旅游供给保障体系；最后，完善游览路线与交通，并采取严格的环境保护措施，提供安全保障措施与周到的服务，开发有特色的土特产旅游商品，还要有政策法规作为保障。

2）经济发达地区的开发模式

经济发达地区旅游开发已具有一定基础，并形成了相应的资源结构与层次，加之旅游饭店、交通等供给保障系统健全，旅游资源开发应向高等级与高层次的方向发展，促使区域旅游资源结构更加健全。区域旅游开发模式应在调查开发、规划实施、保障供给与滚动发展的基础上，开发重点旅游区或中心城市，提升其质量；深度挖掘原有旅游资源与景点的文化脉络，突显原有主体资源，用不同手法综合旅游景观，深化景点意境与环境；在新景区的开发方面，应在靠近城郊或旅游流的线路上规划、创造、移植，并配置不同功能类型的景区与旅游路线。还要制定系统的发展规划，景点、景区供给要有不同发展时期的建设目标，景区建设要一次到位；旅游供给方面要有综合保障体系，无论在交通、饮食、住宿方面，还是在健康与政策方面都要有明确的发展目标。

3．几种不同类型旅游的开发模式

特色明显的旅游资源会导向特定的旅游资源开发模式，如康养旅游开发模式、民俗文化旅游开发模式、古村古镇旅游开发模式、生态环境导向旅游开发模式等。

几种不同类型旅游的开发模式

二、旅游资源的保护

旅游资源是旅游业生存发展的基础，旅游资源的保护是旅游资源规划与开发的有机组成部分。在旅游业发展过程中，旅游资源开发与保护往往是相互矛盾甚至是冲突的，也就是说，旅游资源的开发可能在一定程度上会使旅游资源受到损害甚至损毁。认为旅游业是"无烟工业"、认为旅游业投入少且收益大的观念是不全面的，旅游业的发展可能对旅游资源和环境造成一定程度的污染和破坏，甚至导致有些旅游资源枯竭或消失。因此，在制定规划实施开发的同时，必须切实做好旅游资源的保护工作。

（一）旅游资源遭受损害和破坏的主要原因

造成旅游资源损害和破坏的原因有很多，大体可以分为两类，即自然原因和人为原因。

1．自然原因

旅游资源作为自然界的一部分，无时无刻不受到大自然的影响和制约，风、雨、雷、电、冰雹、地质作用等都会影响到旅游资源和旅游环境，自然界的发展变化一方面塑造旅游景观，另一方面也可能会对旅游景观造成损害。

1）自然灾害

自然灾害有很多种类，其中地质灾害和气象灾害对旅游资源造成的破坏最为严重。

地质灾害主要是指地震、滑坡、崩塌、沉降、泥石流、火山喷发等自然现象。山地发生地质灾害的概率较大,其中地震、火山喷发的影响范围较广。2017年8月8日,四川九寨沟发生7.0级地震,导致大量自然景观和旅游设施遭到不同程度的破坏,其中包括火花海、诺日朗瀑布等。气象灾害主要是指台风、暴雨、冰雹、大雾、洪涝、沙尘暴等可能对旅游资源和旅游环境造成破坏的自然现象。

2) 自然风化

自然风化是指在太阳辐射、大气、水及生物作用下,一些旅游资源的形态和性质会发生缓慢的变化。这是最常见的损害旅游资源的方式,例如,埃及的金字塔大多由于几千年的风化导致高度下降,有的塔尖几乎被磨平,塔身也从原本的标准"金"字形状变得不规整。

3) 生物危害

一些动植物也对旅游资源具有一定的破坏作用,特别是古建筑。古建筑生物病害主要包括四种类型:一是以灌木、杂草为主的植物类病害;二是以霉菌、真菌为主的微生物病害;三是以鸟类、老鼠为主的动物类病害;四是以白蚁、蠹虫、天牛、土蜂等为主的昆虫类病害,这是对古建筑危害最大的生物病害,北京香山碧云寺就曾发生过白蚁导致古建筑坍塌的事故。

2. 人为原因

1) 经济活动对旅游资源环境的破坏

一方面,在工农业发展过程中,由对环境保护的忽视带来的对旅游资源的污染与破坏。例如,重庆市秀山县川河盖景区位于武陵山脉秀山县涌洞镇,平均海拔为1200米,由于其小垭口段景区硅储量丰富,非法开采行为不断,导致周围山体水土流失严重,生态环境遭到严重破坏。另一方面,由于城市建设的需要,一些历史街区、文化景观、名树古木等被拆毁。例如,河南省商城县在2012年的旧城改造工程中,整体拆除了南街民居文物建筑,用现代建筑材料取代原有的建筑材料和建筑构件,建成了钢筋水泥结构的仿古商业街。

2) 旅游活动对旅游资源环境的破坏

在旅游活动中,旅游者无意中带来的尘土、呼出的气体、脚踩手摸等行为、照相机闪光灯等都可能对旅游资源造成危害。如旅游旺季,蜂拥而至的旅游者使得敦煌莫高窟石窟中弥漫着大量的二氧化碳和人体散发的湿热气,造成壁画上隆起鸡蛋皮状鼓包,极易碎成粉末,被称为壁画的"癌症"。另外,有些旅游者素质低,到处乱涂乱抹,随意刻画,折花摘叶,乱丢垃圾,甚至偷猎珍稀动物,盗窃重要文物,毁坏景观建筑物等,严重破坏了旅游资源。

旅游活动的开展对旅游目的地的文化、民族艺术及其社会环境会带来一些消极的影响,导致旅游资源质量下降。一方面,由于旅游者的大量涌入破坏了旅游目的地宁静的社会生活环境,造成交通拥挤、物价上涨、生活规律被打乱,部分旅游者的优越感会引起当地居民的不满和对旅游业的厌恶;另一方面,旅游者的文化渗透会使当地的民俗风情有所改变甚至被同化,从而导致吸引旅游者的神秘感消失。

在旅游活动中,旅游资源的开发、规划、管理不当也会对旅游资源环境造成破坏,使旅游资源失去原有的特色。例如,设置在一些天然溶洞中的大量人工景观,使得景区的自然氛围被破坏;高尔夫球场的建设需要修建房屋、道路、铺设草坪等设施,这导致自然景观被破坏,水土流失加剧,生物群落减少,形成简单脆弱的人工生态系统。

3) 战争、社会动乱和其他人为破坏

战争和社会动乱对旅游资源的破坏是毁灭性的。从鸦片战争以来,我国许多珍贵文物被帝国主义列强掠夺和毁灭，被称为"万园之园"的北京圆明园，在 1860 年被英法联军烧尽。在和平时期，犯罪分子无视国家法律，大肆盗窃国家珍贵文物、盗伐风景区林木、偷猎珍稀动物，给旅游资源造成了无可挽回的损失。

（二）旅游资源的保护措施

1. 尽量减缓旅游资源的自然风化速度

露出地表的旅游资源要完全杜绝自然风化是不可能的，但在一定范围内改变环境条件，使之风化过程减缓是完全有可能的。如 2020 年，国务院办公厅印发了《关于加强石窟寺保护利用工作的指导意见》，提出要建设重点实验室，为石窟文物的防风化整体保护提供理论和技术支撑。

2. 数字化保护

长期处于自然环境中的旅游资源，难免受到风霜雨雪的侵蚀，面临风化剥蚀的威胁，以人类现有的技术水平，无法完全阻挡自然风化的进程。因此，在进行实体保护的同时，应尽早地采用数字化的方式为旅游资源保存立体档案，把它们的信息完整地保留下来。一方面，能够让这些旅游资源留存得更久远传播得更广泛；另一方面，也为后续的保护修复工作留下了重要的历史资料。

例如，2008 年莫高窟全面启动数字敦煌工程，2016 年"数字敦煌"资源库上线，第一次面向全球通过互联网发布敦煌石窟 30 个经典洞窟的高清数字化内容和全景漫游。2023 年完成 290 个洞窟的数字化采集，179 个洞窟壁画图像的处理，45 身彩塑和 7 处大遗址的三维重建，形成了超过 300TB 的数字资源。

随着"数字藏经洞"等项目上线，人们可以一键"穿越"千年，沉浸式体验敦煌文化魅力，"数字敦煌"为文物保护和文明共享作出重要贡献。同时，数字化存储和处理，让敦煌莫高窟成为各类文艺创作的"数据库"，不少网络剧、网络综艺、网络动漫将敦煌作为表现内容或创作元素。可以看到，媒介和技术驱动下的文艺创作，正在以更多网络视听新方式解锁古老的敦煌艺术，展现敦煌的壮丽风景。

3. 杜绝人为的破坏现象

（1）在旅游开发过程中，要树立可持续发展的旅游观，做到"旅游开发，规划先行"，切忌盲目上马。旅游资源的开发利用要努力做到经济效益、社会效益、环境效益三者的统一，对于在现有条件下三个效益不明显的旅游资源，应暂缓开发建设；对于已具备开发利用条件的旅游资源，要进行科学的调查研究，从实际情况出发，制定科学合理的开发战略。

例如，湖南省郴州市莽山从 20 世纪六七十年代的"采伐与营林相结合"，到 80 年代的"以林蓄水、以水发电、以电促工、工电养林养人"，再到近些年的"保护生态、稳定水电、开发旅游"，始终坚持资源高效利用、可持续发展。莽山通过构建"天空地人"巡护监测体系，深入推行林长制、河长制的网格化、智慧化巡护管理制度，实行严格的监管制度，建立以国家公园为主体的自然保护地体系，对生物多样性实施立体保护，让这片森林 24 小时拥有"专属守护者"。通过多年的精心保护，莽山的森林覆盖率已经达到 99.08%，具有高等植物 2404 种、脊椎动物 396 种。

同时，莽山的旅游建设也有了重大突破，成功被授予"全国首家无障碍山岳型景区"称号。由国家文化和旅游部印发的《2022 年旅游景区质量提升案例汇编》一书中精选了全国景区质量提升的 52 个典型案例,湖南仅两家景区入选。其中,莽山旅游景区《打造全程无障碍旅游品牌》案例被收录其中,为全国旅游景区高质量发展提供了学习样本和参考借鉴。

(2)加强旅游资源保护知识的宣传和教育,必要时还要开发可替代物。通过各种途径大力宣传旅游资源的价值及其保护知识,提高全民素质;加强人们对旅游资源的认识,使人们了解旅游资源是千百年自然造化和人类文化遗产的精髓,是人类精神需求的宝贵财富,但旅游资源又是脆弱的,一旦破坏,将难以复原。例如,可以通过新闻媒介及其大众传播工具,进行宣传教育;也可以通过发展生态旅游,让旅游者在大自然中接受旅游资源和环境保护的教育;还可以通过举办"环境科学知识普及讲座""人与自然"等节目、环保知识竞赛、夏令营、冬令营等活动,积极培养青少年对旅游资源和环境的保护意识。

(3)健全旅游资源法制管理体系。将旅游资源保护提高到法制高度,对保护工作起到极为重要的作用。我国为此颁发了《旅游法》《文物保护法》《风景名胜区管理暂行条例》等法律法规。这些法律法规出台后,起到了十分积极的作用,但旅游资源受到人为破坏的现象仍然存在。究其原因,一是法律的宣传普及不深入、不广泛,许多人根本不知道自己违反了法律法规;二是即使知法,也因为部门利益和眼前利益而执法不严或置法于不顾。因此,既要有法,还要宣传法、执行法,真正健全旅游资源法制管理体系,完善各景区的保护系统。

(4)开展旅游资源保护的研究和人才培养工作。旅游资源类型多、分布广,引起破坏的原因多种多样,故旅游资源的保护工作涉及多门学科、多种技术,是一项综合性的科研项目。我们要在实践的基础上,积极开展旅游资源保护的科学研究工作。旅游资源保护,无论是理论研究还是实践措施,都需要具体人员的关心和实施,因此,培养资源保护专业人才是当前之必需。

(5)重要景点要限制客流,分流客源。除了传统的设立单行线、规定日最高客流量等措施,越来越多的景区开始建设智慧景区以加强对景区整体的把控和管理。

例如,贵州黄果树大瀑布由于地理位置和自然环境限制,景区核心区面积不到 20 平方千米,景区内观光车道路较窄,仅可单向行驶,游步道也多为羊肠小道,通行承载量很低,大大制约了景区的游客接待能力和中转效率,也给景区的运营管理和游客服务工作带来巨大挑战。近年来,随着游客接待量逐年增加,黄果树景区决定通过智慧化手段提升管理效率、降低运营成本,在游客服务和舒适游览体验上加大投入,提升景区的服务品质。

黄果树景区根据游客接待量、景点分布、出入口设置、观光车道路情况、景区动线设置,以及景区的容量、观光车运力等实际情况,结合多年的运营管理经验,建设了客流管理体系。通过"一个中心,四个平台"的智慧旅游应用体系,黄果树景区实现了动静结合的智慧化客流管理,分为实名制分时预约、观光车调度、游客动线客流管理三个方面。

4. 修复或重修已被破坏的旅游资源

(1)整修复原。古建筑的修复工作应遵循"不改变文物原状"的原则。对于已经损毁的不存在的文物,不得重建;如确需重建,必须有考古成果、历史照片等依据,且经过严格审批程序。比如全国重点文物保护单位河北省正定县开元寺的钟楼上层被清代改建,下层木构件仍为晚唐遗存,修复时按照现状维修加固,不再恢复到唐代最初时的样貌。

(2)仿古重建。历史上一些有名的建筑,虽然由于自然或人为等不同原因从地面消失了,但因其具有很高的文化旅游价值,可以适当重修,以再现古建筑的风貌。例如,武昌黄鹤楼为我国"三大名楼"之一,民国初年被付之一炬;1954 年修建武汉长江大桥时,黄鹤楼原址又被南岸桥头堡占据，后在原楼址南侧 1000 米处重修了黄鹤楼，并保持了原有的塔式楼阁风格和"江、山、楼"三位一体的意境，是仿古重建的成功案例之一。

任务训练

一、即问即答

1. 简述旅游资源开发的原则。
2. 简述旅游资源遭受损害和破坏的主要原因。

二、即学即用

即测即评 5-3

1. 湖南省郴州市飞天山国家地质公园距市区 18 千米，总面积为 110 平方千米，以丹霞地貌和喀斯特溶洞为主要特色。大旅行家徐霞客曾赞叹飞天山"无寸土不丽，无一山不奇"，它是大自然创造的天然旅游资源，具有极强的观赏价值。由于丹霞地貌形成过程复杂，时间漫长，且岩石往往是红色砂岩，质地不够坚硬，因此一旦被破坏，将很难恢复甚至无法恢复。请你对如何保护飞天山的旅游资源提出建议。

案例：即将被大众旅游毁灭的马罗卡岛

2. 请同学们阅读案例"即将被大众旅游毁灭的马罗卡岛"，并回答下面几个问题。

（1）马罗卡岛的旅游资源开发带来了什么后果？

（2）通过这个案例反映的现象，你认为旅游资源开发应该注意哪些问题？怎样避免类似现象的出现？

（3）假设让你来重新设计马罗卡岛的开发项目，你会怎么做？怎样才能使马罗卡岛的旅游资源长期有效地发展下去？

项目六

综合能力训练

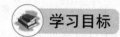 **学习目标**

训练目标

本项目覆盖《旅游资源赏析与开发》课程的总体素质目标、职业能力目标和知识目标,根据旅游资源开发的基本工作需求,强化训练和检验学生的课程综合职业能力及课程职业知识体系。

训练任务

一、校内训练

(1)课前对学生进行分组,每组学生上网收集各类旅游资源的旅游景观图片 2～4 张,总计收集约 24～48 张。

(2)各小组交换旅游景观图片,对各自的旅游景观图片进行分类、赏析,分析其成因、旅游价值及其美学特征。

二、校外训练

1. 实施步骤

(1)确定实地调查地点,设计旅游资源实地调查的内容和方式。

(2)开展实地调查,对涉及的旅游资源进行赏析。

(3)撰写旅游资源调查报告。

(4)根据旅游资源的调查情况,设计该景区(点)旅游资源评价的主要方式。

(5)对该景区(点)的开发现状进行简要分析,如有开发不当的地方,试写出相关建议。

2. 可展示成果及要求

(1)旅游资源调查前的资料收集与分析:对所要调查的景区(点)的相关资料进行收集,对所涉及的旅游资源进行初步分析,初步确定旅游资源调查的主要内容。

(2)旅游资源调查的步骤和方式的设计:步骤安排妥当、节奏合理,设计的方式可行,可操作性强。

(3)实地调查的录像、摄影等作品:对实地调查的开展进行实时记录,对调查的旅游资源进行拍摄或录像,作为旅游资源赏析的依据。

(4)自然和人文旅游资源的赏析报告:根据实地调查,对景区(点)旅游资源的类型识别准确,旅游资源的特色、旅游价值和美学特征描述恰当。

（5）旅游资源调查报告：能根据调查情况，写出翔实的报告。

（6）旅游资源评价报告：选择的评价方式科学合理，评价结论符合实际情况，提出的旅游资源开发建议具体、可行。

任务考核

本项目成绩占课程成绩的 30%。

本项目考核分学生在项目实施过程中的主观性表现和分项目作品两个方面。

（1）学生在项目实施过程中的主观性表现占 6%，主要考核学生在项目实施过程中出勤、参与项目的情况、在小组中的表现等方面的情况。

（2）分项目成果共占 24%，主要以各分项目的成果为依据，具体如下：旅游资源调查前的资料收集与分析、旅游资源调查的步骤和方式的设计、实地调查的录像或摄影等作品、自然和人文旅游资源的赏析报告、旅游资源调查报告、旅游资源评价报告各占 4%。

参考文献

[1] 高曾伟,李健,卢晓.旅游资源学[M].上海:上海交通大学出版社,2018.

[2] 胡建英.旅游资源赏析与开发[M].天津:天津大学出版社,2009.

[3] 张艳萍,肖怡然,邓思胜.旅游资源学理论与实务[M].北京:北京理工大学出版社,2019.

[4] 王晖,刘飞龙,张琳.旅游学概论[M].长沙:湖南师范大学出版社,2020.

[5] 王伟.旅游资源学[M].武汉:华中科技大学出版社,2023.

[6] 刘月娇.中国旅游资源与文化[M].成都:电子科技大学出版社,2018.

[7] 黄潇婷.旅游资源学[M].武汉:华中科技大学出版社,2023.

[8] 杨景春,李有利.地貌学原理[M].北京:北京大学出版社,2001.

[9] 陈国生,王勇.中国旅游资源学教程[M].北京:对外经济贸易大学出版社,2006.

[10] 马耀峰,甘枝茂.旅游资源开发与管理[M].天津:南开大学出版社,2013.

[11] 杨阿莉.旅游资源学[M].北京:北京大学出版社,2016.

[12] 孙克群.世界旅游地理[M].南昌:江西美术出版社,2008.

[13] 王其钧.中国建筑图解词典[M].北京:机械工业出版社,2006.

[14] 王其钧.中国古典园林图解词典[M].北京:机械工业出版社,2006.

[15] 吕明伟.中国园林[M].北京:当代中国出版社,2008.

[16] 国家旅游局.汉语言文学专题[M].北京:中国旅游出版社,2014.

[17] 杨永菲,李欢,李延鹏.谈中国古典园林中的廊[J].旅游纵览(下半月),2015(5):292,297.

[18] 李国新,杨蕴菁.中国古典园林生态美的诗意构建[J].安阳师范学院学报,2014(1):3.

[19] 吴建陵.中国古典园林的欣赏艺术探析[J].北京农业,2013(3):43.

[20] 韦雨涓.中国古典园林文献的整理与出版[J].中国出版,2013(8):53-55.

[21] 胡炜.中国古典园林建筑形式和风格[J].门窗,2013(3):333,336.

[22] 白转.中国古典园林和中国山水画在创作手法上的互动[J].现代园艺,2013(10):1.

[23] 蓝勇.中国川菜史[M].成都:四川文艺出版社,2019.

[24] 曹雨.中国食辣史[M].北京:北京联合出版公司,2019

[25] 茉莉.岭南文化十大名片:粤菜[M].广州:广东教育出版社,2020.

[26] 姚学正.粤菜之味:味道世界的前世今生[M].广州:广东科技出版社,2014.

[27] 张起钧.烹调原理[M].北京:中国商业出版社,1995.

[28] 赵建民,金洪霞.中国传统饮食文化[M].济南:山东大学出版社,2018.

[29] 京根儿.新北京与新京菜[J].北京纪事,2020(3):4.

[30] 李大嘴,桂书义.话说中国菜系(十三)——雍容贵妇之京菜[J].饮食科学,2005(7):3.

[31] 初雪.细品中国菜[J].绿色中国,2008(12):224-224.

[32] 小巧.北京菜——吃了吗您哪?(上)[J].我们爱科学,2017(2):5.

[33] 梁洪生,李平亮.江西通史(清前期卷)[M].南昌:江西人民出版社,2009.

[34] 景德镇中国陶瓷博物馆."与世界对话的景德镇:归来·丝路瓷典——丝路陶瓷见证过500年全球化"文物展览.

[35] 中央电视台.四集纪录片《景德镇》.

[36] 李莉.博物馆的来历[J].百科知识,2005(06X):55.

[37] 全国导游人员资格考试教材编写组.全国导游基础知识[M].北京:旅游教育出版社,2023.

[38] 张岂之.中国传统文化[M].北京:高等教育出版社,2023.

[39] 张建国.旅游文化[M].北京:高等教育出版社,2021.

[40] 邱云美,王艳丽.旅游规划与开发[M].2版.上海:上海交通大学出版社,2023.

[41] 潘仕梅,秦琴.旅游资源规划与开发[M].广州:广东旅游出版社,2018.

［42］李东.旅游开发与规划原理及案例［M］.成都：西南财经大学出版社,2020.

［43］羊绍全.旅游资源调查与评价实训教程［M］.北京：北京理工大学出版社,2019.

［44］董建辉.旅游资源开发［M］.北京：电子工业出版社,2009.

［45］李安,李昊,许婉彤.云南省传统村落旅游资源调查及区划研究［J］.现代农业,2021(5)：17-20.

［46］邓龙海,郭颖,张冬良.婺源县文化旅游资源分类与评价［J］.社会科学前沿,2021,10(10)：2881-2887.

［47］王培青.乌兰哈达火山群旅游资源开发与保护［J］.集宁师范学院学报,2022,44(6)：115-118.

［48］王朋薇.自然保护区生态旅游资源价值研究［M］.上海：上海交通大学出版,2021.

［49］资源开发司.文化和旅游部办公厅关于开展旅游资源普查工作的通知［EB/OL］.(2022-06-01)［2024-04-24］.https://zwgk.mct.gov.cn/zfxxgkml/zykf/202206/t20220601_933315.html.

［50］地产焦点."康养旅游"的开发模式及案例探析［EB/OL］.(2024-02-29)［2024-04-24］.https://mp.weixin.qq.com/s/3k7bWP9uVFp9OJmKEpxF7g.

［51］光山文化.谈谈民俗文化旅游开发的6种模式［EB/OL］.(2023-06-25)［2024-04-24］.https://mp.weixin.qq.com/s/pP4T2PfGLFQrJLfVaflXIw.

［52］中建重固."图解"古村镇旅游开发模式［EB/OL］.(2022-12-12)［2024-04-24］.https://mp.weixin.qq.com/s/8T-J9G7pBTiX1Uekov5cYQ.

［53］中陆必得旅游规划.未来文旅发展新方向：生态环境导向(EOD)的旅游开发模式［EB/OL］.(2023-12-19)［2024-04-24］.https://mp.weixin.qq.com/s/7AquetXfwJ1J6tmIneIaCQ.

［54］宜人宜章.打好高质量"发展六仗"|莽山：盘活"绿水青山"做实"金山银山"［EB/OL］.(2023-08-09)［2024-04-24］.https://mp.weixin.qq.com/s/Qj_jco6FJ554QWVTRkGjlw.

［55］网信安顺.安顺市黄果树景区动静结合的智慧化客流管理服务体系案例［EB/OL］.(2022-02-24)［2024-04-24］.https://mp.weixin.qq.com/s/y9yHInJ7Fp4Cz-eketa4mA.

［56］敦煌文体广电和旅游局.数字敦煌：以数字视听新方式展现敦煌的壮丽风景［EB/OL］.(2024-03-07)［2024-04-24］.https://mp.weixin.qq.com/s?__biz=MzI0MDIwNzkyMg==&mid=2650841422&idx=7&sn=75c1074c7420981f0ad42f74563bd45a.